Wolfgang Behme / Harry Mucksch (Hrsg.)

Data Warehouse-gestützte Anwendungen

Wolfgang Behme / Harry Mucksch (Hrsg.)

Data Warehouse-gestützte Anwendungen

Theorie und Praxiserfahrungen in verschiedenen Branchen

Die Deutsche Bibliothek – CIP-Einheitsaufnahme
Ein Titeldatensatz für diese Publikation ist bei
Der Deutschen Bibliothek erhältlich.

Dr. Wolfgang Behme ist Senior Berater bei der Oracle Deutschland GmbH in Hannover und im Bereich Business Intelligence & Warehousing verantwortlich für die Konzeption und Realisierung von Data Warehouse-Lösungen.

Dr. Harry Mucksch ist Geschäftsführer der Servicezentrum INFOKOM GmbH in Papenburg.

1. Auflage August 2001

Lektorat: Barbara Roscher/Ute Grünberg

Der Gabler Verlag ist ein Unternehmen der Fachverlagsgruppe BertelsmannSpringer.

www.gabler.de

Gedruckt auf säurefreiem und chlorfrei gebleichtem Papier.

Umschlaggestaltung: Ulrike Weigel, www.CorporateDesignGroup.de

ISBN 978-3-409-11659-6
DOI 10.1007/978-3-322-90222-1
ISBN 978-3-322-90222-1 (eBook)

Vorwort der Herausgeber

Das Interesse am Thema Data Warehouse ist seit dem Erscheinen der 1. Auflage unseres Buches „Das Data Warehouse-Konzept“ im Jahr 1996 ungebrochen.

Bezeichnend für die Entwicklung der vergangenen Jahre ist die Tatsache, daß das Data Warehouse-Konzept inzwischen immer mehr in den Fachabteilungen Beachtung findet, wo es als ein wesentlicher Lösungsansatz zu bisher überhaupt nicht bzw. nur unzureichend bearbeiteten Problemstellungen beiträgt. Balanced Scorecard, Direkt-Marketing oder Warenkorbanalysen sind nur einige Beispiele für erfolgreiche Data Warehouse-Anwendungen. Entsprechend diesen Entwicklungen haben wir uns entschlossen, die betriebswirtschaftlich, auswertungsorientiert geprägten Themenbeiträge aus dem bereits in 4. Auflage vorliegenden „Data Warehouse-Konzept“ auszugliedern und in dem vorliegenden Autorenband zu präsentieren:

Im ersten Teil werden in einem Übersichtsartikel zunächst die grundlegenden Data Warehouse-gestützten Anwendungsgebiete vorgestellt. Die beiden folgenden Beiträge beinhalten praxiserprobte Klassifizierungen und Kriterienkataloge, die bei der Entwicklung von Data Warehouse-Lösungen sehr hilfreich sein können.

Um der Vielfalt von Data Warehouse-Lösungen Rechnung zu tragen, werden nachfolgend – getrennt nach ausgewählten Branchen (Automobilindustrie, Chemie- und Pharmabranche, Energieversorung, Finanz- und Versicherungswirtschaft, Handel, usw.) – verschiedenste Anwendungsgebiete vorgestellt, die erst durch die Datenhaltung im Rahmen eines Data Warehouses ermöglicht werden.

Das Buch richtet sich nicht nur an diejenigen, die Data Warehouses konzipieren und entwickeln, sondern soll vor allem den Endanwendern Ideen und Lösungsansätze für ihre konkreten Problemstellungen liefern.

Bei der Erstellung des Buches haben eine Vielzahl von Personen mitgewirkt. Unser herzlicher Dank gilt in erster Linie den Autorinnen und Autoren, die mit viel Engagement über ihre aktuellen und abgeschlossenen Projekte berichten.

Danken möchten wir auch dem Gabler Verlag und hier vor allem Frau Annegret Eckert für die seit Jahren gute Zusammenarbeit und die schnelle Drucklegung.

Wolfgang Behme und Harry Mucksch

Inhaltsverzeichnis

Automobilindustrie

Energieversorgung

Pharmaindustrie

Chemische Industrie

Handel

Finanzwirtschaft

Versicherungswirtschaft

Autorenverzeichnis

Dietmar H. Becker
Senior Consultant, pdv Unternehmensberatung GmbH, CoC Data Warehousing & Business Intelligence, Hamburg

Dr. **Wolfgang Behme**
Senior Berater Business Intelligence und Warehousing, ORACLE Deutschland GmbH, Hannover

Dr. **Nicolas Bissantz**
Geschäftsführender Gesellschafter, Bissantz & Company GmbH, Nürnberg

Werner Böttiger
Project Manager Business Information Systems, Henkel KgaA, Düsseldorf

Prof. Dr. **Peter Chamoni**
Gerhard-Mercator-Universität, Fachgebiet Wirtschaftsinformatik & Operations Research, Duisburg

Prof. Dr. **Jochen Fischer**
Universität GH Paderborn, Schwerpunkt Wirtschaftsinformatik 1: Betriebswirtschaftliche Informationssysteme, Paderborn

Dr. **Peter Gluchowski**
Heinrich-Heine-Universität, Wirtschaftswissenschaftliche Fakultät, Düsseldorf

Dipl-Math. **Michael Hahne**
Niederlassungsleiter, cundus AG, Duisburg

Dr. **Peter Heine**
Leiter IT-Service, ECG-Erdgas-Consult GmbH, Leipzig

Dr. **Jan Holthuis**
Informationsmanager Marketing- und Vertriebsservice, Boehringer Ingelheim Pharma KG, Ingelheim am Rhein

Dr. **Jochen Müller**
Ruhr-Universität, Lehrstuhl für Wirtschaftsinformatik, Bochum

Dr. **Harry Mucksch**
Geschäftsführer Servicezentrum INFOKOM GmbH, Papenburg

Dipl-Math. **Peter Neisius**
Vorstandsvorsitzender, cundus AG, Duisburg

Dr. **Helge Petersohn**
Universität Leipzig, Institut für Wirtschaftsinformatik, Leipzig

Dipl.-Wirt.-Inform. **Dirk U. Proff**
Senior Consultant, pdv Unternehmensberatung GmbH, CoC Data Warehousing & Business Intelligence, Hamburg

Prof. Dr. **Johannes Schwanitz**
Fachhochschule Wedel, Wedel

Dipl.-Kfm **Michael Städler**
Berater, BFK - Gesellschaft für angewandte Wirtschaftsinformatik mbH, Paderborn

Dipl.-Kffr. **Bärbel Stein**
Beraterin Business Analysis & Concepts, ORACLE Deutschland GmbH, Hamburg

Einführung

Anwendungsgebiete einer Data Warehouse-gestützten Informationsversorgung

Wolfgang Behme, Harry Mucksch

Inhalt

1 Informationsversorgung als Wettbewerbsfaktor

„Es gab in der jüngsten Vergangenheit keine Periode,
in der so viele Dinge in Frage gestellt wurden wie heute.
Vieles, was sich bisher im Einsatz bewährt hat,
ist derzeit mit einem dicken Fragezeichen versehen."

[Blei94, 65]

K. BLEICHERS Aussage beschreibt treffend die gegenwärtige Situation der deutschen Wirtschaft zu Beginn des dritten Jahrtausends: Immer unerwarteter - und häufig auch nur für kurze Zeit - entstehen neue globale, heterogene und dynamische Märkte. Viele Unternehmen sehen sich u.a. durch Produkthomogenisierung, Ressourcenverknappung, immer kürzere Innovations- und Produktlebenszyklen sowie insbesondere den Wandel von Verkäufer- zu Käufermärkten einem immer härter werdenden Wettbewerb ausgesetzt. [KoBl95, 16 ff. u. 49 f.]

Die Marktheterogenität und -dynamik veranlassen viele Unternehmen, bisherige Philosophien und Strukturen zu überdenken und umzugestalten. Zielsysteme werden analysiert und modifiziert, Führungsprinzipien modernisiert, man optimiert Geschäftsprozesse, verringert Managementhierarchien und setzt bewußt auf die Zusammenarbeit mit Marktpartnern, um Zugang zu Know How, Ressourcen und den Märkten der Partner zu erlangen. Im Zuge dieser Entwicklung sind in den vergangenen Jahren eine Vielzahl von Konzepten diskutiert worden, die zum Teil partikulare Aspekte betreffen, zum Teil aber auch umfassende neue Ansätze darstellen.

Ein gemeinsames Kennzeichen aller Konzepte - beispielhaft seien hier, ohne den Anspruch auf Vollständigkeit zu erheben, Lean Production, Change Management, Business (Process) Reengineering, Kanban, Just in Time, Segmentierung, marktorientierte Produktion, Total Quality Management (TQM) und Focused Factory genannt - ist zumindest, daß sie das konventionelle Managementverständnis in Frage stellen. Wesentliche Unterschiede der neuen Konzepte bestehen aber hinsichtlich ihres Umfangs, ihrer Tiefe sowie der Qualität, mit der sie Veränderungen herbeiführen können. [PfWe94, V f.]

Oftmals werden neuere Managementansätze lediglich auf bestehende Strukturen aufgesetzt; Fragen der organisatorischen Umgestaltung einschließlich der Einbeziehung der Informationsverarbeitung werden sträflichst vernachlässigt. [PfWe94, 240 ff.], [Wohl95, 27] Unternehmerischer Erfolg, den man gegenüber Wettbewerbern beispielsweise durch die Erschließung neuer Marktpotentiale erreichen kann, hängt heute aber mehr denn je von den erzielten Informationsvorsprüngen ab.

Auf der Suche nach neuen Wettbewerbsvorteilen nutzen Entscheidungsträger im Vorstand, in Stabsabteilungen, im Controlling oder in den Fachabteilungen immer häufiger die Informationstechnologie. Die andauernde Verbesserung des Preis-Leistungsverhältnisses bildet den Grundstein für eine intensivere Nutzung der Daten und nimmt daher in der beschriebenen Situation eine Schlüsselposition ein. [BiMR00, 10] Sie dient nicht mehr nur der Sammlung und dem Austausch von Daten, sondern in verstärktem Maße auch der systematischen und schnellen Beschaffung, Verwaltung, Bereitstellung, Analyse und Interpretation von Informationen.

Information ist somit im Zeitalter der Wissensgesellschaft als *„die unternehmerische Ressource schlechthin"* [PiFr88, 544] anzusehen: Im operativen Betrieb ist die Ressource 'Information' als Produktionsfaktor von Bedeutung und in allen Phasen strategischer Entscheidungsprozesse kann sie zum Wettbewerbsfaktor werden, wenn es dem Unternehmen gelingt, *„die kritischen Erfolgsfaktoren 'Art und Qualität der Informationen' sowie 'Qualität und Effizienz der Entscheidungsprozesse' angemessen zu gestalten."* [Fähn96, 3]

Um dies zu erreichen, müssen alle Fragen der für das Unternehmen am besten geeigneten Informationsversorgung stärker als bisher in den Vordergrund gerückt werden.

Die richtige Information, zur richtigen Zeit, am richtigen Ort ist entscheidend für erfolgreiches unternehmerisches Handeln. Realisieren läßt sich diese Forderung mit dem Ansatz der Informationslogistik, bei dem die Information als ein Produktionsfaktor betrachtet und somit vergleichbar mit anderen logistischen Ketten im Unternehmen wird. Der Begriff der Informationslogistik steht damit sowohl im Kontext einer Real- und Nominalgüterlogistik als auch im Zusammenhang mit dem Informationsmanagement.[1] [SzKl93, 187 f.]

Wie ineffizient mit dem Produktionsfaktor Information umgegangen wird, zeigen diverse Studien über die Durchlaufzeiten in informationsverarbeitenden Abteilungen. [Augu90, 31] So bestehen dort genauso wie in der Fertigung die Durchlaufzeiten zu 90-95 aus Liege- und Wartezeiten und nur zu 5 aus realen Verarbeitungszeiten. Zur Verbesserung dieser Situation sind in der Informationslogistik prinzipiell die gleichen

Überlegungen anzustellen wie in der Fertigung. Konkret führt dieses zu der Forderung des Just-in-Time-Prinzips in der Informationslogistik:

Dieses Prinzip strebt die Herstellung eines Produktes zum spätestmöglichen Zeitpunkt und damit eine Vermeidung aller Vorgänge und Tätigkeiten an, die nur kosten-, aber nicht wertsteigernd wirken. Das Ziel ist es, die Durchlaufzeit auf die Bearbeitungszeit zu reduzieren (vgl. Abbildung 1). Augustin überträgt die „Seven Zeroes" -Forderungen, die im Produktionsbetrieb gelten, auf die Informationslogistik.

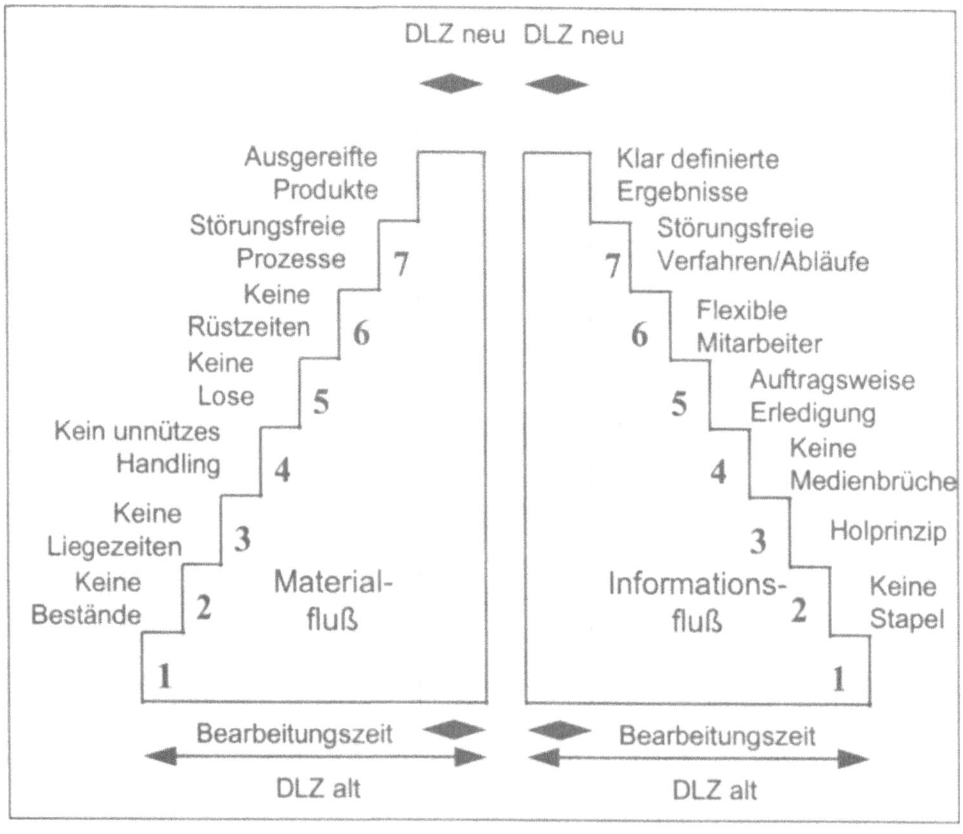

Abb. 1: „Seven Zeroes" |Augu90, 32|

Leider dürfte dieses Prinzip sowohl in der Fertigung als auch in der Informationslogistik eine Idealvorstellung bleiben, da es in beiden Bereichen nicht vollständig umzusetzen ist. Solche Betrachtungsweisen decken aber sehr einprägsam die Wirkungszusammenhänge auf, die bei einer angestrebten Beschleunigung der Informationsprozesse berücksichtigt werden müssen. [Behm96, 5]

Die Informationslogistik umfaßt sämtliche Tätigkeiten, durch die eine vollkommene Verfügbarkeit der Informationen sichergestellt wird. Dabei sind vor allem drei sich ergänzende Komponenten notwendig [WeLi94, 68]:

- Minimierung der Informationsdurchlaufzeiten
- Optimierung der Informationsbestände
- Informationsverfügbarkeit „Just in Time"

Um diese Ziele zu erreichen, wäre es falsch, den Zugriff zu allen Datenbanken von jedem Punkt im Unternehmen aus zu fordern. Dieses wäre aus Gründen der Komplexität sowie der zu erwartenden Antwortzeiten nicht vertretbar. Anzustreben ist allerdings ein Daten- und „Informations-" Pool als Basis einer adäquaten betrieblichen Informationsversorgung.

2 Gegenwärtige Situation der betrieblichen Informationsversorgung

Das Potential einer hochleistungsfähigen Informationstechnologie kann als **Waffe** zur Umsetzung strategischer Erfolgsfaktoren wie beispielsweise **time-to-market** und **Kundenzufriedenheit** eingesetzt werden. In gleichem Maße wird das Informationstechnologie-Potential aber auch zur schnellen Bewältigung aller Koordinations- und Steuerungsaufgaben des Managements benötigt.

Ein derart wirkungsvoller Informationstechnologie-Einsatz erfordert die bewußte, formale Festlegung und Umsetzung eines betrieblichen Informationsmanagements. Die Praxis zeigt jedoch, daß Lücken zwischen der schnellen Entwicklung der Informationstechnologie und deren anwendungsorientiertem Einsatz in den Unternehmen existieren.[2] (vgl. Abbildung 2)

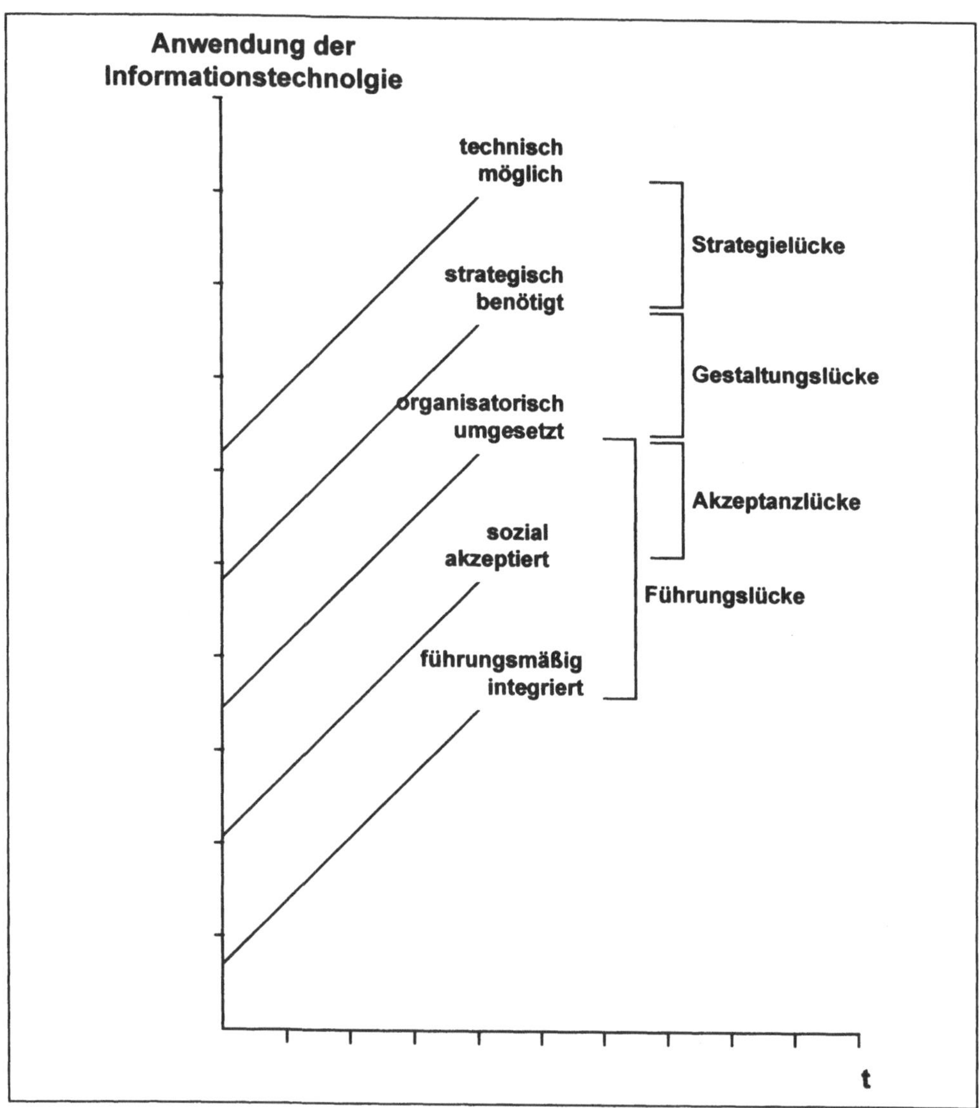

Abb. 2: Gap-Analyse für das Informationsmanagement |KrPf87,29|

Die **Strategielücke** bezeichnet eine fehlende Informationsmanagementstrategie als Bestandteil der Unternehmensstrategie.

Die **Gestaltungslücke** bezieht sich auf fehlende organisatorische Konzepte bzgl. des Informationstechnologie-Einsatzes sowie fehlende Beschreibungen, wie solche Konzepte organisatorisch im Unternehmen umgesetzt werden können. Mit anderen Worten, es fehlt das Wissen, welche Organisationsstruktur des Informationsmanagements für eine bestimmte Informationsmanagementstrategie gewählt werden soll.

Die **Akzeptanzlücke** verdeutlicht, daß zwar die technische Ausstattung als auch organisatorische Nutzungskonzepte im Unternehmen existieren, die von technischen und organisatorischen Veränderungen betroffenen potentiellen Benutzer aber demotiviert sind.

Die **Führungslücke** bringt die Verhaltensweisen von Fach- und Führungskräften im Umgang mit der Informationstechnologie zum Ausdruck. Sie betrachten die Nutzung der vorhandenen Informationstechnologie nicht als Teil ihres Aufgabengebietes, sondern überlassen diese den dafür eingestellten EDV-Spezialisten.

Die gegenwärtige Situation ist weiterhin durch ein **Management by Information-Gap** geprägt. H.-J. BULLINGER et al. identifizieren Lücken bzgl. der Relevanz und Aktualität von Informationen, der Informationsverfügbarkeit und letztlich des Informationsbedarfes beim Management, die die zur Erzielung von Wettbewerbsvorteilen erforderlichen Informationsvorsprünge in Frage stellen. [BuNK93, 44 ff.] Verantwortlich dafür sind technologiebedingte Schwachstellen existierender Informationssysteme sowie enorme Zuwächse des Informationsangebotes, die zu einem **Information Overload** des Einzelnen führen.

2.1 Zunahme des Informationsangebots

Die aktuelle Situation in den Unternehmen ist durch eine steigende Datenflut bei einem gleichzeitigen Informationsdefizit gekennzeichnet, d.h. viele Unternehmen sind im Besitz einer Vielzahl von Daten, sie sind jedoch nicht in der Lage, diese sinnvoll zu nutzen: Die richtige Information, zur richtigen Zeit, am richtigen Ort fehlt.

Im Unternehmen selbst werden immer neue Daten von automatisierten und nichtautomatisierten DV-Anwendungen erzeugt. Ein Beispiel aus dem Telekommunikationsbereich soll dies verdeutlichen [Müll97, C813.02]:

Eine Telefongesellschaft möchte das Verhalten ihrer Kunden über einen Zeitraum von einem Jahr studieren. Angenommen es werden täglich ca. 200 Millionen Telefonate geführt. Für jedes Telefonat wird ein 100 Byte-Record mit den wichtigsten Informationen in der Datenbank abgelegt. Damit erhält man an Daten:

6.798 TB = 100 B/Anrufe * 200.000.000 Anrufe/Tag * 365 Tage

Eine ähnlich starke Zunahme des Datenvolumens ist derzeit im Handel zu beobachten. Durch den Einsatz von Scanner-Kassen ist die Speicherung einzelner Bondaten möglich. Werden diese mit den Artikeldaten (bei einem Artikelstamm von durchschnittlich ca. 40.000 Artikeln) zusammengeführt, steigt das Datenvolumen schnell auf einige Terabyte an.

Die gleiche Entwicklung gilt für die Informationen aus unternehmensexternen Quellen. Externe Daten sind in einer großen Anzahl überaus heterogener Datenquellen verfügbar. So bieten Wirtschaftsverbände, politische Informationsdienste, Markt-, Meinungs- und Trendforschungsinstitute sowie Medienanalytiker aktuelle Nachrichten und Informationen an. [MuHR96] Die bedeutsamsten externen Informationsquellen stellen aber die weltweit vernetzten Informations- und Kommunikationssysteme, wie das Internet dar.[3] Im Mittelpunkt stehen nicht mehr die klassischen Firmenpräsentationen, z.B. aus Imagegründen, sondern e-Business-Lösungen sowohl im Business-to-Business (B2B) als auch im Business-to-Consumer-Bereich. Hier prognostiziert z.B. Forrester Research einen Anstieg allein der B2B-Umsätze von 108 Milliarden $ in 1998 auf 1,3 Billionen $ im Jahr 2003. Abbildung 3 zeigt die zukünftigen Potentiale im Bereich e-Commerce.

Dieser immer schneller wachsende globale Markt führt zu einem exponentiellen Wachstum der in diversen Datenbanken und Archiven gesammelten operativen und externen Daten. Hier ist im wesentlichen die Information verborgen, die als Entscheidungsgrundlage dient und für die zukünftige Ausrichtung des Unternehmens mit von Bedeutung ist.

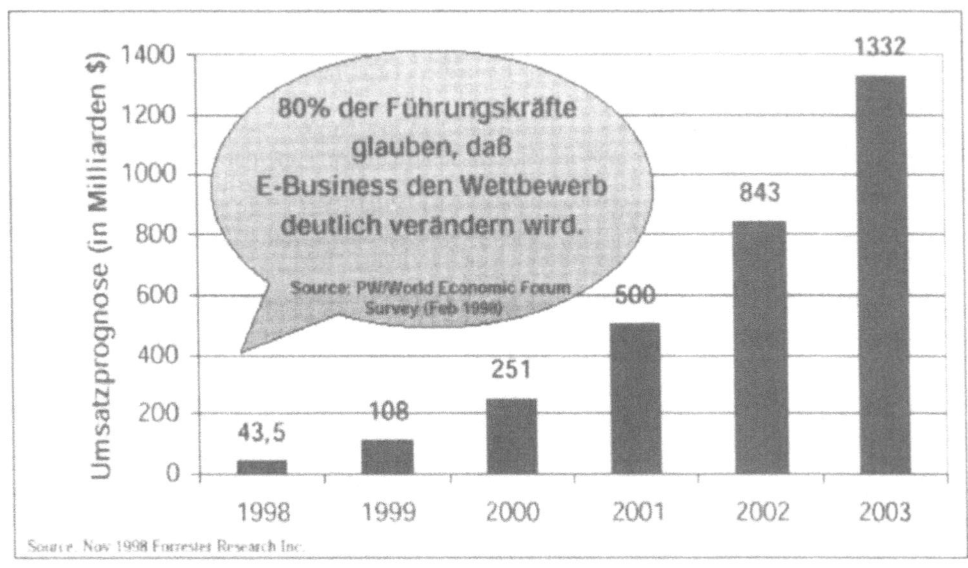

Abb. 3: Potentiale des e-Commerce (Quelle: Forrester Research, November 1998)

2.2 Wandel der Benutzergruppen

Im Laufe der vergangenen Jahre haben sich die Anforderungen der Datenbankbenutzer durch neue, auf leistungsfähigen Front Ends verfügbaren Werkzeuge (Tools) verändert. Eine immer größere Anzahl an Endbenutzern richtet zunehmend komplexere Anfragen an die vorhandenen Datenbanken.

In den 70er und 80er Jahren unterschied man bei den Benutzern von Datenbanksystemen üblicherweise folgende drei Gruppen: die Datenbankspezialisten, die Anwendungsprogrammierer und die sog. Gruppe der Nichtprogrammierer. [Bast82, 10 f.], [Ditt77, 25 f.] Die Gruppe der Nichtprogrammierer wurde von E.F. CODD und C. DATE weiter untergliedert in [Codd74, 179 ff.], [Date86, 160]:

- Parametrische Endbenutzer (parametric users):
  Hierzu zählte beispielsweise das angelernte Schalterpersonal in Banken, das in vorgegebene Eingabemasken lediglich bestimmte Parameter zur Durchführung ihrer Datanbankanfrage eingab. Diese Benutzergruppe kann somit als **angelerntes Dienstpersonal** bezeichnet werden.

- Gelegentliche Benutzer (casual users):
  Als charakteristisches Aufgabengebiet der **gelegentlichen Benutzer** galten einmalig auftretende unstrukturierte Problemstellungen, die mit Hilfe von Datenbankrecherchen gelöst wurden. E.F. CODD umschrieb diese Untergruppe der Datenbankanwender und ordnete ihr „managers and housewives" zu. [Codd74, 179 ff.]

- Anspruchsvolle Laien (analysts, auditors, researchers):
  Die Untergruppe der **anspruchsvollen Laien** besitzt Verständnis für Formalisierungen und wendet sich mit komplizierten Anfragen an ein Datenbanksystem.

Aufgaben, die früher nur von den Datenbankspezialisten und Anwendungsprogrammierern bewältigt werden konnten, verlagern sich heute zunehmend auf die Gruppe der Nichtprogrammierer. Diese Veränderung führt zur Forderung nach Informationen **on demand** und **ready to use**, damit die bereits in Abschnitt 2 erwähnten Lücken geschlossen und das Potential der Informationstechnologie als Waffe im Wettbewerb effektiv genutzt werden kann.

Insbesondere in neuen Organisationsstrukturen mit reduzierten Hierarchien, in denen Entscheidungskompetenz nach „unten" verlagert wird, müssen die Mitarbeiter aller Ebenen in die Lage versetzt werden, Informationen aus unterschiedlichsten Quellen selbständig zu

- extrahieren,
- transformieren, d.h. verdichten, verknüpfen und redaktionell aufbereiten,
- analysieren, d.h. vergleichen und bewerten.

Entsprechend ihrem Aufgabengebiet lassen sich heute folgende Benutzergruppen klassifizieren:

- **Executives:**
  Sie benötigen für strategische Entscheidungen Informationen über Zusammenhänge zwischen Markt und Leistungsangebot (Kunden / Produkte und / oder Dienstleistungen). Für Koordinations- und Steuerungsaufgaben müssen ihnen Standard- und Ausnahmeberichte mit Statistiken, Kennzahlen etc. sofort und flexibel zur Verfügung stehen.

- **Knowledge Worker:**
  Diese Benutzergruppe umfaßt alle Aufgaben der Entscheidungsvorbereitung. Beispielsweise untersuchen „interne" Marktforscher vorhandene und neue Geschäftsfelder; Business Analysts ermitteln verborgene Zusammenhänge in Daten und leiten daraus Empfehlungen für Executives ab.
- **Case Worker**:
  Sie verarbeiten im operativen Tagesgeschehen Detailinformationen über Geschäftsobjekte, deren Entwicklung über die Zeit, über Geschäftsprozesse sowie deren Kosten und verbrauchte Ressourcen.

2.3 Die Problematik der Datenintegration

In der Praxis wird die Datenbasis managementunterstützender Systeme aufgrund der mangelnden horizontalen Datenintegration meist nur mit manuell aufbereiteten Daten aus den operationalen DV-Systemen bestückt, wodurch die Aktualiät und Nachvollziehbarkeit nicht optimal umgesetzt ist.

Im Rahmen der Konzeption und Entwicklung betrieblicher DV-Anwendungssysteme wird neben der horizontalen Datenintegration, die sich an der Wertschöpfungskette orientiert, auch die vertikale Datenintegration angestrebt, die einerseits zur Sicherung der Datenversorgung von Administrations- und Dispositionssystemen sowie andererseits den Unternehmensführungssystemen dient. [BiMR00, 74 f.] Da die betrieblichen DV-Anwendungssysteme i.d.R. historisch gewachsen sind und die einzelnen Anwendungsprogramme oftmals isoliert voneinander entwickelt und realisiert wurden, ist eine horizontale Datenintegration nur lückenhaft und eine vertikale Datenintegration oftmals überhaupt nicht gegeben.

Aufgrund der fehlenden vertikalen Datenintegration liegt bei dem Übergang der Daten aus dem operationalen in den entscheidungsunterstützenden Bereich ein Medienbruch vor, wodurch die Aktualität, Qualität und Flexibilität der Daten und somit deren Wert für die Entscheidungsträger abnimmt.

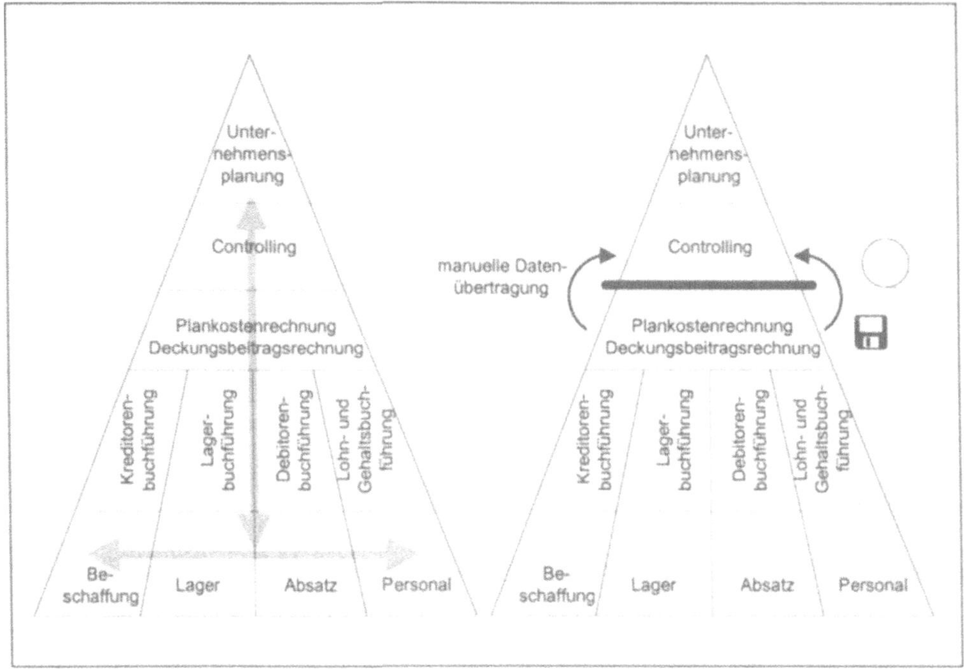

Abb. 4: Informationspyramide - Wunsch und Realität |BePW94, 423|

Die Realisierung der vertikalen Datenintegration könnte zwar durch umfangreiche Modifikationen in den bestehenden operationalen DV-Systemen erreicht werden; entsprechende Modifikationen erweisen sich i.d.R. jedoch als sehr aufwendig und risikoreich. [Orr91, 51 f.] Die Gründe dafür sind offensichtlich:

Operationale DV-Systeme

- werden zur Abwicklung des Tagesgeschäfts benötigt,
- sind historisch gewachsen und
    - damit nicht nur komplex sondern, oftmals
    - auch schlecht strukturiert und dokumentiert.

Darüber hinaus gibt es eine Vielzahl weiterer Einsatzmöglichkeiten.

3 Schaffung einer entscheidungsorientierten Informationsversorgung

Die Qualität betrieblicher Entscheidungen auf allen Ebenen hängt direkt von der Qualität der verfügbaren Informationen [BuHK93, 37] und diese - sofern sie aus computergestützten Informationssystemen gewonnen werden - von der Qualität der gespeicherten Daten ab. Daten sind somit ein kritischer Erfolgsfaktor für jede Art von Informationssystem.

Neben den klassischen, in den Wirtschaftswissenschaften bestimmten Produktionsfaktoren, betrachtet man heute - wie bereits erwähnt - auch die Information als einen Produktionsfaktor. [Pico90, 6] Nach D. SCHNEIDER benennt Information das Wissen, welches ein Entscheidungsträger über die künftigen Sachverhalte in der Erfahrungswelt benötigt. Dabei muß die Information auf das Wissen über die Wirklichkeit begrenzt werden, das ein Entscheidungsmodell für seine Anwendung voraussetzt. Erst dann kann der Entscheidungsträger zielentsprechend entscheiden und so Einfluß auf die künftigen Sachverhalte nehmen. [Schn81, 201 f.] Daten stellen für den Entscheidungsträger genau dann Informationen dar, wenn sie zweckdienlich, d.h. für seine konkrete Aufgabenstellung relevant sind. Der Nutzen von Daten wird neben ihrer **Relevanz** durch folgende weitere Faktoren bestimmt [Inmo93, 74], [BiMR00a, 17 ff.]:

- **Genauigkeit:** Die Daten müssen eine auf das Arbeitsgebiet des Entscheidungsträgers abgestimmte Genauigkeit haben. So sind z.B. im Bereich der Finanzbuchhaltung alle Beträge mit zwei Nachkommastellen zu führen, während im Bereich der Absatzplanung auf größere Einheiten gerundet wird.
- **Vollständigkeit:** Dem Entscheidungsträger müssen vollständige Daten zur Verfügung gestellt werden. Nur so kann verhindert werden, daß er aufgrund fehlender Daten falsche Entscheidungen trifft.
- **Zusammenhang:** Daten, die aus ihrem ursprünglichen Umfeld gelöst wurden und mit diesem nicht mehr in Zusammenhang gebracht werden können, stellen für den Entscheidungsträger nur sehr unsichere Informationen dar.
- **Zugriffsmöglichkeit:** Daten sind letztendlich für den Entscheidungsträger nur dann nützlich, wenn er einen schnellen Zugriff auf sie hat. Dabei werden unter dem Begriff

Zugriffsmöglichkeiten nicht nur die technischen und organisatorischen Voraussetzungen, sondern auch die Möglichkeiten der Herausfilterung bestimmter Daten aus einem Datenpool zusammengefaßt.

- **Flexibilität:** Die gespeicherten Daten müssen form-, manipulier- und transformierbar sein. So ist es beispielsweise nicht ausreichend, die Umsatzzahlen eines vorgegebenen Zeitraumes lediglich nach Produkten aufgeschlüsselt zur Verfügung zu stellen. Der Entscheidungsträger muß in die Lage versetzt werden, diese Zahlen entsprechend seinen individuellen Anforderungen nach weiteren Kriterien, wie z.B. Produktgruppen, Absatzkanälen oder frei bestimmbaren Zeiträumen, zu gliedern.
- **Zeit- und Zeitraumbezug:** Daten müssen dem Entscheidungsträger zeitgerecht zur Verfügung stehen, da sie bei verspäteter Verfügbarkeit nur einen stark reduzierten oder sogar überhaupt keinen Nutzen für eine bestimmte Aufgabenstellung haben können. Werden historische Daten über einen langfristigen Zeitraum gesammelt, so lassen sich wesentlich differenziertere Trendanalysen durchführen, als dies mit den kurzfristigen Daten, wie sie aus operationalen DV-Systemen gewonnen werden, möglich wäre. Erst die frühzeitige Erkennung von Trends ermöglicht es Unternehmen, rechtzeitig auf Änderungen in ihrem Umfeld zu reagieren und somit entscheidende Wettbewerbsvorteile gegenüber ihren Konkurrenten zu erzielen. [Lewi94, 50]
- **Transportierbarkeit:** Daten, die an einen bestimmten Ort oder ein bestimmtes System gebunden sind, haben für den Entscheidungsträger einen wesentlich geringeren Nutzen als Daten, die transportiert werden können und somit an beliebigen Orten verfügbar sind.
- **Sicherheit:** Daten können für ein Unternehmen Wettbewerbsvorteile gegenüber der Konkurrenz darstellen. Sie sind daher vor unauthorisiertem Zugriff zu schützen.
- **Zuverlässigkeit / Glaubwürdigkeit:** Die Entstehung der Daten muß nachvollziehbar sein und es muß sichergestellt sein, daß der Datenlieferant vertrauenswürdig ist. Gerade im Bereich der externen Daten ist es wichtig, diese Glaubwürdigkeit der Quellen zu überprüfen.

Für eine konkrete Aufgabenstellung kann unter Umständen auch eine beliebige Kombination relevanter Faktoren ausreichend sein. [Inmo93, 74]

Weiterhin muß die Informationsbereitstellung in unterschiedlich verdichteter Form erfolgen, damit die Entscheidungsträger verschiedener Hierarchiestufen mit den Informationen, welche für die jeweilige Entscheidungsfindung relevant sind, versorgt werden können. Im allgemeinen ist die Informationsverdichtung mit steigender Hierarchieebene und Verantwortung des einzelnen Mitarbeiters höher.

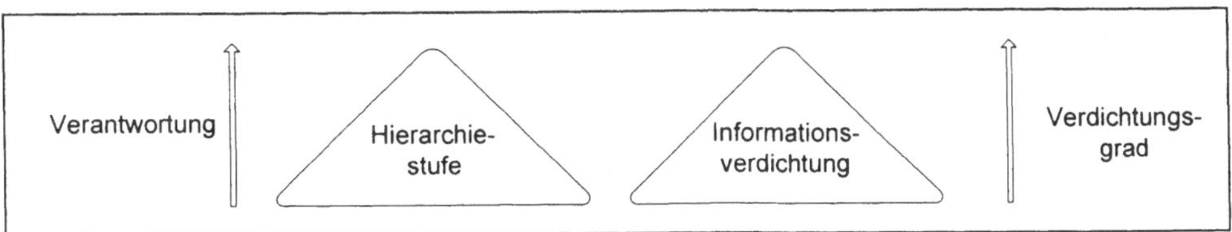

Abb. 5: Informationsverdichtung innerhalb der betrieblichen Hierarchie

Die in diesem Abschnitt aufgestellten Forderungen bezüglich der Qualität von Informationen lassen sich bei Systemarchitekturen, die sich durch eine individuelle Datenversorgung einzelner managementunterstützender Systeme auszeichnen, nur sehr schwer erfüllen. Syntaktische Inkonsistenzen, abweichende Lieferanschriften oder unterschiedliche Nummernkreise sind nur einige Beispiele, die eine wirksame Managementunterstützung unmöglich machen. Eines der Hauptprobleme in diesem Zusammenhang sind die über das gesamte Unternehmen verstreuten Daten. Das Ziel muß es daher sein, diese Fragmentierung zu lösen und ein eigenständiges, unternehmensweites „Sammelbecken" für Daten der Planungs- und Entscheidungsebene einzurichten. Aufgabe dieses Informationspools ist es, die periodischen Datenflüsse aus der spezialisierten und heterogenen Welt der Transaktionsebene aufeinander abzustimmen und für einen schnellen, nicht standardisierten Zugriff in geeigneter Form zu archivieren.

4 Das Data Warehouse-Konzept – Einführung

Das Data-Warehouse-Konzept[4] stellt die derzeit wichtigste Entwicklung im Bereich der Integrationsstrategien für Managementinformationen dar und soll die Qualität, die Integrität und die Konsistenz des zugrunde liegenden Datenmaterials sicherstellen. Die Technik, die eine solche Integration ermöglicht, ist vorhanden, unterliegt aber selbst noch einem ständigen Wandel. Allerdings darf man bei der Diskussion um das Data

Warehouse beispielsweise nicht den Fehler der damaligen MIS-Diskussion wiederholen, die Technik in den Vordergrund zu stellen; wichtiger sind Fragen der richtigen Organisation und der Harmonisierung betriebswirtschaftlicher Kenngrößen.

Das Konzept des Data Warehouse (vgl. Abbildung 6) basiert zu einem wesentlichen Teil auf der eingangs aufgestellten Forderung nach einer adäquaten Informationsversorgung: die richtige Information, zur richtigen Zeit, am richtigen Ort.

Viele Autoren übersetzen den Begriff Data Warehouse mit „Daten-Warenhaus" und suggerieren damit das Bild eines Selbstbedienungsladens für Informationen. Ein Blick in ein Wörterbuch zeigt jedoch, daß der Begriff **Warehouse** für Lagerhaus oder Speicher steht. Trotzdem ist das Bild eines Waren- oder noch treffender Handelshauses passend, wenn man den Datenfluß im Unternehmen mit dem Warenfluß im Handel vergleicht.

Die Lieferanten sind die operativen Anwendungssysteme und externe Quellen. Zwischenlager sind Archivierungs-, Datei- und Datenbanksysteme. Aus diesen wird das an den Bedürfnisssen der Endverbraucher ausgerichtete Handelshaus mit entsprechender Ware beliefert und dort für Laufkundschaft (Stationärer Handel) und Abonnenten (Versandhandel) bereitgestellt. Damit die Kundschaft und die Mitarbeiter des Versandhandels die entsprechende Ware schnell und ohne Verzögerung finden, muß im Handelshaus Ordnung herrschen. Im Data Warehouse wird diese Ordnung durch ein fundiertes, konzeptionelles Modell sichergestellt. In Analogie zur Abwicklung der Geschäfte eines Handelshauses werden für die Laufkundschaft Wegweiser und für die Abonnenten Kataloge benötigt. In einem Data Warehouse finden die Endbenutzer diese Informationen im Meta-Datenbanksystem. Sollten die Kunden darüber hinaus Beratung und Unterstützung in Anspruch nehmen wollen, so müssen sie sich im Data Warehouse an den Benutzerservice bzw. User Help Desk wenden. Die Geschäftsleitung des Handelshauses benötigt zur Optimierung des Warenangebotes Verkaufsstatistiken; der Data Warehouse-Administrator bezieht seine Informationen zur Verbesserung des Data Warehouse (Angebot und Performance) aus den Nutzungsstatistiken. In einem Handelshaus ist die Bezahlung der gekauften Waren eine Selbstverständlichkeit. Der Gedanke der Bezahlung von Information in einem Unternehmen wäre hier das passende Analogon: Werden das Data Warehouse als Handelshaus betrachtet und Informationen als Ware angesehen, deren Beschaffung mit Kosten verbunden ist, darf diese nicht umsonst zu haben sein. Allerdings fehlt dafür derzeit eine breite Lobby. Dieses wird sich möglicherweise ändern, sollte man den Gedanken des Data Warehouse wirklich ernst nehmen.

Der Fokus des Data-Warehouse-Konzepts liegt – wie bereits erwähnt – auf der effizienten Bereitstellung und Verarbeitung großer Datenmengen für die Durchführung von Auswertungen und Analysen in entscheidungsunterstützenden Prozessen. Dies setzt offensichtlich eine zweckneutrale Speicherung von Daten im Data Warehouse voraus. Zurückführen läßt sich der Gedanke auf die Arbeiten von E. SCHMALENBACH und P. RIEBEL bezüglich der zweckneutralen Grundrechnung. Die Datenhaltung für die Grundrechnung unterscheidet sich von anderen Datensammlungen dadurch, daß nicht für jeden Auswertungszweck eine eigene Datenhaltung und -pflege erforderlich ist. Die im Data Warehouse aus den operationalen DV-Systemen gewonnenen Datenbestände entsprechen dieser zweckneutralen Datensammlung. Zusätzlich können aber auch beliebige unternehmensexterne Datenquellen in das Data Warehouse eingebunden werden.

Das Data Warehouse wird in bestimmten Zeitabständen, die entsprechend den unternehmensindividuellen Anforderungen festgelegt werden, aktualisiert und erweitert. Hierdurch bauen sich im Laufe der Zeit große Datenbestände auf, deren Volumen ein Vielfaches der relativ konstanten Datenbestände operationaler DV-Systeme beträgt.

Darüber hinaus gibt es eine prozeßorientierte Sicht. Während die operativen Geschäftsprozesse überwiegend durch Standardsoftware wie z.B. SAP R/3 oder Baan IV unterstützt werden, werden die Prozesse, die unmittelbar auf die Märkte gerichtet sind, wie beispielsweise der Vertriebs- und Kundenservice, heute nur unzureichend unterstützt.

Im Rahmen einer Data Warehouse-Lösung werden die Daten nun völlig unabhängig von den operativen Geschäftsprozessen in neue, logische Zusammenhänge gebracht, um auf diese Weise einerseits Informationen zur Steuerung und Kontrolle operativer Prozesse zu erhalten, andererseits aber auch um die marktorientierten Prozesse unterstützen zu können. Die so gewonnenen Informationen führen im Sinne eines Wirkungskreislaufs zu einer ständigen Überprüfung und gegebenenfalls zu einer Veränderung der operativen Geschäftsprozesse.

Die auf oberster Management-Ebene festgelegte Strategie eines Unternehmens bestimmt die Geschäftsprozesse, die mit Hilfe der operativen Informationssysteme abgewickelt und gespeichert werden. Die Daten aus deren Datenbanken werden extrahiert und in die

Data Warehouse-Datenbasis übertragen. Die aus den Data Warehouse-Daten gewonnenen Erkenntnisse können zu einer Verbesserung der Strategie führen und somit Einfluß auf die Geschäftsprozesse nehmen. Data Warehousing kann daher als dispositive Komponente (Rückwärtszweig) im Wirkungskreislauf des Unternehmens angesehen werden. Durch das ständige Anwachsen der Data Warehouse-Datenbasis verstärkt sich auch der Nutzen, der aus dem Data Warehouse gezogen werden kann.

Im Sinne eines Schichtenmodells stellen die Extraktions-, Transformations- und Ladeprogramme (ETL-Programme) die Input-Schnittstelle(n) zu den operativen Vorsystemen und den externen Datenquellen dar. Die Output-Schnittstellen verbinden das eigentliche Data Warehouse mit den darauf aufsetzenden Komponenten. Sie haben u.a. die Aufgabe, die Verteilung der Datenbestände in die sog. Data Marts zu gewährleisten sowie den Datentransfer bei direkten Zugriffen durch Auswertungstools wie Abfrage und Berichtssysteme, OLAP-Front Ends oder Data Mining, sicherzustellen.

Da das Data Warehouse eine Ideallösung darstellt und sich der Versuch, Auswertungen auf mehreren Giga- (oder gar Tera-)byte großen Datenbanken durchzuführen, häufig als sehr zeitaufwendig erweist, wird es zur Steigerung der Performance und der besseren Überschaubarkeit in kleinere Einheiten, die Data Marts, zerlegt. Ein Data Mart beinhaltet insofern einen bewußt redundant gehaltenen Ausschnitt des Data Warehouse für das Gesamtunternehmen. Dabei kann es sich z.B. um die Kopie aller relevanten Daten einer Region, einer bestimmten Produktgruppe oder eines speziellen Zeitausschnitts handeln, zugeschnitten auf eine spezielle Gruppe von Endanwendern managementunterstützender Informationssysteme.

Das dem Data Mart zugrundeliegende semantische Datenmodell ist in der Regel mit dem des Data Warehouse identisch. Dadurch, daß es sich um eine echte Teilmenge des Data Warehouse bei gleicher Technologie handelt, sind Data Marts auch leichter zu pflegen.

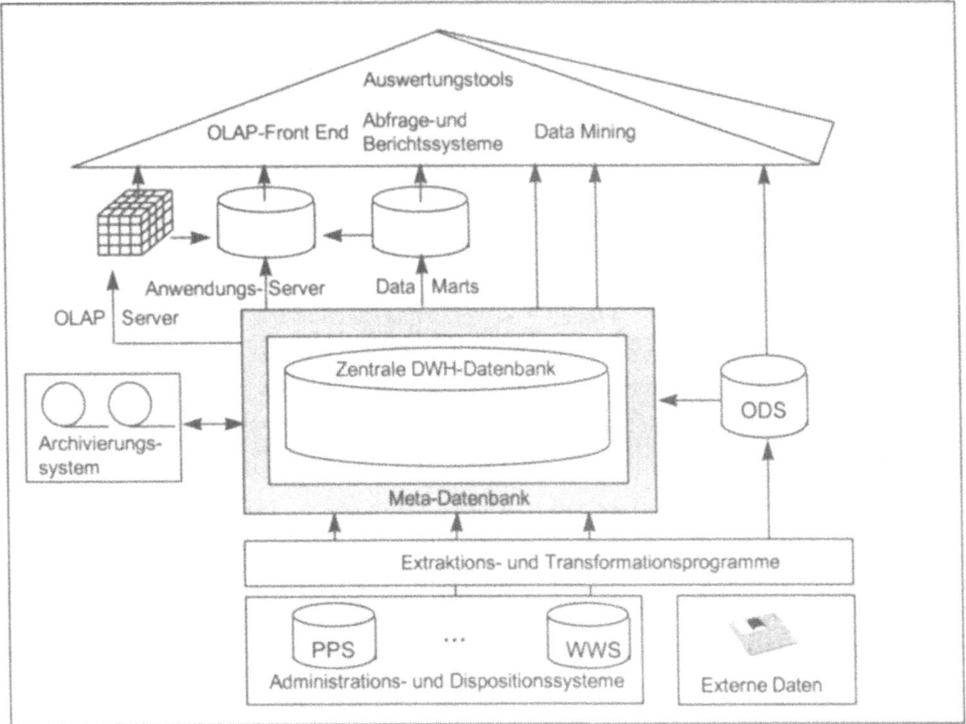

Abb. 6: Idealtypische Data Warehouse-Architektur |MuBe00, 14|

Durch eine gezielte Analyse der Geschäftsprozesse lassen sich daher Kerninformationen herauskristallisieren, so daß man Data Marts generieren kann, die 80% der Anfragen mit nur 20% der gesamten Daten abdecken. Oftmals ist der Übergang zwischen den Data Marts und dem Data Warehouse fließend. Beginnend mit einem Data Mart, der in einer ersten Ausbaustufe nur Verkaufsdaten zur Verfügung stellt, werden in einem zweiten Schritt Detailinformationen über die Kunden, den Markt und die jeweiligen Produkte hinzugefügt, so dass Profitabilitätsrechnungen möglich sind. In einer nächsten Stufe werden dann weitere Informationen aufgenommen, um ein effizientes Bestellwesen zu erreichen. Wie dieses Beispiel zeigt, kann so durch schrittweise Integration verschiedenster Datenquellen ein Data Warehouse entstehen.

Als weitere Komponenten, die auf einem Data Warehouse aufsetzen können, sind OLAP- und andere Anwendungs-Server zu nennen: Eine Reihe von Anwendungen, z.B. aus dem Bereich des Controlling, generieren Informationen, die das Ergebnis multidimensionaler Betrachtungsweisen oder nach speziellen Regeln durchgeführter Konsolidierungen sind. Dieser Veredelungsprozess setzt sich aus zwei Stufen zusammen: Bereits beim Laden der Daten in das Data Warehouse erfolgt eine „Vorveredelung" (Transformation) in Form einer betriebswirtschaftlichen Aufbereitung. Die zweite Verdichtung erfolgt in den Applikationen. Oft, aber nicht zwingend notwendig, ist mit diesem Veredelungsprozeß eine eigene Datenhaltung verbunden. Mit welcher Technologie diese Datenhaltung unterstützt wird, ist dabei zweitrangig: Es können sowohl - auf proprietären Datenstrukturen basierende - multidimensionale Datenbanksysteme (MDBS), als auch relationale Datenbanksysteme in Verbindung mit multidimensionalen Auswertungswerkzeugen zum Einsatz kommen. Bei der Verwendung derartiger Server mit einer eigenen Datenhaltung kann ein Teil der Funktionalität der Applikation in das Datenhaltungssystem verschoben werden, so dass der Aufbau der gewünschten Sicht (in Form eines Schnittes durch den Datenwürfel) oder der Analyse beschleunigt wird. Es ergibt sich ein Trade Off: Je mehr Funktionalität in der Datenhaltungskomponente bereitgestellt wird, desto weniger muss in der Applikation jedesmal erstellt werden.

Werden von den Entscheidungsträgern eines Unternehmens für bestimmte Bereiche zeitpunktaktuelle Daten nachgefragt, um so die operative Unternehmensführung zu unterstützen, kann die Implementierung eines Operational Data Store (ODS) zur Überbrückung der zwischen zwei Datenübernahmen entstehenden Zeitspanne genutzt werden. In den ODS wird direkt ein sehr kleiner und zeitpunktaktueller Teil entscheidungsunterstützender Daten übertragen, deren Strukturen bereits an die Anforderungen der Auswertungswerkzeuge angepaßt sind, d.h. ein ODS dient nicht als „Ersatz"-Datenbasis für die operationalen DV-Systeme. Die benötigten Daten werden, unter Berücksichtigung der Merkmale des Data Warehouse-Konzepts, im Rahmen der Abarbeitung von relevanten Transaktionen der operationalen DV-Systeme online transformiert und gespeichert. Hierdurch wird zwar das Transaktionsvolumen erhöht, was eine Verschlechterung des Antwortzeitverhaltens der Administrations- und Dispositionssysteme zur Folge hat. Gleichzeitig erfolgt aber auch eine Entlastung der operationalen DV-Systeme, da der größte Teil der zur Abwicklung des Tagesgeschäftes benötigen Auswertungen nicht mehr auf die operationalen Datenbestände, sondern nur auf die verdichteten Daten des ODS zugreift. Neben den zeitpunktaktuellen Daten können im ODS aber auch verdichtete Daten, die einen im Vergleich zu den Data Warehouse-Daten sehr kurzen Zeitraum abbilden, gespeichert werden. So kann die Zeitspanne zwischen den Datentransfers aus den operationalen DV-Systemen in das Data Warehouse überbrückt werden. Erfolgt die Datenübernahme in das Data Warehouse beispielsweise monatlich, können im ODS Aggregationen auf Tages- und Wochenebene geführt werden, die den managementunterstützenden Informationssystemen als Datenbasis für kurzfristige Auswertungen und Analysen zur Verfügung stehen. Im Rahmen der Datenübernahme aus den operationalen DV-Systemen in das Data Warehouse werden später auch die im ODS zwischengespeicherten Daten mit übertragen.

5 Ausgewählte Einsatzgebiete

Der Nutzen eines Data Warehouses entsteht nicht in erster Linie durch die Speicherung, sondern vielmehr erst durch die zielgerichtete Aufarbeitung und Analyse der dort konsistent abgelegten Daten. Die Zahl der Einsatzgebiete ist daher groß: Controlling, Database Marketing, Knowledge Management, Betrugserkennung etc.

Im folgenden sind nur die Bereiche Controlling, Database Marketing und Knowledge Management hervorgehoben.

In einer empirischen Untersuchung großer Unternehmen im deutschsprachigen Raum wird festgestellt, daß über 75% der Unternehmen Management und Controlling als ein Hauptanwendungsgebiet für Data Warehouses sehen [Hann97]. Die Anwendungen beschränken sich dabei nicht nur auf das operative Controlling sondern auch auf den strategischen Bereich der Unternehmenssteuerung und -planung.

- Balanced Scorecard
  Eine Balanced Scorecard ist eine Zusammenstellung von finanziellen und nichtfinanziellen Kennzahlen zur Messung der Wertschöpfung von einzelnen Geschäftseinheiten. [KaNo97] Dabei erfolgt eine gleichgewichtige Berücksichtigung der Bereiche Finanzen, Kunden sowie interne Prozesse und Potentiale. Definiert werden können Balanced Scorecards für alle Hierarchiestufen im Unternehmen. Ausführende Mitarbeiter müssen die finanzielle Konsequenz ihrer Handlungen kennen, Führungskräfte müssen die treibenen Faktoren für den langfristigen Erfolg kennen. [MoSc98, 316 f.] Die Datengrundlage für solche Anwendungen bietet ein Data Warehouse.

- Betriebliche Berichtssysteme

  Betriebliche Berichtssysteme haben die Sicherstellung der richtigen Informationen am richtigen Ort zur richtigen Zeit in der notwendigen Qualität als Ziel. Ein Hauptproblem bei der Konzeption eines Berichtssystems ist die bedarfsorientierte Verdichtung. [Horv96, 592] Man kann zwischen quantitativer und qualitativer Verdichtung unterscheiden. Durch quantitatives Verdichten wird der Umfang der Einzelinformation z.B. durch Summierung oder Durchschnittsbildung, verringert. Durch qualitative Verdichtung sollen neue Aussagen zur Gesamtbeschaffenheit der Informationen gewonnen werden, die nicht direkt aus den Einzelinformationen ersichtlich sind. [Toto00, 27], d.h. die Verdichtung erfolgt unter Verwendung von finanzmathematischen oder betriebswirtschaftlichen Algorithmen (z.B. Eliminierung von Innenumsätzen innerhalb eines Konzerns). Eine Übersicht über verschiedene Verdichtungstypen befindet sich in [Birk91].

  Eine weitere Voraussetzung bei der Konzeption eines aussagekräftigen Berichtswesens ist die Schaffung einer einheitlichen Semantik der Berichtsinhalte (z.B. Abgleich der Homonyme und Synonyme). [Toto00, 31]

  Die ideale Unterstützung bei der Bereitstellung von Daten unterschiedlicher Granularität sowie einheitlicher Begriffsdefinitionen bietet das Data Warehouse-Konzept. Die konkrete Ausgestaltung der Berichtssysteme lassen sich unter dem Oberbegriff Managementunterstützende Systeme den Kategorien MIS, DSS und EIS zuordnen.

Unter Data Support wird die reine Bereitstellung von Informationen ohne gezielte Ausrichtung auf den Benutzer verstanden. Decision Support basiert dagegen auf formalen Modellen, die von einfachen Definitionsgleichungen bis zu komplexen Verhaltensgleichungen reichen. Der Communication Support stützt sich auf die im Unternehmen vorhandenen Kommunikationssysteme (z.B. e-mail).

Einen detaillierten Überblick über derartige Systeme geben [ChGl99, 3ff].

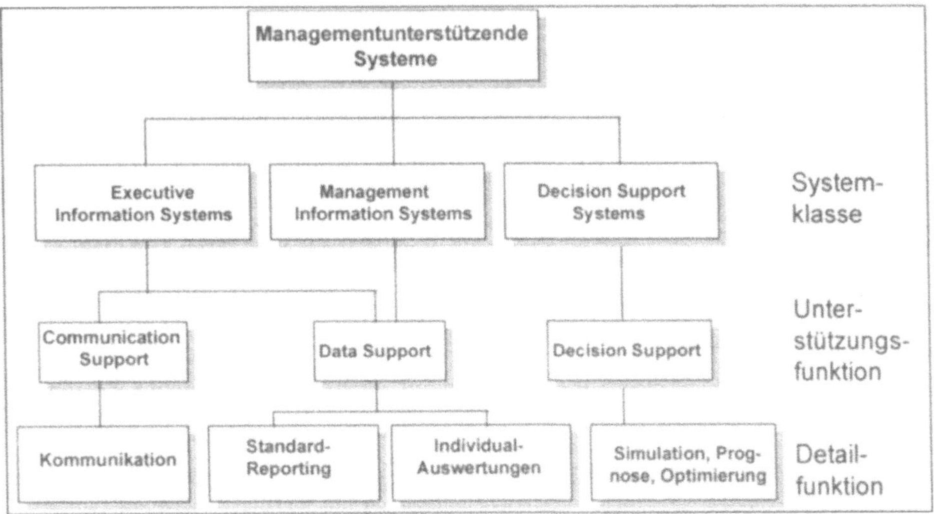

Abb. 7: Aufgabenverteilung innerhalb von managementunterstützenden Systemen (in Anlehnung an [GaGC95, 8])

Das zweite große Einsatzgebiet ist der Bereich Marketing und hier insbesondere das Database Marketing (DBM). Eine allgemeine Definition für den Begriff existiert bis heute nicht, da je nach Abgrenzung unterschiedliche Schwerpunkte erkennbar sind. Konsens herrscht lediglich darüber, daß im Mittelpunkt von DBM die Nutzung einer integrierten Kundendatenbank steht. Das Informationsspektrum einer Kundendatenbank wird dabei in 3 Datenkategorien eingeteilt:

- Identifikationsdaten
  enthalten alle Informationen, welche zur postalischen Identifikation eines Kunden oder Interessenten erforderlich sind.

- Deskriptionsdaten
  umfassen alle Daten, die die bisherige Geschäftsbeziehung mit dem Unternehmen widerspiegeln und Beschreibungsmerkmale, welche geeignet sind, das zukünftige Kaufverhalten des Kunden beurteilen zu können.

- Kommunikationsdaten
  dokumentieren die bisher bei den Zielpersonen realisierten Kontakte (Aktionen) und ihre Reaktionen.

Ein mögliches Spektrum der in einer Kundendatenbank vorhandenen Daten zeigt Abbildung 8.

Die im Rahmen eines Database Marketing zu lösenden Aufgabenstellungen sind vielfältig. Die folgende Liste stellt daher nur ausgewählte Beispiele dar:

- Customer Segmentation
  Gearde im Bereich des Marketings ist es wichtig, Kunden mit ähnlichen Bedürfnissen zu Gruppen zusammenzufassen, um ausgehend von diesen Gruppen, Produkte und Dienstleistungen gezielt anbieten zu können. Denn nur eine gezielte Kundenansprache vermeidet Kosten und führt somit zu einem besseren Gewinn. Zur Segmentierung müssen geeignete Merkmale eines Kunden im Data Warehouse abgelegt werden. Im Bereich Finanzdienstleistungen können dies z.B. Alter, Nettoeinkommen oder bei der Bank angelegtes Vermögen sein.
- Cross Selling
  Durch die Integration der vorhandenen Kunden- und Verkaufsdaten verschiedener Sparten eines Konzerns in einem Data Warehouse können dem Kunden gezielt verschiedene Produkte und Dienstleistungen (spartenübergreifend) angeboten werden. Eng damit verbunden ist auch der Begriff des Up Selling: Hierunter versteht man das gezielte Anbieten von verbesserten Nachfolgeprodukten bzw. höherwertigen Produkten aufgrund der im Data Warehouse gespeicherten Verkaufsdaten des jeweiligen Kunden.
- Kunden-Scoring
  Mit Hilfe von komplexen Kundenbewertungsmethoden (sogenannten Scoring-Modellen) wird in einem Data Warehouse das zukünftige Kaufverhalten von Kunden bewertet. Dazu werden diverse Kriterien wie z.B. Alter, geographische Aspekte sowie sortimentsbezogene Umsatzwerte gespeichert. Durch die Auswertung der Daten können beispielsweise im Versandhandel, je nach Scoring-Ergebnis, gezielt Mailing-Aktionen oder Kataloge an bestimmte Kundengruppen versendet werden. Insgesamt stellt die Kundenbewertung somit die Voraussetzung dar, um beispielsweise effizient Direkt Marketing zu betreiben.

IDENTIFIKATIONSDATEN

Kunde
- Name/Vorname, Firma
- Titel
- Anschrift
- Telefon, Telefax

DESKRIPTIONSDATEN

Kundenstatus
- Interessent
- Neukunde
- aktiver Kunde
- ehemaliger Kunde

Bedarfsstruktur
- Beschaffungsvolumen
- Produktanforderung
- Serviceanforderung

Kaufhistorie
- Produkte
- Mengen
- Preise
- Zeitpunkte
- Zahlungsweise
- Lieferung
- Reklamation

Konditionen
- Preise, Rabatte
- Lieferbedingungen
- Zahlungsbedingungen

Unternehmensdaten
- Branche
- Betriebsgröße
- Ausstattung
- Technologie
- Beschaffungspläne

Geschäftslage
- Marktwachstum
- Kapazitätsauslastung
- Technologischer Wandel
- Rechtlicher Rahmen
- Rendite

Wettbewerbsposition
- Angebote
- Angebotserfolge
- Ablehnungsgründe
- Aufträge

Entscheidungsgremium
- Größe
- Zusammensetzung
- Rollenverteilung

Ansprechpartner
- Hierarchie
- Motivation
- Einstellung
- Informationsverhalten
- Stellung im Entscheidungsgremium

Soziografische Daten
- Geburtsdatum
- Geschlecht
- Ausbildung
- Beruf
- Einkommen
- Familienstand
- Haushaltsgröße
- Kinderzahl

Psychografische Daten
- Interessen
- Einstellungen
- Hobbies
- Freizeitaktivitäten
- Lifestyle

Typologische-Merkmale
- Geo-typ (z.B.-CAS-Typologie)
- Vornamenstyp

Kaufverhalten
- Preissensibilität
- Servicesensibilität
- Produktaffinität
- Markenaffinität
- Innovationsfreudigkeit

Herkunft der Adresse

Bonitätsdaten
- Mahnungsdatum
- Bonitätskennziffer
- Zuordnungsdatum
- Filiale
- Verkäufer
- Geschäftsstelle
- Außendienstmitarbeiter

KOMMUNIKATIONSDATEN

Datum des Erstkontakts

Kommunikationsinitiator
(Kunde/Unternehmen)

Kommunikationsperson

Kommunikationsdatum und -zeit

Kommunikationskanal
- Dialoganzeige
- Direkt Mail
- Telefon
- Außendienst
- Veranstaltung
- Ausstellung/Messe
- Dialog-Radio/-TV

Kommunikationsauslöser
- Reaktion auf ...
- Spontananfrage
- Empfehlunganfrage
- Informationswünsche
- Besuchswunsch
- Auftragserteilung

Kommunikationsgegenstand
- Produkt
- Wettbewerber
- Verhandlung
- Information
- Angebot
- Auftrag

Abb. 8: Informationsspektrum einer Kundendatenbank [ScWi93, S.103]

- Credit Scoring
  Die Beurteilung von Kreditgesuchen erfolgt heutzutage oftmals computergestützt. Dabei kann auf Basis eines Data Warehouses, das eine umfassende Kunden-Datenbasis bereitstellt, die Bonitätsprüfung mit Hilfe von Credit Scoring-Verfahren durchgeführt werden.

- Kampagnen-Management
  Unter Kampagnen-Management versteht man die Ausgestaltung eines individuellen Kundendialogs über mehrere Einzelkampagnen unter Einbeziehung unterschiedlicher Kommunikationskanäle. [Kehl99]

Den dritten Bereich der hier vorgestellten Data Warehouse-Anwendungen stellt das Knowledge Management dar.

- Unter Knowledge Management versteht man die Gesamtheit der Methoden und Verfahren zur Sammlung von quantitativen und qualitativen Informationen sowie individuellem Wissen, das sich nicht nur auf das bei den Mitarbeitern vorhandene Wissen, sondern vielmehr auf die Gesamtheit des in den Geschäftsprozessen verborgenen Wissens bezieht. [KrKe99, 70] Eine wichtige Quelle dafür stellen neben Dokumentenmanagement- und Workflow-Systemen vor allem Data Warehouses dar.

Während die bisher dargestellten Einsatzgebiete eher branchenübergreifend zu sehen sind, gibt es darüber hinaus eine Vielzahl von branchenabhängigen Verwendungen:

- Churn Management (Telekommunikation, Banken)
  Churn Management dient dazu, die Gründe von Kündigungen zu eruieren. So ist es z.B. im Bereich der Telekommunikation wichtig zu ergründen, warum gerade errichtete Anschlüsse nach nur wenigen Monaten wieder gekündigt werden.

- Call Behaviour Analysis (Telekommunikation)
  In einem Data Warehouse können die Verbindungsdaten (die sogenannten „Call Detail Records“) aller Kunden gespeichert werden, so daß über entsprechende Auswertungen das Gesprächsverhalten (Call Behaviour) analysiert werden kann. Die Ergebnisse können u.a. dazu genutzt werden, auf das Telefonierverhalten bestimmter Kundengruppen mit entsprechenden Tarifen zu reagieren.

- Fraud Detection (Banken)
  Kreditkartenbetrug stellt gerade für Finanz- und Kreditkartenunternehmen einen immensen Kostenfaktor dar. Durch geeignete Verfahren, die die Daten im Data Warehouse nach auffälligen Veränderungen der Kartennutzung analysieren, kann die Entdeckung des Mißbrauchs wesentlich beschleunigt werden.

- Warenkorbanalysen (Handel)
  Beim Verkauf von Produkten können bestimmte Abhängigkeiten bestehen. Im Rahmen von Warenkorbanalysen sollen nun solche Produkte gefunden werden, die häufig gemeinsam (in einem Warenkorb) gekauft werden. Die in einem Data Warehouse gesammelten POS-Daten (Bon- und Scanner-Daten) werden dazu u.a. mit Hilfe von „Wenn-Dann-Regeln" ausgewertet, um das Kaufverhalten zu analysieren. Die Ergebnisse können u.a. dazu dienen, die Aufstellung einzelner Produkte in den Regalen optimal zu gestalten oder die Vorratshaltung gewisser Produkte zu optimieren.

Die folgenden Beiträge zeigen anhand von ausgewählten Beispielen ausführlich, wie unterschiedlich die Einsatzbereiche von Data Warehouse-gestützten Anwendungen in der Praxis sind.

Literatur

[Augu90] AUGUSTIN, S.: Informationslogistik - worum es wirklich geht!, in: *io Management Zeitschrift:* 9/1990, S. 31-34.

[Bast82] BASTIAN, M.: Datanbanksysteme, Königsstein/Ts. 1982.

[BePW94] BECKER, J.; PRIEMER, J.; WILD, R.G.: Modellierung und Speicherung aggregierter Daten, in: *Wirtschaftsinformatik:* 5/1994, S. 422-433.

[Behm96] BEHME, W.: Das Data-Warehouse als zentrale Datenbank für Managementinformationssysteme, in: HANNIG, U. (Hrsg.): Data Warehouse und Managementinformationssysteme Stuttgart 1996, S.13-22.

[BiMR00] BIETHAHN, J.; MUCKSCH, H.; RUF, W.: Ganzheitliches Informationsmanagement, Band 1: Grundlagen, 5., unwesentlich veränderte Auflage, München/Wien 2000.

[BiMR00a] BIETHAHN, J.; MUCKSCH, H.; RUF, W.: Ganzheitliches Informationsmanagement, Band 2: Entwicklungsmanagement, 3.,unwesentlich veränderte Auflage, München/Wien 2000.

[Birk91] BIRK, S.: Berichtssysteme – Operative Berichtserstellung in Konzernen, Hersching 1991.

[Blei94] BLEICHER, K.: Zum „Management of Change“: Orientierungslosigkeit und Verunsicherung in einer Zeit des Paradigmawechsels, in: *Technologie und Management:* 2/1994, S. 65-69.

[BuHK93] BULLINGER, H.-J.; HUBER, H.; KOLL, P.: Führungsinformationssysteme (FIS) - Ergebnisse einer Anwender- und Marktstudie, Kuppenheim 1993.

[BuNK93] BULLINGER, H.-J.; NIEMEIER, J.; KOLL, P.: Führungsinformationssysteme (FIS): Einführungskonzepte und Entwicklungspotentiale, in: BEHME, W.; SCHIMMELPFENG, K. (Hrsg.): Führungsinformationssysteme: Neue Entwicklungstendenzen im EDV-gestützten Berichtswesen, Wiesbaden 1993, S. 44-62.

[ChGl99] CHAMONI, P.; GLUCHOWSKI, P.: Analytische Informationssysteme – Einordnung und Überblick, in: CHAMONI, P.; GLUCHOWSKI, P. (Hrsg.): Analytische Informationssysteme, 2. Auflage, Berlin/Heidelberg/New York 1999, S. 3-25.

[Codd74] CODD, E.F.: Seven Steps to Rendezvous with the Casual User, in: KLIMBIE, J.W.; KOFFEMAN, K.L. (Hrsg.): Data Base Management, Amsterdam 1974, S. 179-200.

[Date86] DATE, C.: Relational Database: Selected Writings, Reading/Menlo Park 1986.

[Ditt77] DITTMANN, E.L.: Datenunabhängigkeit beim Entwurf von Datenbanksystemen, Darmstadt 1977.

[Fähn96] FÄHNRICH, K.-P.: Data-Warehousing und Führungsinformationssysteme im betrieblichen Einsatz, Vortrag, gehalten am 11.03.1996 an der Gerhard-Mercator-Universität-GHS, Duisburg.

[GaCG95] GABRIEL, R.; CHAMONI, P.; GLUCHOWSKI, P.: Einsatz von IuK-Systemen zur Unterstützung des Managements - Management Support Systeme I - , Arbeitsbericht des Lehrstuhls für Wirtschaftsinformatik, Nr. 95-14, Ruhr-Universität Bochum, Februar 1995.

[GlGC95] GLUCHOWSKI, P.; GABRIEL, R.; CHAMONI, P.: Strukturbestimmende Merkmale von Managementunterstützungssystemen - Management Support Systeme II - , Arbeitsbericht des Lehrstuhls für Wirtschaftsinformatik, Nr. 95-16, Ruhr-Universität Bochum, April 1995.

[Horv96] HORVATH, P.: Controlling, 6. Auflage, München 1996.

[Inmo93] INMON, W.H.: Untangling the Web, in: *Database Programming & Design:* 5/1993, S. 74-75.

[KaNo97] KAPLAN, R.; NORTON, D.: Balanced Scorecard, Stuttgart 1997.

[Kehl99] KEHL, R.: Business Unit Marketing & Sales Management, Präsentationsunterlagen debis Systemhaus, 03.02.1999.

[KoBl95] KOTLER, P.; BLIEMEL, F.: Marketing-Management: Analyse, Planung, Umsetzung und Steuerung, 8., vollständig neu bearbeitete und erweiterte Auflage, Stuttgart 1995.

[Krcm92] KRCMAR, H.: Informationslogistik der Unternehmung - Konzept und Perspektiven, in: STROETMANN, K.A. (Hrsg.): Informationslogistik - Managementkonzepte, Fallbeispiele und Anwendererfahrungen bei Informationsprozessen, Frankfurt/Main 1992, S. 67-90.

[KrKe99] KRALLMANN, H.; KELEMIS, A.; LAUF, P.; LEHMANN, M.: Knowledge Management mit Data Warehouse-Systemen, in: *Industrie Management:* 15. Jg., 6/1999, S. 69-72.

[KrPf87] KRÜGER, W.; PFEIFFER, P.: Strategisches Management von Information, in: *Office Management:* 10/1987, S. 28-34.

[MoSc98] MOUNTFIELD, A.; SCHALCH, O.: Konzeption von Balanced Scorecards und Umsetzung in ein Management-Informationssystem mit dem SAP Business Information Warehouse, in: *Controlling*: 9-10/1998, S. 316-322.

[Lewi94] LEWINSON, L.: Data Mining: Tapping into the Mother Lode, in: *Database Programming & Design:* 2/1994, S. 50-56.

[MuBe00] MUCKSCH, H.; BEHME, W.: Das Data Warehouse-Konzept als Basis einer unternehmensweiten Informationslogistik, in: MUCKSCH, H.; BEHME, W., (Hrsg.): Das Data Warehouse-Konzept, 4., vollständig überarbeitete und erweiterte Auflage, Wiesbaden 2000, S.3-78.

[MuHR96] MUCKSCH, H.; HOLTHUIS, J.; REISER, M.: Das Data Warehouse-Konzept - ein Überblick, in: *Wirtschaftsinformatik:* 4/1996, S. 421-433.

[Müll97] MÜLLER, N.: Einsatz Massive Paralleler Systeme als Datenbankserver im Multi-Terabyte-Bereich, in: MARTIN, W. (Hrsg.): Data Warehousing: Fortschritte des Informationsmanagements, Congressband VIII, Velbert 1997, S. C813.01-C813.15

[Orr91] ORR, K.: IBM hail for 90's: 'Free Jailed Data'; Separating Information and Operations for better Data Access and Integration, in: *Software Magazine*: 7/1991, S. 51-54.

[PfWe94] PFEIFFER, W.; WEIß, E.: Lean Management, Grundlagen der Führung und Organisation lernender Unternehmen, 2., überarbeitete und erweiterte Auflage, Berlin 1994.

[Pico90] PICOT, A.: Der Produktionsfaktor Information in der Unternehmensführung, in: *Information Management*: 1/1990, S. 6-14.

[PiFr88] PICOT, A.; FRANCK, E.: Die Planung der Unternehmensressource Information I, in: *WISU*: 10/1988, S. 544-549.

[RoSc84] ROCKART J.F.; SCOTT MORTON M.S.: Implications of changes in information technology for corporate strategy, in: *Interfaces:* 1/1984, S. 84-95.

[Schn81] SCHNEIDER, D.: Geschichte betriebswirtschaftlicher Theorie, München/Wien 1981.

[ScWi93] SCHWEIGERT, A.; WILDE, K. D.: Database Marketing - Aufbau und Management, Direkt-Marketing, Wiesbaden, 1993.

[SzKl93] SZYPERSKI, N: Die Informationstechnik und unternehmensübergreifende Logistik, in: ADAM, P. u.a. (Hrsg.): Integration und Flexibilität, Wiesbaden 1990, S.79-96.

[SzKl93] SZYPERSKI, N.; KLEIN, S.: Informationslogistik und virtuelle Organisation, in: *DBW:* 2/1993, S. 187-203.

[Toto00] TOTOK, A.: Modellierung von OLAP- und Data Warehouse-Systemen, Wiesbaden 2000.

[WeLi94] WEBERSINKE, K.; LINDENLAUB, F.: Strukturwandel der Unternehmen und Folgen für die DV-Infrastruktur, in: DORN, B. (Hrsg.): Das informierte Management, Berlin 1994, S.61-74.

[Wohl95] WOHLAND, G.: Durch Theorie zur Praxis - Jenseits von Taylor, in: *Software Report:* 11(1995)35, S. 27-31.

Anmerkungen

1 Vgl. zum Begriff der Informationslogistik insbesondere: [Szyp90]; [Krcm92]; [SzKl93]

2 Abbildung 2 zeigt die Entwicklungslinien derselben Faktoren, die bereits 1984 von J.F. ROCKART und M.S. SCOTT MORTON als Einflußgrößen eines Managementprozesses identifiziert wurden. [RoSc84, 90]

3 N. SZYPERSKI und S. KLEIN sprechen in diesem Zusammenhang von der Metapher des „global electronic village". [SzKl93, 189]

4 Die nachfolgenden Ausführungen sollen dem Leser lediglich das diesem Buch zugrunde liegende Verständnis des Data Warehouse-Konzepts verdeutlichen. Ausführlich beschrieben wird das Data Warehouse-Konzept in: [MuBe00]

Ein Kriterienkatalog zur Beurteilung und Einordnung von Data Warehouse-Lösungen

Werner Böttiger, Peter Chamoni, Peter Gluchowski, Jochen Müller

Inhalt

1 Einleitung

Seit Anfang der neunziger Jahre wurden in vielen Unternehmen Projekte aufgesetzt, die das Ziel hatten, auf der Basis der verfügbaren Data Warehouse- und OLAP-Techniken abgestimmte und konsistente Informationspools für analyseorientierte Anwendungen aufzubauen. Aus unterschiedlichen Sachzwängen heraus und vor allem, um lange Entscheidungswege zu vermeiden, erfolgte der Aufbau der Datenspeicher häufig dezentral. Dies jedoch führte mit der Zeit in großen Unternehmen und insbesondere in international tätigen Konzernen zur Existenz einer Vielzahl unterschiedlicher Systeme mit unterschiedlichsten Softwarekomponenten und zum Teil inkompatiblen Strukturen.

Ein Ausweg aus diesem Dilemma kann nur schrittweise gefunden werden. Ein wichtiger Teilschritt besteht darin, die am Markt verfügbaren Softwarekomponenten zu untersuchen, anhand vorgegebener Richtlinien einzuordnen und zu bewerten, um die jeweiligen Stärken und Schwächen und damit auch potentielle Einsatzbereiche herausstellen zu können. Zweckmäßigerweise sollte diese Beurteilung anhand eines allgemeinen Kriterienkataloges erfolgen, um die Vergleichbarkeit unterschiedlicher Anbieter und Produkte zu gewährleisten.

Struktur und Inhalt eines derartigen Kriterienkatalog sollen am Beispiel der Henkel Gruppe exemplarisch präsentiert werden. Nach einer Einordnung des Kataloges in die Data Warehouse-Strategie bei Henkel erfolgt anschließend zunächst eine allgemeine Darstellung gebräuchlicher Metriken zu Bewertung von Softwarequalität. Anschließend wird im Hauptteil des Beitrags der aufgebaute Kriterienkatalog eingehend erläutert, bevor ein kurzer Ausblick die zukünftigen Tätigkeiten in diesem Zusammenhang im Hause Henkel beleuchtet.

2 Rahmenbedingungen und Projektorganisation

Henkel ist ein weltweit tätiger Spezialist für Klebstoffe, Markenartikel und Systemgeschäfte mit Tochterunternehmen in mehr als 70 Ländern. Das Unternehmen ist weltweit Marktführer bei Klebstoffen, Oberflächentechnik und Hygiene (gemeinsam mit Ecolab Inc.). Bei Wasch- / Reinigungsmitteln und Kosmetik / Körperpflege hält Henkel eine führende Position. Cognis, der ausgegründete Bereich Chemieprodukte, ist Weltmarktführer bei Oleochemie.

Die Henkel Gruppe startete bereits 1994 Data Warehouse-Projekte. Seit dieser Zeit sind zahlreiche Systeme auf unterschiedlichen technischen Plattformen entwickelt worden. Dabei werden schwerpunktmäßig die verschiedenen SAP-Reporting-Werkzeuge sowie Oracle-Tools genutzt.

Diese Systeme sind in den letzten Jahren weiterentwickelt und an die Benutzeranforderungen angepaßt worden. Sie enthalten hierdurch zum Teil sehr komplexe und spezifische Analysemöglichkeiten. Da unterschiedliche Software-Produkte eingesetzt werden, erfordert die Weiterentwicklung und Betreuung der Systeme einen hohen Aufwand, zumal erworbenes produktspezifisches Know How nicht ausgetauscht werden kann. Vor allem internationale Teams können nur unter schwierigen Umständen gebildet werden. Besonders bei internationalen Projekten müssen jeweils neue Entscheidungen über die Softwareplattformen getroffen werden.

Diese Systeme sind in den letzten Jahren weiterentwickelt und an die Benutzeranforderungen angepaßt worden. Sie enthalten hierdurch zum Teil sehr umfangreiche und spezifische Analysemöglichkeiten. Da unterschiedliche Software-Produkte eingesetzt werden, erfordert die Weiterentwicklung und Betreuung der Systeme einen hohen Aufwand, zumal erworbenes produktspezifisches Know How nur zum Teil ausgetauscht werden kann. Eine Data Warehouse-Strategie wird auf der Basis neu strukturierter, internationaler Teams die Definition von Softwareplattformen für die in zuhnehmender Anzahl international abzuwickelnden Projekte vereinfachen und vereinheitlichen.

Im September 1999 fand der erste Data Warehouse-Workshop für die Henkel Gruppe statt. Hier wurde eine Bestandsaufnahme der vorhandenen Data Warehouse-Systeme durchgeführt. Eine Data Warehouse-Strategie, eingepaßt in die allgemeine IT-Strategie, sollte entwickelt werden und folgende Aspekte umfassen:

- Definition der Einsatzfelder
- Aufbau eines internationalen Data Warehouse Competence Centers
- Festlegung von Standard-Werkzeugen die eingesetzt werden (Softwarestrategie)
- Integration der lokalen Data Warehouse-Systeme

Eine Technologiestudie zur Bewertung der am Markt verfügbaren Data Warehouse-Software wurde vereinbart. Die Bewertung der Standard-Werkzeuge sollte durch eine internationale Arbeitsgruppe durchgeführt werden. Dabei muß neben den Kriterien der Studie, die IT Gesamtstrategie berücksichtigt werden. Diese beinhaltet unter anderem eine nahezu flächendeckende Einführung von SAP R/3.

Die so festgelegten Standards bilden die Rahmenbedingungen für heutige und zukünftigen Projekte. Das eingerichtete Data Warehouse-Steering-Komitee verabschiedet die von den Arbeitsgruppen erarbeiteten Vorschläge.

Dabei erwies sich das Vorgehen als nicht trivial, da der Markt für Data Warehouse-Software derzeit mehr als 50 Anbieter umfaßt. Da nicht alle Anbieter ausführlich bewertet werden können, hat die Arbeitsgruppe eine Vorauswahl getroffen. Es wurden einerseits bereits im Einsatz befindlichen Produkte ausgewählt, darüber hinaus wurden die Marktführer im Data Warehouse-Markt begutachtet.

Die Henkel-Arbeitsgruppe zur Begutachtung der verschiedenen Data Warehouse-Produkte wird aus Mitarbeitern mehrerer Tochterunternehmen der Henkel Gruppe gebildet. Diese haben Erfahrungen mit unterschiedlichen Data Warehouse-Werkzeugen. Außerdem wurde darauf geachtet, Mitarbeiter in die Teams zu integrieren, die Kenntnisse aus unterschiedlichsten Geschäftsfeldern (unter anderem Rechnungswesen, Controlling, CRM, Marketing und Vertrieb) besitzen.

In Zusammenarbeit mit der Universität Duisburg wurde im ersten Schritt zur Positionierung und Bewertung ein Kriterienkatalog erarbeitet. Die verschiedenen Kriterien werden dann nach Wichtigkeit für die Henkel Gruppe bewertet, bevor die einzelnen Softwareprodukte hieran gemessen und bewertet werden. Neben der Bewertung der Software durch unabhängige Berater fließen in die Bewertung auch konkrete Erfahrungen ein, die in Projekten bei Henkel gewonnen wurden. Informationsquelle sind des weiteren die Dokumentation (Internet) der Anbieter, des weiteren Berater der jeweiligen Anbieter. Schließlich entsteht aus der Bewertung ein Vorschlag der Henkel Arbeitsgruppe für die Standardwerkzeuge.

3 Allgemeine Qualitätsanforderungen an Data Warehouse-Lösungen

Aus den grundsätzlichen Qualitätsanforderungen an ein DV-gestütztes Anwendungssystem lassen sich spezielle Kriterien für die Entwicklung von analytischen Informationssystemen ableiten. Zur Beschreibung der Qualität von Software dienen verschiedenste objektive und subjektive Merkmale [HeRo98, 488]. In DIN ISO 9000-3 werden als Qualitätsmerkmale dic Benutzbarkeit, die Korrektheit, die Sicherheit, die Übertragbarkeit, die Wartbarkeit, die Wiederverwendbarkeit und die Zuverlässigkeit genannt. Nach DIN ISO 8402 und DIN 55350 Teil 11 wird Qualität generell als die „... *Gesamtheit von Merkmalen (und Merkmalswerten) einer Einheit bezüglich ihrer Eignung, festgelegte und vorausgesetzte Erfordernisse zu erfüllen.*“ verstanden. Gemäß den Grundsätzen des Software Engineering entsteht ein gewünschtes Qualitätsniveau nur während des Konstruktionsprozesses und kann nicht nachträglich aufgesetzt werden. Damit ist auch die Sichtweise verbunden, daß gleichermaßen Produkt- und Prozeßqualität betrachtet werden müssen [Balz98]. Die Wirtschaftlichkeit und die Wirksamkeit von Informationssystemen sollten durchgehend gemessen und bewertet werden, um ökonomische Ziele mit Zeit- und Qualitätszielen in Einklang zu bringen.

Naturgemäß muß die Qualität von Software situations- und anwendungsbezogen beurteilt werden. Eine besondere Schwierigkeit liegt in der Meßbarkeit von Qualitätsmerkmalen, die dem speziellen Kontext gerecht werden sollen. Einigkeit besteht darin, daß die maßgeblichen Merkmale Funktionalität, Zuverlässigkeit, Benutzbarkeit, Effizienz, Änderbarkeit und Übertragbarkeit die Qualität wiedergeben [Mell97, 369f.]. Zwar werden zur Sicherstellung der Qualität von Softwareprodukten analytische und konstruktive Methoden vorgeschlagen, dennoch ist die Operationalisierung der Qualitätsmessung nicht vollständig gelöst.

Bisherige Maßnahmen des Total Quality Managements haben sich vorrangig auf die Implementierung von ERP-Systemen konzentriert, welche sich an den Geschäftsprozessen orientieren und diese abbilden müssen. Eine Vielzahl an organisatorischen und methodischen Vorgaben machen diesen Implementierungsprozeß hinsichtlich der Einhaltung von Qualitätsnormen plan- und berechenbar. Sehr viel schwieriger ist in diesem Umfeld die Beurteilung von analytischen Informationssystemen, die den Managementprozeß in den einzelnen Phasen unterstützen sollen und daher i.d.R. nicht standardisierte Abläufe als Vorgabe kennen. Allgemeine Beurteilungskriterien und strukturbestimmende Merkmale von Management Support Systemen [GlGC97] sind zwar verfügbar, aber bisher nicht in der o.g. Weise operationalisiert worden.

Die Diskussion um die Qualität der Informationsversorgung für das Management konzentriert sich zumeist nach dem Prinzip der Eingabe-Verarbeitung-Ausgabe auf die Bereiche Datenqualität [BaGü01, 40f.], Speichereffizienz, Verarbeitungsgeschwindigkeit und Datendarstellung. In dem vorliegenden Projekt wurde als Referenz ein Qualitätsmodell für die Evaluation von Data Warehouse-Lösungen genutzt, das die generellen Merkmale einer produktorientierten, einer prozeßorientierten und einer nutzerorientierten Sicht mit einer qualitätsbezogenen Kosten-Nutzen-Betrachtung verbindet. Als Rahmen für die Beurteilung von Produkten und Projekten im Einsatzgebiet von betriebswirtschaftlich analytischen Informationssystemen bieten sich daher vier Beurteilungsdomänen an:

- Allgemeine Qualitätsfaktoren
- Qualitätsfaktoren für die Beurteilung der technischen Architektur
- Qualitätsfaktoren für die Beurteilung der Funktionalität bei der Nutzung
- Qualitätsfaktoren für die Beurteilung der Informationsinhalte

Zur Umsetzung und Messung dieser Qualitätsfaktoren ist der nachfolgend geschilderte Kriterienkatalog entstanden, der noch keinen Anspruch auf Vollständigkeit erhebt, aber im konkreten Projekt erste Anhaltspunkte für die Klassifikation und die Beurteilung von Data Warehouse-Lösungen gab.

4 Kriterienkatalog

Jede Investition in Data Warehouse-Lösungen setzt eine intensive Auseinandersetzung mit dem Themengebiet voraus. Mit dem vorgestellten Kriterienkatalog werden unterschiedliche Merkmale zur Beurteilung der Qualität einer spezifischen Data Warehouse-Lösung oder aber zur Einordnung einer Anbieterlösung aufgestellt.

Dabei greift der Katalog vier unterschiedliche Themenkomplexe auf. Zunächst sind die nicht-technischen Aspekte zu erörtern, die einen Produktanbieter und dessen Produkte charakterisieren. Anschließend sollen die technischen Gesichtspunkte einer Lösung diskutiert werden, mit einer separaten Betrachtung der unterschiedlichen Architekturkomponenten. Danach sind die Punkte zu vertiefen, die aus einer endbenutzer-orientierten Sichtweise resultieren, bevor auf die vorgedachten betriebswirtschaftlichen Inhalte fokussiert wird.

4.1 Allgemeine Aspekte - Anbieter und Produkte

Der erste Hauptkomplex des Kriterienkataloges behandelt allgemeine Aspekte des Anbieters sowie der durch ihn entwickelten und / oder vertriebenen Produktpalette. Diese Punkte ermöglichen eine erste Einordnung des Anbieters hinsichtlich seiner Marktpositionierung sowie seiner technischen und geschäftlichen Ausrichtung. An dieser Stelle werden dazu neben quantitativen und qualitativen Punkten zum Anbieter selbst vor allem auch die angebotenen Produkte grob klassifiziert und Kostenaspekte beleuchtet.

4.1.1 Anbieter

Quantitative Größen wie z.B. Umsatzdaten, Anzahl der Beschäftigten und Wachstumsraten bestimmen das Profil eines Unternehmens ebenso wie qualitative Faktoren. Bei letzteren kann es sich etwa um das Unternehmensimage am Markt wie auch um angekündigte, zukünftige Produkte oder die Bedeutung der Produktlinie im Gesamtunternehmen handeln. Die globale Präsenz des Anbieters durch lokale Niederlassungen und / oder lokalisierte Produktversionen erlangt möglicherweise bei der Auswahl eines auswärtigen Anbieters oder im Rahmen eines internationalen Projektes zentrale Bedeutung.

Darüber hinaus sollten auch Release- und Innovationszyklen sowie unterstützte Hard- und Betriebssysteme untersucht und mit den eigenen Anforderungen abgeglichen werden. Die von den Anbietern propagierten Implementierungsstrategien reichen von klassischen Top Down-Ansätzen bis zu Rapid-Prototyping-Konzepten und sollten zur Philosophie im eigenen Unternehmen kompatibel sein.

Auch hinsichtlich der offerierten Beratungs- und Unterstützungsleistungen unterscheiden sich die einzelnen Anbieter signifikant. Zum Teil wird hier betriebswirtschaftliche und / oder technische Beratung bis hin zur projektbezogenen Generalunternehmerschaft geboten. Andere Anbieter konzentrieren sich primär auf das Lizenzgeschäft und decken Consultingleistungen nur durch assoziierte Partnerunternehmen ab. In diesem Zusammenhang bieten Referenzkunden die Möglichkeit, sich über die Kundenstruktur zu informieren wie auch einen Eindruck über Volumen und Ausrichtung vergangener Projekte zu erlangen.

4.1.2 Produkte

Allgemeine Produktcharakteristika geben einen ersten Anhaltspunkt dafür, ob eine angebotene Produktpalette in ein konkretes Projektumfeld paßt. Die Anzahl der verkauften Lizenzen beispielsweise läßt auf Marktdurchdringung und -akzeptanz schließen. Durch Kennzahlen wie maximale Anzahl an Benutzern oder maximales Datenvolumen wird die grobe Ausrichtung einer Lösung umschrieben. Unterstützt werden diese Informationen durch die Angabe zu größten User-Zahlen und Datenvolumina im Echteinsatz. Bei der Anzahl der Benutzer ist wichtig zu unterscheiden, ob diese Benutzer auch gleichzeitig (konkurrierend) auf das System zugreifen können oder aber nur im System angelegt sind.

Unterstützung der Mehrsprachigkeit ist möglicherweise sowohl systemseitig als auch hinsichtlich der angebotenen Inhalte von Relevanz. Eine systeminterne Mehrsprachigkeit garantiert die Ausgabe von Dialogfenstern, Menüeinträgen und Online-Hilfedateien am Bildschirm in der jeweiligen Landessprache. Auch die gebundenen Systemdokumentationen sollten in entsprechend übersetzter Form vorliegen. Zudem werden dann auch landesspezifische Schnittstellen-, Betriebssystem- oder Hardwareversionen unterstützt. Die mehrsprachige Ablage von Inhalten bezieht sich sowohl auf die Metadaten etwa zur Beschreibung von Modellbestandteilen als auch auf konkrete Textinhalte.

In vielen Data Warehouse-Projekten treten Fragen der Verteilung der Lösung z.B. im Rahmen einer mobilen Nutzung in den Vordergrund. In diesem Fall müssen überzeugende Konzepte zur Verteilung von Daten und Funktionen vorliegen.

Schließlich sollen die Software-Kandidaten die relevanten Benutzergruppen in adäquater Weise adressieren. So ist möglicherweise ein Power User mit einer ansprechenden grafischen Benutzeroberfläche unglücklich, weil die analytische Funktionalität hinter den Anforderungen zurückbleibt, ein Big-Button-User dagegen nicht mit einer gelungenen Spreadsheet-Integration zufrieden, da sich die Lösung als zu komplex für seine Ansprüche erweist.

4.1.3 Preise und Kosten

Kostenaspekte umfassen die Investitionen für Software-Lizenzen sowie für Hardware und Betriebssysteme. Die anfallenden Kosten werden hier in hohem Maße durch die gewählte Systemarchitektur beeinflußt. Darüber hinaus müssen die Ressourcen für die Installation und Anpassung des Systems aber auch im laufenden Betrieb sowohl auf dem Server als auch auf den Clients ins Kalkül einbezogen werden. Dabei kann es sich entweder um eigenes Personal oder um Mitarbeiter des Software-Anbieters oder anderer Systemhäuser handeln. Als Kostengrößen für den laufenden Betrieb fallen sowohl die periodischen Ausgaben für Wartung und Service als auch die Administrationskosten ins Gewicht. Konfigurationsvorschläge und Aufwandsabschätzungen durch den Anbieter, abgestuft nach kleinen, mittleren und großen Lösungen, können eine Kostenabschätzung erheblich vereinfachen.

4.2 Technische Architektur

Die Architektur von Data Warehouse-Lösungen kann zunächst nach allgemeinen Kriterien untersucht werden. Für die Transformationskomponente, die Meta-Datenverwaltung, das Speicherkonzept, die OLAP-Engine sowie die Präsentationsschicht werden darüber hinaus weitere Kriterien diskutiert.

4.2.1 Allgemeine Klassifikation

Allgemeine Kriterien ermöglichen eine erste Einordnung der Produkte in bezug auf ihre Grundausrichtung, ihre Leistungsfähigkeit und ihre Eignung für ein gegebenes Anwendungsproblem. Wesentlich ist beispielsweise die logische Datenrepräsentationsform des Datenbanksystems, das dem Data Warehouse zugrunde liegt. Zumeist wird zwischen ROLAP, MOLAP, DOLAP und HOLAP unterschieden. [ScBa99, 56f.] ROLAP-Modelle (Relationales OLAP) bauen auf den grundlegenden Konzepten relationaler Datenmodelle auf, um mehrdimensionale Inhalte darzustellen. Dadurch lassen sich die bekannt leistungsfähigen, weitverbreiteten relationalen Datenbanksysteme wie z.B. Oracle, IBM DB/2 oder MS-SQL-Server nutzen. MOLAP-Produkte (Multidimensionales OLAP) verwenden generisch multidimensionale Modellierungskonzepte. Mit diesen Strukturen lassen sich potentiell sehr problemnahe Modelle erstellen, die ohne die für die ROLAP-Systeme notwendige Umsetzung in zweidimensionale Tabellenstrukturen auskommen. Auf der anderen Seite lassen derartige Produkte die Investitionssicherheit der arrivierten und standardisierten relationalen Produkte vermissen. DOLAP-Konzepte (Desktop-OLAP) basieren auf lokaler Speicherung der benötigten Daten auf dem Rechner des Anwenders. Hierbei werden die höhere Flexibilität im Datenhandling und die geringeren Anforderungen an Server-Infrastrukuren allerdings mit Problemen hinsichtlich der Datenorganisation, Konsistenz und Datensicherheit erkauft. HOLAP-Konzepte (Hybrides OLAP) versuchen, die Vorteile relationaler und multidimensionaler Techniken zu verknüpfen. Typischerweise wird hier der Großteil des Data Warehouse-Datenbestandes in einer leistungsfähigen relationalen Datenbank gespeichert, und eine separate multidimensionale Datenbank enthält hoch aggregierte und dadurch verhältnismäßig kleine Datenwürfel.

Neben den Kriterien der Datenrepräsentationsform lassen sich Data Warehouse-Lösungen auch nach dem Zentralisierungsgrad klassifizieren. In zentralen Architekturen werden alle Daten in einer zumindest logisch, üblicherweise auch physisch zentralen Datenbank gespeichert, die somit sehr große Datenbestände verwalten muß. Dezentralisierung entsteht einerseits durch Data Marts, die Teile des Gesamt-Datenbestandes zu einem gegebenen Kontext speichern (z.B. abteilungsweise), und andererseits die Desktop-Datenbestände, die durch die einzelnen Benutzer individuell vorgehalten werden.

Kombiniert man diese Organisationsformen, entstehen mehrstufige Client- / Server-Architekturen, etwa mit einem Data Warehouse, verschiedenen Data Marts und benutzerindividuellen Datenwürfeln erzeugen. Die Vorteile derartiger Architekturen liegen in ihrer Flexibilität, der hohen Problemadäquanz und einem potentiell guten Antwortverhalten, wobei logische Gesamtmodelle der übergreifenden Konsistenzsicherung dienen.

Jede Komponente dieser Architektur basiert auf einer Hard- und Softwareplattform, die nach Kriterien wie Datenvolumen, dem erwarteten Wachstum des Datenvolumens, der Nutzeranzahl und nicht zuletzt auch nach dem im Unternehmen vorhandenen Know How ausgerichtet werden muß.

4.2.2 ETL-Komponenten

Innerhalb der Data Warehouse-Lösung dienen die ETL-Komponenten (*extraction, transformation, loading*) zur Beschaffung der relevanten Daten aus den verschiedenen operativen Vorsystemen und aus externen Quellen. Zum Funktionsumfang gehört auch die Umwandlung dieser Daten in einen konsistenten und homogenen Gesamtbestand und das Laden in die Data Warehouse-Datenbank. Die ETL-Komponenten können sowohl auf Rechnern der Quell-Umgebung als auch in der Data Warehouse-Umgebung oder auf physisch separaten Rechnern laufen. Da das Erzeugen eines Datenbestandes hoher Qualität einen erfolgskritischen Schritt in Data Warehouse-Projekten darstellt, ist diesen Werkzeugen eine große Bedeutung zuzumessen. Darüber hinaus beanspruchen die Tätigkeiten im Rahmen der Datenintegration (z.B. das Definieren von Extraktionsroutinen für verschiedene Quellsysteme und Transformationsprozeduren zur Reinigung und Aggregation der Daten) in den meisten Data Warehouse-Projekten einen erheblichen Teil des Gesamtaufwandes.

Teilweise werden ETL-Werkzeuge als integrierte Komponente von Data Warehouse-Systemlösungen angeboten. Zudem offerieren verschiedene Anbieter eigenständige Produkte, die im Rahmen des ETL-Prozesses eingesetzt werden können.

Wie für alle Data Warehouse-Komponenten ist auch für die ETL-Werkzeuge eine Systemplattform erforderlich, die für die zu verarbeitenden sehr großen Datenmengen und ggf. erforderliche komplexe Funktionen ausreichend leistungsfähig ist. Die Werkzeuge benötigen Schnittstellen zu den Vorsystemen, die als Datenlieferanten dienen sollen, und auch zur Zielumgebung des Data Warehouse. Anspruchsvoller erscheinen die Anforderungen an die Schnittstellen zu den Vorsystemen, da hier typischerweise ein breites und heterogenes Spektrum abgedeckt werden muß. Schnittstellen können in vier Gruppen eingeteilt werden: Solche, die offenen Standards entsprechen, proprietäre und API-basierte Schnittstellen sowie Interfaces zu externen Informationssystemen. Offene Standardschnittstellen wie z.B. ASCII, ODBC oder COBOL-Dateien sind nicht systemspezifisch und lassen sich vergleichsweise leicht implementieren. Andererseits können sie durch die Standardisierung oft nur einen kleinen gemeinsamen Nenner an Funktionalität bereitstellen und bieten nicht immer eine überzeugende Verarbeitungsleistung. Proprietäre Schnittstellen dagegen können die von den angeschlossenen Systemen bereitgestellten Funktionen in größerem Maße nutzen, verursachen jedoch in heterogenen Umgebungen eventuell höhere Software- und Administrationskosten als die Verwendung von Standard-Interfaces, da für jede zu verwendende Systemplattform spezifische Schnittstellenprodukte angeschafft, installiert und gewartet werden müssen. API-Lösungen (*application programming interface*) können genutzt werden, um direkte Anschlüsse an Anwendungssysteme und deren Datenhaltung herzustellen, beispielsweise an Produkte wie SAP R/3 oder Paisy. Damit lassen sich sehr problemspezifische Extraktionsroutinen programmieren, allerdings verursachen sie wie andere proprietäre Schnittstellen einen hohen Administrationsaufwand und erfordern die entsprechenden humanen Ressourcen zur Programmierung. Externe Schnittstellen knüpfen die Verbindung zu Informationssystemen, die nicht Bestandteil der unternehmensinternen Informationsinfrastruktur sind (z.B. GfK- oder Nielsen-Marktdaten). Sollen derartige Datenquellen im Data Warehouse verwendet werden, ist auch das Vorhandensein dieser Schnittstellen bedeutsam.

Unabhängig von der konkreten Ausgestaltung der Schnittstellen sollte der Anbieter einer Data Warehouse-Lösung auch ein klares organisatorisches Konzept zur Verfolgung und Adaption von Strukturveränderungen in den operativen Systemen vorweisen können, damit während der Betriebsphase des Data Warehouse die Versorgung mit aktuellen Daten hoher Qualität auch unter sich wandelnden Umgebungsbedingungen aufrecht erhalten werden kann.

Nach der initialen Befüllung des Data Warehouse mit Daten ist ein Konzept erforderlich, um zur Aktualisierung des Data Warehouse Veränderungen in den Quelldatenbeständen zu erkennen und zu übernehmen. Dies kann durch inkrementelle Updates geschehen, bei denen nur neue oder aktualisierte Daten in das Data Warehouse geladen werden. So läßt sich der Netzwerkverkehr und die Systemlast zur Verarbeitung der Updates gering halten. Voraussetzung ist allerdings, daß die Quellsysteme Funktionen aufweisen, die eine Erkennung der update-relevanten Datenbestände erlauben. Dies erfordert häufig Veränderungen an der operativen Software und kann dort zu einen höheren Systembelastung führen. Vollständige Data Warehouse-Reloads dagegen basieren auf dem Konzept einer regelmäßigen Neu-Erzeugung des gesamten Data Warehouse-Datenbestandes und umgehen damit einen Teil der oben skizzierten Probleme. Andererseits müssen so wesentlich größere Datenmengen bewegt und verarbeitet werden.

Transformationswerkzeuge sollten die Verarbeitung verschiedener Objekttypen ermöglichen, also etwa von Fakten (abgeleitet aus den operativen Daten), Dimensionsmitgliedern (Strukturdaten im Data Warehouse, die sich aus den operativen Daten ableiten lassen) und Meta-Daten wie Benutzerprofile und Zugriffsrechte. Die notwendige Funktionalität umfaßt Mapping, Filtern von Daten, Referenztabellen und das Zusammenführen von Quelldaten. Mit Mapping-Funktionen werden Datenobjekte aus den Quellsystemen logisch mit den Zielobjekten verknüpft, und zwar 1:1 (ein Objekt aus einer Datenquelle beliefert genau ein Data Warehouse-Datenobjekt), 1:N (ein Quell-Objekt beliefert mehrere Data Warehouse-Objekte) oder M:1 (mehrere Quell-Objekte beliefern ein Data Warehouse-Objekt). Dies ist eine ganz wesentliche Funktion, da sie die Herstellung von (logischen) Datenflüssen zwischen den Quellsystemen und dem Data Warehouse mit den unterschiedlichen zugrundeliegenden Datenmodellen erlaubt. Funktionen zum Filtern von Daten ermöglichen die gezielte Auswahl relevanter Teilmengen aus den Quelldaten sowie die Erkennung und Behebung syntaktischer Fehler in den Datenbeständen. Referenztabellen (*lookup tables*) können auf der Basis von Werten in den verarbeiteten Datensätzen zusätzliche Daten liefern oder weitere Transformationsschritte auslösen. Das automatisierte Zusammenführen von Quelldaten aus heterogenen Quellen kann die Konsolidierung von Datenmaterial aus den verschiedenen operativen Systemen unterstützen, setzt allerdings für verwertbare Ergebnisse eine gute inhaltliche Qualität der Ausgangsdaten voraus.

Das Systemkonzept sollte auch ein Change Management enthalten, das hinsichtlich der operativen Systeme Veränderungen in den Datenbeständen (die beispielsweise zu neuen Dimensionsmitgliedern führen), Formaten oder Strukturen (etwa Hierarchien) erkennt und auswertet und so eine regelmäßige Anpassung und Pflege des ETL-Prozesses ermöglicht.

Aufgrund der häufig mangelhaften Qualität der Ausgangsdaten, die verbessert werden muß, damit die Daten im Data Warehouse nutzbar sind, sind Fehlerkorrekturfunktionen unerläßlich. Erforderlich sind eine automatische Erkennung und Behebung gut definierbarer Fehler eher syntaktischer Art (z.B. alphanumerische Werte in einem als numerisch deklariertem Feld) wie auch Korrekturfunktionen mit Benutzereingriff zur Bewertung und Behebung weniger eindeutiger Probleme, die z.B. nach der automatischen Auswertung vordefinierter Konsistenzregeln erkennbar werden. [Müll00, 167ff.] Insgesamt kann eine möglichst weitgehende automatische Behandlung falscher oder fehlender Werte das notwendige Maß an manueller Nacharbeit verringern. Neben entsprechenden Funktionen in den ETL-Tools sind hierfür auch spezialisierte Zusatzprodukte auf dem Markt.

Auch das Laden der Daten in das Data Warehouse zählt zu den Aufgaben der ETL-Komponente. Wünschenswert ist die Nutzung spezifischer Techniken zur Beschleunigung des Ladevorgangs, da sehr große Datenmengen verarbeitet werden müssen. In Frage kommen etwa eine parallelisierte Verarbeitung oder das gezielte Deaktivieren der Transaktionsverarbeitungsfunktionen des Ziel-Datenbanksystems. Auch die Verwendung unterschiedlicher Index-Techniken beeinflußt die Verarbeitungszeit. Darüber hinaus kann in Abhängigkeit von den Charakteristika der zu erwartenden Anfragen an die Datenbank das Speichern voraggregierter Werte nützlich sein und die Antwortzeiten verringern. Bedeutsam ist auch die Gesamtperformance und die erforderliche Verarbeitungszeit des ETL-Prozesses, da das verfügbare Zeitfenster, in dem die operativen Systeme für derartige Funktionen nutzbar sind, begrenzt ist und die Data Warehousing-Funktionen hier mit anderen Prozessen wie der Softwarewartung und der Datensicherung um die knappe Zeit konkurrieren.

Die Ausführung der ETL-Prozesse kann auf verschiedene Weise angestoßen werden. Eine Zeitsteuerung erlaubt die kalendermäßige Festsetzung eines Ausführungstermins. Als flexibler und „intelligenter“ erweist sich jedoch eine Ereignissteuerung, die den Prozeß dann startet, wenn vorab definierte Bedingungen erfüllt sind, wie etwa eine sonstige niedrige Systemlast, die genutzt werden soll, oder das Erreichen einer bestimmten zu verarbeitenden Datenmenge. Neben die Zeit- und Ereignissteuerung tritt die Möglichkeit des manuellen Startens und Stoppens der Prozesse.

Zusätzliche Funktionen der ETL-Tools können sich als nützlich erweisen. Genannt seien Berichtsfunktionen, die die verantwortlichen Personen während und nach dem Systemlauf beispielsweise über das verarbeitete Datenvolumen Fehlerquoten, Systemlast oder Rechenzeit informieren. Einige Produkte verwenden einen Zwischenspeicher (Staging Area), in dem die zu verarbeitenden Daten vorübergehend abgelegt werden, anstelle während der Verarbeitung eine Echtzeit-Verbindung zwischen Quell- und Zielsystem herzustellen. Testfunktionen sind sinnvoll, um vor einem produktiven Einsatz die Wirkungsweise der definierten Transformationsfunktionen zu prüfen.

Schließlich erweist es sich als wünschenswert, daß sich Werkzeuge anderer Anbieter an das ETL-Tool anschließen lassen, um die Funktionalität zu erweitern. Dies setzt jedoch entsprechende Schnittstellen und einen Zugang zu den Metadaten voraus, über die der Prozeß definiert wird.

4.2.3 Meta-Daten-Administrationsfunktionen

Meta-Daten dienen der Beschreibung von Struktur und Bedeutung der Inhalte von Informationssystemen in einem weiten Spektrum von Geschäftsregeln bis hin zu syntaktischen Beschreibungen der Tabellenstrukturen in einem Datenbanksystem. Meta-Daten werden sowohl in den operativen Systemen als auch im Data Warehouse verwendet und liegen ihrerseits häufig in Form von Datenbanken vor, die ausgewertet werden können. Auch die Administration analytischer Informationssysteme sollte Meta-Daten-gestützt erfolgen, wobei im Idealfall die Strukturen des Data Warehouse aus den vorhandenen Meta-Daten abgeleitet werden können.

Verschiedene Komponenten der Data Warehouse-Umgebung erzeugen und verwenden Meta-Daten. Neben den operativen Vorsystemen sind dies beispielsweise die ETL-

Werkzeuge, das dem Data Warehouse zugrundeliegende Datenbanksystem, die OLAP-Engine und die Endbenutzerwerkzeuge sowie Administrationstools, die etwa der Verwaltung von Benutzerrechten dienen, und unternehmensexterne Systeme. Die starken Interdependenzen zwischen diesen Komponenten lassen eine integrierte und allgemein nutzbare Metadatenverwaltung für die genannten Bereiche erforderlich erscheinen. Ein Meta-Datenmodell, das als Industriestandard den produktübergreifenden Zugriff auf Meta-Daten unterschiedlicher Bereiche ermöglichen würde, konnte jedoch bisher nicht flächendeckend etabliert werden.

Die Administration und Visualisierung von Meta-Daten kann mit Hilfe grafischer und / oder tabellenförmiger Darstellungen erfolgen. Diese dienen zusammen mit ergänzenden Beschreibungstexten den Administratoren, Entwicklern und auch den Endbenutzern des Systems als Hilfe beim Aufbau der Data Warehouse-Strukturen und als Navigations- und Verständnishilfe bei der Auswertung der verfügbaren Daten, wobei der Endbenutzer insbesondere von konsistenten, an Geschäftsregeln und -terminologien orientierten Beschreibungen profitiert.

Als Werkzeuge zur Administration von Meta-Daten werden Dokumentationshilfen benötigt, wie sie durch Textverarbeitungs- und Dokumentenmanagementsysteme bereitgestellt werden. Assistenten und vorgefertigte Schablonen unterstützen eine strukturierte und systematische Vorgehensweise, während Referenzmodelle Beispiele und Analogien für die aufzubauenden Strukturen liefern können. Erlauben diese Werkzeuge die Nutzung der Meta-Daten über ein Netzwerk, lassen sich die entsprechenden Aufgaben auch dezentral ausführen.

Für die physische Speicherung von Meta-Daten sind mehrere Konzepte gebräuchlich. Sie kann in einfachen Dateien oder in relationalen Datenbanksystemen erfolgen, entweder in codierter, binärer Form oder in offenen, auch von Fremdwerkzeugen lesbaren Formaten. Wünschenswert ist die Austauschbarkeit von Meta-Daten zwischen den verschiedenen Werkzeugen, die - in Ermangelung eines allgemeinen Standards - entsprechende produktspezifische Schnittstellen voraussetzt.

4.2.4 Datenhaltungskonzept

Die Datenhaltungskomponente des Data Warehouse zählt zu den zentralen Komponenten. Üblicherweise wird eines der als Standardsoftware erhältlichen Datenbankverwaltungssysteme eingesetzt, und zwar entweder auf relationaler oder auf multidimensionaler Basis. Relationale Lösungen nutzen die gängigen, allgemein verbreiteten Datenbanksysteme dieses Standards, die für viele Anwendungsfälle ihre Eignung zur Speicherung und Verarbeitung auch sehr großer Datenmengen bewiesen haben. Da das relationale Datenmodell jedoch nicht in jedem Fall adäquat zur Repräsentation mehrdimensionaler Problemstrukturen ist, bilden spezifische, auf einem mehrdimensionalen Datenmodell basierende Produkte eine Alternative. Es darf jedoch nicht übersehen werden, daß diese relativ neue Technologie nicht den hohen Standardisierungsgrad der ausgereiften relationalen Systeme aufweist. Zudem sind die Produkte, Marktstruktur und der Anbieterkreis raschem Wandel unterworfen.

In einer mehrschichtigen Client- / Server-Architektur lassen sich unterschiedliche Teile der Datenhaltungskomponente identifizieren. Zusätzlich zum unternehmensweiten Data Warehouse werden Daten auch in Data Marts, lokalen Datenbanken auf den Client-Rechnern und im Operational Data Store (ODS) vorgehalten. Da diese Datenspeicher eigenständig auf möglicherweise unterschiedlichen, jeweils anforderungsadäquaten Plattformen angesiedelt sind, können sie auch auf unterschiedlichen Modellierungskonzepten basieren. Eine gebräuchliche Struktur sieht beispielsweise die Verwendung relationaler Datenbanksysteme für das Data Warehouse und einen eventuell vorhandenen ODS vor, die mit Data Marts und lokalen Datenbanken auf der Basis multidimensionaler Datenbanksysteme verbunden werden, wobei die Kommunikation zwischen diesen Datenspeichern über geeignete Schnittstellen herzustellen ist.

In engem Zusammenhang mit dem verwendeten Datenbanksystem steht die anzuwendende Modellierungstechnik. Multidimensionale Datenbanksysteme können auf dem Hypercube- oder dem Multicube-Ansatz basieren. In einem Hypercube-Modell wird ein einziger Datenwürfel mit einer dadurch sehr großen Anzahl an Dimensionen aufgebaut, während bei einem Multicube-Ansatz mehrere Würfel niedrigerer Dimensionalität gebildet werden, die logisch miteinander verknüpft sind und damit das Verwenden von Dimensionen aus verschiedenen Würfeln in einer Abfrage erlauben. Data Warehouses, die auf einem relationalen Datenbanksystem basieren, sind hingegen an die Modellierungsstrukturen des relationalen Datenmodells mit seinen zweidimensionalen Tabellen gebunden, um die mehrdimensionalen Problemstrukturen abzubilden. Hier wird eine spezifische, von den herkömmlichen Vorstellungen über normalisierte, redundanzarme relationale Datenmodelle abweichende Modellierungstechnik verwendet, die als Star Schema-Modellierung (bzw. in Varianten davon als Snowflake- oder Galaxy-Schema) bekannt geworden ist. [Hahn99, 145ff.] Nicht alle Datenbanksysteme bieten diese Modellierungskonstrukte an. Notwendig ist üblicherweise die Möglichkeit zur Abbildung paralleler Hierarchien und unbalancierter Bäume. Parallele Hierarchien treten häufig in Produktstrukturen auf, etwa wenn eine Waschmittel-Produktpalette sowohl nach der Produktfamilie wie auch nach Verpackungsformen aufgegliedert werden soll. Unbalancierte Bäume entstehen, wenn die Zweige der Hierarchie eine unterschiedliche Tiefe aufweisen. Möglichkeiten zur weiteren Beschreibung von Dimensionselemente über Attribute sollten gegeben sein.

Aggregierte Werte können in vorkalkulierter, „materialisierter" Form gespeichert oder alternativ dann berechnet werden, wenn eine entsprechende Abfrage erfolgt. Welches Konzept zu bevorzugen ist, hängt von der Charakteristik der zu erwartenden Abfragen ab und kann etwa anhand der Abfragehäufigkeit für aggregierte Werte operationalisiert werden.

Ein Change Management für das Data Warehouse muß Konzepte zur Verarbeitung von Veränderungen in der Dimensionsstruktur beinhalten, die Anpassungen insbesondere bei den betroffenen aggregierten Werten und bei historischen, in alten Strukturen vorliegenden Daten erfordert. Dabei darf nicht verkannt werden, daß ein solches Change Management eher eine organisatorische als eine technische Herausforderung darstellt, da konkrete und konsistente Geschäftsregeln zur Anpassung der Daten an die neue Struktur erforderlich sind. Ein Lösungsansatz liegt in der Implementierung eines Versionierungskonzeptes, mit dessen Hilfe die Veränderungen nachvollzogen werden können.

Bei der Auswahl der Datenbanksysteme für ein Data Warehouse sind Restriktionen der Software und der zugrundeliegenden Modelle zu beachten und den Projekterfordernissen gegenüberzustellen. Grenzen sind etwa durch Maximalzahlen hinsichtlich der Dimensionen pro Datenwürfel, der Dimensionsmitglieder pro Dimension oder der Anzahl der im Modell verwendbaren Attribute gegeben. Auch Feldlängenbegrenzungen und nicht unterstützte Datentypen können Hindernisse darstellen.

Darüber hinaus lassen sich verschiedene technische Merkmale zur Bewertung eines Datenbanksystems für das Data Warehouse heranziehen. Relevante Merkmale, die von der verwendeten Systemplattform unterstützt werden müssen, sind das Maß an Skalierbarkeit in bezug auf Speicherkapazität und Verarbeitungsleistung und die Möglichkeit zu parallelisierter Verarbeitung. Derartige Merkmale und warehouse-spezifische Funktionen wie etwa Bitmap-Index-Techniken tragen dazu bei, eine angemessene Gesamtleistung des Systems zu erzielen. Darüber hinaus erweisen sich andere weitergehende Funktionen der großen Datenbanksysteme wie Backup- und Archivierungstechniken, Nutzungsstatistiken oder Verteilungs- und Replikationsmechanismen auch in diesem Kontext als nützlich.

Datenbanksprachen stellen das zentrale Mittel zur Kommunikation mit dem Datenbanksystem und damit zur Modellimplementierung sowie zum Laden und Abfragen der Daten dar. Gebräuchlich sind das standardisierte SQL, gegebenenfalls um herstellerspezifische Sprachelemente ergänzt, Data Warehouse-spezifische SQL-Erweiterungen (z.B. Star Joins) sowie multidimensionale Sprachen wie OLE DB für OLAP und herstellereigene APIs.

4.2.5 OLAP-Engine

Die OLAP-Engine stellt das verbindende Element zwischen der Data Warehouse-Datenbank und der Präsentationsschicht mit den Visualisierungsfunktionen dar. Hier ist zu untersuchen, in welcher Weise die multidimensionalen Views durch die OLAP-Engine erzeugt werden. Kriterien sind die technische Verbindung zur Datenbank, das Cache-Management, der physische Ort, auf dem die OLAP-Engine angesiedelt ist, verfügbare Administrationsfunktionen sowie Abfragefunktionen, die von dieser Komponente bereitgestellt werden.

Die Verbindung zur Datenbank ist die wesentliche Schnittstelle der OLAP-Engine. Sie kann über herstellerspezifische APIs ausgeführt sein oder Datenbanksprachen wie (erweitertes) SQL verwenden. Cache-Management-Funktionen können zur Verbesserung der Antwortzeiten des Systems beitragen, indem sie den Datenwürfel oder Teile davon im Arbeitsspeicher des Rechners vorhalten, um so die Anzahl der (langsameren) Zugriffe auf externe Speichermedien zu verringern. Die erzielbaren Performance-Vorteile sind dabei von den verwendeten Cache-Algorithmen und deren Eignung für die tatsächlich auftretenden Anfragen wie auch vom verfügbaren Arbeitsspeicher abhängig.

Die OLAP-Engine kann sowohl auf dem Data Warehouse-Server wie auch auf dem Rechner des Endanwenders (Client-Rechner) laufen. Client-OLAP ist dabei potentiell flexibler und entlasted den Data Warehouse-Server, erfordert aber eine höhere Leistungsfähigkeit der Arbeitsplatzrechner und vermehrt in der Regel den Administrationsaufwand. Bietet die OLAP-Engine Möglichkeiten zur Anpassung an individiduelle Gegebenheiten, lassen sich potentiell weitere Leistungsvorteile erzielen. Interessant sind in diesem Zusammenhang Funktionen zur Einstellung der Cache-Charakteristika.

Zusätzliche Funktionen zur Datenaufbereitung können sich als nützlich erweisen. Exemplarisch seien analytische Funktionen genannt, die etwa Ranking-Listen erstellen.

4.2.6 Präsentationsfunktionen

Mit Hilfe der Präsentationsschicht werden die Funktionalitäten für die unterschiedlichen Benutzergruppen wie Administratoren, Entwickler und die Endanwender angeboten. Dabei stellt jede Zielgruppe spezifische Ansprüche an den erforderlichen Funktionsumfang. Im Detail werden die erforderlichen Funktionen im folgenden Kapitel beschrieben, an dieser Stelle soll auf die zugrundeliegenden Konzepte eingegangen werden.

In einer Data Warehouse-Umgebung können verschiedene Grundtypen von Endbenutzerwerkzeugen zum Einsatz gelangen. Cube-Viewer erlauben das Navigieren in den mehrdimensional aufbereiteten Datenbeständen. Reportgeneratoren erzeugen Berichte, die am Bildschirm angesehen oder ausgedruckt werden können. Mit Hilfe von Excel-Add-Ins erfolgt die Navigation und Analyse innerhalb des Tabellenkalkulationsprogramms, so daß die Anwender mit dem gewohnten Werkzeug arbeiten und den breiten verfügbaren Funktionsumfang nutzen können. Browser- und Portalkonzepte basieren auf Internet- und WWW-Protokollen und erlauben so die Verwendung von Clients mit begrenzter lokaler Funktionalität und die Integration anderer über diese Medien verfügbarer Informationsressourcen. Mit Hilfe von Entwicklungsumgebungen lassen sich individuelle Werkzeuge für Endanwender entwickeln oder vorgefertigte Produkte anpassen.

Die Integration der Data Warehouse-Umgebung in den organisatorischen und technischen Gesamtzusammenhang erfordert Schnittstellen zu anderen Anwendungssystemen. Zu nennen sind hier insbesondere Office-Werkzeuge, Workflow- und Groupware-Systeme, Dokumentenmanagementsysteme sowie Planungs- und Konzernkonsolidierungswerkeuge. Im Idealfall geht die Integration so weit, daß alle Produkte unter einer gemeinsamen Oberfläche wie in einem Informationsportal erscheinen.

Die Standardfunktionalität der Präsentationsschicht sollte im Unternehmen standardisierte Datensichten und Berichte bereitstellen. Dies kann durch Schablonen unterstützt werden, die das Erstellen zusätzlicher Berichte mit einem gegebenen Layout ermöglichen. Auch Software-Assistenten vereinfachen den Aufbau neuer Berichtsstrukturen, indem sie benutzungsfreundlich und strukturiert die relevanten Parameter abfragen.

Einige Administrationsfunktionen sind erforderlich, um diese Werkzeuge angemessen nutzen zu können. Dazu zählen Möglichkeiten zur Pflege der Web-Inhalte ebenso wie eine Benutzerverwaltung, mit der Zugriffsrechte gewährt und entfernt werden können und sich Kontingente in bezug auf Datenvolumen und Prozessorlast vergeben lassen. Benutzerspezifische Vorlagen und Inhalte sollten unterstützt und zur vereinfachten Administration systematisch katalogisiert werden. Um die Erweiterung des Funktionsumfanges der Front-Ends zu gewährleisten, muß eine Integration von Produkten anderer Anbieter möglich sein.

Im Rahmen des Konzepts aktiver Informationslieferungen wird der Benutzer automatisiert mit als relevant erachteten Daten versorgt („push"), ohne daß er sie explizit abfordern muß. Hierfür müssen Empfängerlisten mit den jeweils zu verschickenden Inhalten verwaltet werden. Diese können auch dynamisch anhand des Nachfrageverhaltens des Empfängers anpaßbar sein. Aus einer technischen Sicht arbeiten Push-Techniken über Informationskanäle wie E-Mail, Fax oder auch WAP, oder sie erzeugen Dateien etwa im Word- oder Excel-Format oder gar automatisierte Sprachausgaben.

4.3 Endbenutzerorientierte Funktionalität

Zum Erreichen einer hohen Akzeptanz muß jede Data Warehouse-Lösung leistungsstarke und adäquate Front-End-Werkzeuge aufweisen. Mit einer ergonomischen Oberfläche ausgestattet müssen diese interaktiv bedienbar sein, ein breites methodisches Spektrum anbieten sowie verschiedene Darstellungs- und Ausgabeformen beherrschen.

Hinsichtlich der Interaktions- und Navigationsoptionen sind die typischen OLAP-Funktionen zur Bewegung durch Datenwürfel gefordert. Dies umfaßt Dimensionsschnitte bzw. Slicing-Operationen (Auswahl einer Untermenge aus einem Würfel mit geringerer Dimensionalität), Drehungen von Würfeln, Auswahl einer Menge von Dimensionselementen, Drill Down und Roll Up (zur Navigation durch unterschiedliche Hierarchie-Ebenen) sowie das „Durchdrillen" auf andere Systeme mit detaillierterem Datenbestand. Da sich die abgelegten Datenstrukturen als vergleichsweise komplex präsentieren können, muß die Navigation einfach und intuitiv erfolgen, z.B. durch simple Mausaktionen. Zudem soll die Interaktion auch bei unterschiedlichen Repräsentationsformen (z.B. als Zahlentabelle oder Geschäftsgrafik) in analoger Weise funktionieren.

Front-End-Tools müssen in Data Warehouse-Umgebungen ein breites methodisches Spektrum zur Datenanalyse bieten, von vergleichsweise einfachen Techniken des Zahlenvergleichs bis zu aufwendigen und teils sehr speziellen statistischen oder betriebswirtschaftlichen Verfahren. Am gebräuchlichsten sind Funktionen für den Plan-Ist- und Vorjahresvergleich, Zeitreihenanalysen und prozentuale Anteilsberechnungen. Daneben finden sich auch häufig „What-If"-Betrachtungen, Simulationen, Szenario-Analysen, betriebswirtschaftliche Berechnungen (z.B. von Zinsgrößen), aber auch statistische Funktionen (wie z.B. die Bestimmung von Mittelwerten und Standardabweichungen) einschließlich Regressionsanalysen. Daneben werden auch weitergehende Analysetechniken eingesetzt, wie z.B. ABC- und Break-Even-Analysen oder Portfolio-Techniken. In letzter Zeit nutzen einige Anwerder zudem Data Mining-Funktionalitäten, z.B. auf der Basis Künstlicher Neuronaler Netzwerke oder Genetischer Algorithmen, um neues, nicht triviales Wissen aus den Data Warehouse-Datenbeständen zu extrahieren.

Informative, komplexitätsreduzierende Repräsentationsformen erlauben es dem Anwender, rasch durch den vorhandenen Datenbestand zu navigieren. Simple Tabellendarstellungen (Kreuztabellen) werden ergänzt um andere Darstellungsarten, wie etwa Geschäftsgrafiken, kartografische Darstellungen zur Abbildung von Datenmaterial mit Regionsbezug und Abbildungsformen aus der Statistik wie etwa „Box-Plots" oder Entscheidungsbäume. Wünschenswert sind weitergehende Darstellungstechniken zur Anzeige von „Balanced Scorecards" oder Kennzahlenbäume. Auch der Einsatz von Tachometeranzeigen kann sich im Einzelfall als nutzbringend erweisen. Der Gebrauch von Color-Coding-Techniken (Ampeldarstellung) hilft überdies rasch auf besonders wichtige Abweichungen aufmerksam zu machen. Als durchaus nicht selbstverständlich erweist sich die simultane Anzeige von Tabellen und Grafiken am Bildschirm.

Neben der reinen Druckausgabe ist die Verfügbarkeit zusätzlicher Ausgabeformate wünschenswert, beispielsweise um Analyseergebnisse direkt in Standard-Office-Produkte übernehmen und dann weiterverarbeiten zu können. Eine Ausgabe im Text-File-Format wird von den verfügbaren Werkzeugen fast durchgängig unterstützt, als nicht selbstverständlich dagegen erweist sich die Möglichkeit zur Ausgabe als DOC- oder XLS-Datei. Weitgehende Unabhängigkeit von Betriebssystemversionen und Hardwareumgebungen wird durch den Einsatz von Web-Technologie zur Datenrepräsentation erreicht, da dann beliebige Browser zur Anzeige von Informationen genutzt werden können. Die Option zum Ausdruck aus dem Web-Browser allerdings ist leider nicht immer gegeben oder führt zu unbefriedigenden Resultaten.

Weitere Kriterien zur Beurteilung der Front-End-Tools einer Data Warehouse-Lösung liegen im Handling der Software, im Hilfe-System sowie in den Möglichkeiten zur Datenmanipulation. Das Handling sollte sich an den gebräuchlichen GUI-Standards orientieren, und zwar bezüglich Design und Benennung von Buttons, Icons und Menüeinträgen. Der Einsatz von Kommandosprachen erweist sich zwar als wenig ergonomisch, kann allerdings nicht immer vermieden werden. Vor allem genormte Standardsprachen werden zumindest im Hintergrund intensiv genutzt. Generell sollte sich die Terminologie an der Benutzeroberfläche an den Geschäftsausdrücken orientieren und nicht an technischen Begriffen. Ein Hilfesystem erweist sich als unerläßlich zur Unterstützung wenig erfahrener Anwender. Als Standard gilt hier das Microsoft-Hilfesystem-Format, aber auch HTML-Darstellungen sind gebräuchlich. Multimediale Bestandteile eines Hilfesystems, beispielsweise als Computer Based Training-Komponente, sowie ein Glossar zur Erläuterung und Definition wesentlicher Geschäftsausdrücke, können zudem wertvolle Dienste leisten.

Viele Data Warehouse-Lösungen sind auf einen rein lesenden Zugriff ausgelegt, so daß lediglich über die Nutzung von Query-Prozessoren mit dem Datenbestand operiert werden muß. Einige Anwendungen jedoch erfordern ein Rückschreiben von Ergebnissen in die Datenbasis oder aber eine direkte Dateneingabe durch den Anwender. In diesem Fall muß die gesamte Warehouse-Architektur auf einen schreibenden und lesenden Zugriff ausgelegt sein. Vor allem bei konkurrierenden Schreibzugriffen sind weitere Features erforderlich, wie z.B. eine Transaktionsverarbeitung.

4.4 Betriebswirtschaftliche Inhalte

Der Aufbau einer Data Warehouse-Lösung erweist sich häufig als hochgradig problemspezifischer Prozeß. In Abhängigkeit vom jeweiligen Umfeld muß eine individuelle Architektur aufgebaut und mit den zugehörigen Problemdaten gefüllt werden. Der Einsatz von Standardmodulen für die Daten- oder Ausgabestrukturen erscheint wenig erfolgversprechend. Dennoch können sich vorgedachte Standardstrukturen als hilfreich erweisen, um darauf aufbauend spezifische Lösungen zu erarbeiten. Interessant sind vordefinierte und anpaßbare Objekte wie Datenmodelle, Dimensionen, Auswertungen oder Benutzeroberflächen. Die verfügbaren Standardobjekte lassen sich bezüglich des zugeordneten betriebswirtschaftlichen Funktionalbereichs oder der Organisationseinheit klassifizieren.

Zunächst ist wichtig zu betrachten, wie sich die Standardinhalte administrieren und an eigene Bedürfnisse anpassen lassen. Auch das Zusammenspiel dieser Inhalte mit den zugrunde liegenden operativen Datenbeständen, z.B. bei sich ändernden Datenstrukturen in den Vorsystemen, muß betrachtet werden. Ein Versionenkonzept kann möglicherweise helfen, alte Versionsstände zu reaktivieren.

Potentielle Bereiche für derartige Standardinhalte sind beispielsweise Finanzwesen, Controlling, Personalwesen, Logistik, Supply Chain Management, Materialwesen, Fertigung und Instandhaltung. Im Vertriebsbereich sind Themen aus dem Marketing, aber auch Customer Relationship Management und e-Commerce als Analysegegenstände relevant. Querschnittsfunktionen, die ebenfalls durch Standardinhalte abgedeckt sein können, sind mit der Planung und Budgetierung, dem Projektmanagement und dem Qualitätsmanagement gegeben. Die Brauchbarkeit eines derartigen Standardinhalts muß in der gegebenen Projektsituation jeweils neu eruiert werden. Dabei ist zu untersuchen, ob die Inhalte den eigenen Bedarf zumindest in Teilen abdecken und entsprechend der vorhandenen Anforderungen angepaßt werden können.

5 Ausblick

Die Bewertung einer konkreten Data Warehouse-Lösung oder der Produktpalette eines Anbieters wird erheblich von den projektspezifischen Anforderungen geprägt. Lösungen, die sich in einem Umfeld als geeignet und angemessen erweisen, können bei veränderter Ausgangslage vollkommen ungeeignet sein.

Dies jedoch bedeutet, daß eine Gewichtung und damit Bewertung der einzelnen Kriterien hinsichtlich ihrer Wichtigkeit immer individuell vorgenommen werden muß. Es sind Skalen zu finden (z.B. von sehr gut bis sehr schlecht), die für jeden Aspekt eine quantifizierbare Angabe erlauben. Zudem müssen die KO-Kriterien identifiziert werden, deren Nicht-Erfüllung oder Nicht-Vorhandensein zum Ausschluß der betrachteten Lösung führen. Durch diese Maßnahmen kann dann ein anbieter- oder produktspezifisches Profil erarbeitet werden, in dem sich die jeweiligen Stärken und Schwächen deutlich spiegeln.

Im Hause Henkel ist eine derartige Gewichtung der einzelnen Kriterien bereits erfolgt. Auch die wesentlichen Anbieter und ihre Produkte wurden an dem Kriterienkatalog gemessen und klassifiziert. Derzeit werden die Untersuchungsergebnisse konsolidiert. Der Kriterienkatalog und die daraus resultierenden Empfehlungen für dedizierte Software-Produkte werden als integraler Bestandteil in die (globale) DW-Strategie eingehen.

Literatur

[Balz98] BALZERT, H.: Lehrbuch der Software-Technik, Heidelberg, Berlin 1998, S. 277-300.

[BaGü01] BAUER, A.; GÜNZEL, H.: Data Warehouse Systeme, Heidelberg 2001.

[GlGC97] GLUCHOWSKI, P.; GABRIEL, R.; CHAMONI, P.: Management Support Systeme, Berlin, Heidelberg, New York 1997.

[Hahn99] HAHNE, M.: Logische Datenmodellierung für das Data Warehouse – Bestandteile und Varianten des Star Schemas, in: CHAMONI, P.; GLUCHOWSKI, P. (Hrsg.): Analytische Informationssysteme, 2. Auflage, Berlin, Heidelberg, New York 1999, S. 145-170.

[HeRo98] HEINRICH, L.J.; ROITHMAYR, F.: Wirtschaftsinformatik-Lexikon, 6. Auflage, München, Wien 1998.

[Mell98] MELLIS, W.: Softwarequalität und Softwarequalitätsmanagement, in: MERTENS, P. et. al. (Hrsg.): Lexikon der Wirtschaftsinformatik, 3. Auflage, Berlin, Heidelberg, New York 1997, S. 369-370.

[Müll00] MÜLLER, J.: Transformation operativer Daten zur Nutzung im Data Warehouse, Wiesbaden 2000.

[ScBa99] SCHINZER, H.; BANGE, C.: Werkzeuge zum Aufbau analytischer Informationssysteme – Marktübersicht, in: CHAMONI, P.; GLUCHOWSKI, P. (Hrsg.): Analytische Informationssysteme, 2. Auflage, Berlin, Heidelberg, New York 1999, S. 45-74.

Auswahl und Klassifizierung externer Informationen zur Integration in Data Warehouse-Lösungen

Harry Mucksch, Wolfgang Behme

Inhalt

1 Integration externer Informationen

Um unternehmensinterne und -externe Veränderungen frühzeitig erkennen und eventuell sogar prognostizieren zu können, müssen den Entscheidungsträgern aller Unternehmensbereiche zum richtigen Zeitpunkt alle relevanten Daten und Informationen zur Verfügung stehen. Auf dieser Grundlage sowie der Erfahrung der Entscheidungsträger werden operative, taktische und strategische Entscheidungen getroffen, deren Qualität für die weitere Entwicklung eines Unternehmens maßgeblich ist.

Bei der Navigation durch die Gefahren und Potentiale, die sich aus der Umwelt eines Unternehmens ergeben, erlangen viele Auswertungen und Analysen jedoch erst durch den Vergleich mit unternehmensexternen Informationen eine für den Entscheidungsträger signifikante Bedeutung und ermöglichen qualifizierte Entscheidungen.

Das nahezu exponentielle Wachstum der Quellen für externe Informationen – insbesondere im Internet - macht es notwendig, Wege für einen effektiven und effizienten Zugriff mittels einer Auswahl und Klassifizierung der vorhandenen Informationen zu finden. Ziel dieses Beitrages ist es, hierfür Lösungsmöglichkeiten aufzuzeigen.

Im Gegensatz zum Auswahlprozeß der internen Informationsquellen gestaltet sich die Quellenauswahl für externe Informationen ungleich schwieriger. Die heutzutage wichtigste Quelle hierfür stellt sicherlich das World Wide Web (WWW) dar.

Durch dessen Informationsvielfalt ist eine systematische Suche und Identifikation von relevanten Informationen unabdingbare Voraussetzung für eine effektive Nutzung. Die systematische Auffindung von WWW-Inhalten und deren Hinzufügung zum Data Warehouse ist unter dem Begriff Web Farming bekannt, und vollzieht sich idealtypisch in folgenden Schritten. [Hack96; Bold99]; [MuBe00a, 17 f.]

- Identifikation von unternehmenskritischen Schlüsselobjekten
- Zuordnung der Schlüsselobjekte zu den Angeboten im WWW
- Systematische Untersuchung des WWW-Angebots
- Analyse des extrahierten Inhalts
- Strukturierung im Hinblick auf das Data Warehouse-Schema
- Bekanntmachung der Information

Da selbst große Unternehmen die nötigen Ressourcen an Personal und Budgets für das Sammeln und Auswerten externer Informationsmengen nicht aufbringen können oder wollen, haben sich am Markt professionelle Informationsdienste sowie branchenspezifische Zeitschriften und Fachliteratur, etc., herausgebildet. Unter wirtschaftlichen Gesichtspunkten erscheint es sinnvoll, möglichst viele externe Informationen über elektronische Dienste zu beziehen. Dies liegt sowohl in der schnelleren, unkomplizierteren Integration der Daten in das Data Warehouse begründet als auch in dem Aufwandsaspekt einer manuellen Dateneingabe z.B. aus Zeitschriften, die fehleranfälliger und durch die Personalkosten in der Regel teurer ist.

Im Hinblick auf die Qualität von Informationsdiensten sind folgende Aspekte zu prüfen:

- unkomplizierte und preisgünstige Informationsbeschaffung
- strukturierte Darstellung
- ausführliche Beschreibung von Format und Struktur der Daten
- gleichbleibendes Format und gleichbleibende Struktur der Daten für automatische Datenübernahme
- Querverweise (Hypertext)
- multimediales Informationsangebot
- hohe Güte der angebotenen Informationen aus den interessierenden Themengebieten
- Erläuterungen der Informationen
- Rechnungsstellung nur nach tatsächlich transferierten Datenmengen, nicht nach Online-Zeit
- Unterstützung kommunikativer Funktionen (Gateways zu anderen Netzen und Diensten, Offline-Kommunikation)
- Möglichkeiten zur Kostenersparnis durch Dauerbezug von bestimmten Informationen

2 Klassifizierungsmöglichkeiten externer Informationen

Im Gegensatz zu den internen Daten sind externe Daten heterogen, stammen aus nicht-kontrollierbaren Quellen, benötigen Adaptionen und sind oft mit direkt zurechenbaren Kosten verbunden. Allein die Vielzahl möglicher externer Informationsquellen macht die Auswahl solcher Informationsquellen, die Klassifikation der Informationen und auch ihre Auswertung weitaus komplizierter als bei internen Daten.

Die hier vorgenommene Klassifikation für externe Informationen unterscheidet sechs Klassifikationsgruppen, die nachfolgend näher spezifiziert werden:

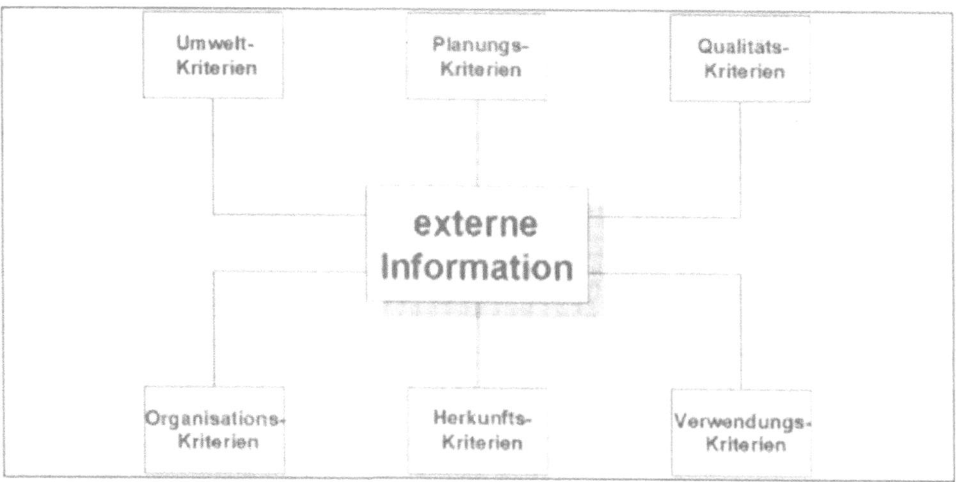

Abb. 1: Klassifikationsgruppen für externe Informationen

2.1 Umweltkriterien

Die Struktur möglicher Umweltkriterien ist nachfolgend dargestellt:

- gesetzlich
  - Innenbereich
  - Außenbereich
- ökonomisch
  - Märkte
  - Beschaffungsmärkte
    Angebot (= Lieferanten)
    Konkurrenz (=Abnehmer)
  - Absatzmärkte
    Nachfrage (=Kunden)
    Konkurrenz (= Anbieter)
  - Branche
  - Gesamtwirtschaft
- technologisch
  - Produkte
  - Produktionsverfahren
- sozio-kulturell
  - Verhalten
  - Werte
- ökologisch

Die gesetzlichen Umweltbedingungen bezeichnen solche Informationen, die Aktivitäten des Staates und seiner Körperschaften mit Gesetzgebungshoheit betreffen und meist national begrenzte bindende Relevanz für das Unternehmen haben [Krei93, 36]. Ebenso können hier auch EU-Gesetze sowie weitere internationale Richtlinien supranationaler Organisationen erfaßt werden. Die Unterteilung in einen Innen- und einen Außenbereich scheint auch hier sinnvoll, denn so können z.B. Zollerlasse (Außenbereich) von Gesetzen zur Unternehmensverfassung (Innenbereich) unterschieden werden. Die ökonomischen Umwelt-Kriterien sollen helfen, Informationen einer wirtschaftlichen Aggregationsstufe zuzuordnen: von gesamtwirtschaftlichen bis hin zu den unternehmensspezifischen Beschaffungs- und Absatzmärkten. So sind z.B. Informationen bezüglich der Bruttosozialproduktentwicklung unter Gesamtwirtschaft zu kategorisieren, Informationen zu Konkurrentendaten unter dem Branchenkriterium und Preisänderungen auf den Absatz- oder Beschaffungsmärkten unter dem Marktkriterium. In Verbindung mit den Verwendungskriterium kann so ein einfacher Suchalgorithmus für Endanwender spezifiziert werden. Das Technologiekriterium kann z.B. Informationen bezüglich Produktinnovationen und Produktionsverfahrensinnovationen klassifizieren, was in einer Zeit sich verkürzender Produktlebenszyklen und flexibler Produktionsverfahren sinnvoll erscheint. Externe Informationen wie z.B. veränderte Freizeitgewohnheiten, Trendinformationen oder die Veränderung von gesellschaftlichen Werten können mit dem soziokulturellen Kriterium erfaßt werden. Gerade in Deutschland, aber auch im europäischen Umfeld, werden die Umweltgesetze sowie die diesbezügliche Sensibilität der Bürger immer wichtiger [Krei93, 40]. Dem wird durch das ökologische Kriterium Rechnung getragen.

2.2 Organisationskriterien

Die Organisationskriterien sind in Anlehnung an M.E. PORTER`s Wertkette zum einen in organisatorische Kriterien und zum anderen in Wertschöpfungsaktivitäten untergliedert [Port89].

- Organisationsform
    - corporate
    - business
    - functional
- Wertschöpfungsaktivität

- Primäre Aktivitäten
    - Eingangslogistik
    - Ausgangslogistik
    - Operations
    - Marketing & Vertrieb
    - Service)
- Unterstützende Aktivitäten
    - Unternehmensinfrastruktur
    - Personal
    - Technologieentwicklung
    - Beschaffung

Erstere sollen den Bezug zur Aggregationsstufe im Unternehmen herstellen. Hier handelt es sich um Informationen, die z.B. nur eine kleine Produktgruppe (functional) betreffen, die eine strategic business unit betreffen (business) oder auf der Gesamtebene das ganze Unternehmen berühren (corporate). Das Kriterium der Wertschöpfungsaktivitäten erlangt in Zusammenhang mit den organisatorischen Kriterien eine besondere Bedeutung, denn so können Wertketteninformationen den Aktivitäten in den verschiedenen Geschäftseinheiten zugeordnet werden. Die primären Aktivitäten beziehen sich auf die Erstellung eines Produktes, den Verkauf, Transport und den Service, während die unterstützenden Aktivitäten die Beschaffung, Technologieentwicklung, Personalwirtschaft sowie die Unternehmensinfrastruktur umfassen [Rapp94, 88]. Die Bedeutung dieser Kriterien ergibt sich aus dem Wirtschaftlichkeitsprinzip im Zielsystem jeder gewinnorientierten Unternehmung und stellt somit ein effizientes Kriterium zur Einordnung von externen Informationen dar.

2.3 Planungskriterien

Ein wichtiger Bestandteil der Managementaufgabe ist die Planungsfunktion. Die hier dargestellten Kriterien sollen helfen, externe Informationen bezüglich ihrer Relevanz für die Planung einzuordnen:

- Planungsstufe
  - strategisch
  - taktisch
  - operativ)
- Bedeutung für die Planung
  - Chance / Risiko / neutral
  - In Planung erfaßt (ja / nein)
    - falls ja:
      Auswirkung (gering, ..., groß, neutral)
    - falls nein:
      Auswirkung (gering, ..., groß, neutral)
- Koordination
  - erforderliche Anpassungszeit
  - benötigte Anpassungzeit
  - Beeinflußbarkeit der Information (gering, ..., hoch)
  - Abstimmungs- / Koordinationsbedarf

Das Planungsstufenkriterium soll die zeitliche Relevanz der externen Information angeben. Das Kriterium „Bedeutung für Planung" ist ein subjektives, hat jedoch seine Berechtigung, da viele externe Informationen eindeutig positiven oder negativen Charakter haben. So hat z.B. die Information steigender Zinsen eindeutig negative Bedeutung für Emittenten von festverzinslichen Wertpapieren. Ebenso subjektiv sind die Kriterien „In

Planung erfaßt“ und „Koordination“, jedoch sind sie exzellente Suchkriterien für Mitarbeiter der Planung.

2.4 Herkunftskriterien

Die Herkunftskriterien müssen einige der Funktionen abdecken, die bei der Datenübernahme interner Informationen in das Data Warehouse automatisch erfüllt werden. Folgende Herkunftskriterien sind zu berücksichtigen:

- Quelle der Information
- Art der Beschaffung
  (externes Institut, Berater, eigene Aktivitäten)
- Informationsentstehung
  (ausgelöste Information, Bedarfsinformation, Standardinformation)
- Regelmäßigkeit des Erscheinens
  (täglich, wöchentlich, monatlich, jährlich)
- Kosten der Informationsgewinnung
- Möglichkeit der automatischen Abrufbarkeit der Information
- Querverweise
  (z.B. Hyperlinks)

Die „Informationsentstehung“ bezieht sich auf den Ursprung und den Anlaß der Aufnahme der Information in das Data Warehouse. Ausgelöste Informationen entstehen durch ein bestimmtes Ereignis (z.B. ein Lieferant informiert über eine verbesserte Produktlinie), Bedarfsinformationen sind angeforderte Informationen eines Mitarbeiters (z.B. Anforderung von Einwohnerzahlen vom statistischen Bundesamt) während Standardinformationen zusammen mit dem Kriterium der „Möglichkeit der automatischen Abrufbarkeit der Information“ mit der regelmäßigen automatischen Datenübernahme bei internen Daten vergleichbar sind. Anders als bei internen Daten können hier auch die Kosten der Information berücksichtigt werden, ebenso wie die in den externen Informationen enthaltenen Querverweise auf andere interne oder externe Informationen (z.B. Hyperlinks bei World-Wide-Web-Dokumenten).

2.5 Qualitätskriterien

Die Qualitätskriterien beziehen sich auf den Informationsgehalt, die Natur und die zeitliche Einordnung der erfaßten externen Information.

- Exklusivität
    - nur dem eigenem Unternehmen zugänglich
    - allgemein zugänglich
- Differenziertheit
  undifferenziert bis sehr differenziert
- Komplexitätsreduktion
    - möglich: (ja / nein)
    - nötig (ja / nein)
- Reduktionsbedarf
  Reduktion notwendig wegen information overload: ja / nein
- Ungewißheit der Information
    - Anzeichen, Ursache, Merkmale, Ausmaß, Ergebnis
    - Verlässlichkeit der Quelle / Überprüfungsbedarf
- Natur der Information
    - qualitativ
    - quantitativ
        - absolut
        - relative Zahl
        - Gliederungszahl
        - Indexzahl

- Soll-Information / Ist-Information
- Zeitbezug
  - Relevanz
    Vergangenheit, Gegenwart, Zukunft
  - Horizont
    Kurz, mittel, lang

Unter Wettbewerbsgesichtspunkten kann die Exklusivität einer Information (z.B. eine umfassende eigene Marktforschung) besondere Bedeutung haben. Auch die Komplexität einer Information und die nötige / mögliche Komplexitätsreduktion sind wichtige Kriterien zur Festlegung eines weiteren Bearbeitungsbedarfs oder zur Erleichterung der Interpretation einer Information.

States of Ignorance Info Content	(1) Sense of threat/ Opportunity	(2) Source of threat/ Opportunity	(3) T/O Concrete	(4) Response Concrete	(5) Outcome Concrete
Conviction that discontinuities are impending	YES	YES	YES	YES	YES
Area or organization is identified which is the source of discontinuity	NO	YES	YES	YES	YES
Characteristics of threat, nature of impact, general gravity of impact, timing of impact	NO	NO	YES	YES	YES
Response identified: timing, action, programs, budgets	NO	NO	NO	YES	YES
Profit impact and consequences of responses are computable	NO	NO	NO	NO	YES

Abb. 2: States of Ignorance Under Discontinuity [Anso76, 135]

H.I. ANSOFF's Konzept der schwachen Signale kann bei der Beurteilung der Ungewißheit einer Information zu Hilfe genommen werden. So kann eine externe Information schon zu einem recht frühen Zeitpunkt, jedoch bei noch geringer Abschätzbarkeit der Auswirkungen, Eingang in das Data Warehouse finden. Dieser Unsicherheitsaspekt ist auch relevant für die Planung und kann dort als zusätzlicher detaillierter Indikator für das Kriterium „Bedeutung für Planung" genutzt werden. Die „Natur der Information" ist für den Aufbau von Kennzahlensystemen oder direkte Vergleiche mit internen Daten wichtig. Das hier zusätzlich zur „Planungsstufe" bei den Planungskriterien erwähnte Kriterium des Zeitbezugs soll zum einen auf die zeitlichen Auswirkungen / Relevanz der Information abstellen, zum anderen kann es auch zum Durchführen von regelmäßigen Datenbestandssäuberungen verwandt werden. Während quantitative Informationen z.B. in späteren Zeitreihenanalysen Verwendung finden können, erscheint z.B. die Information, daß ein Konkurrent die Einführung einer neuen Generation von Videogeräten plant, spätestens bei der Markteinführung dieser Geräte überflüssig.

2.6 Verwendungskriterien

Bei den Verwendungskriterien kann mit dem Hierarchiekriterium eine vorrangige Hierarchiestufe für eine bestimmte Information angesprochen werden:

- Adressat / Hierarchiestufe
- Sicherheitsstufe / Geheimhaltung
- Primärer Informationsempfänger (anhand Porter´scher Wertkette)
- Einbindung in verwendete Analyseinstrumente
  - Kennzahlensysteme
  - Wettbewerbsanalyse
  - Portfolioanalyse
  - ...
- Vergleichbarkeit mit internen Daten
  - gegeben
  - nicht gegeben
  - Anpassungen nötig
- mögliche Arten der Informationspräsentation
  (Diagramme, Text, etc.)

In Zusammenhang mit dem Geheimhaltungskriterium und dem primären Informations-Empfänger-Kriterium können so exklusive Zugriffsrechte - unter der Annahme, daß Geheiminformationen und Geheiminformationsdienste in einigen Unternehmen existieren - definiert werden: z.B. nur ein Bereich des Unternehmens (Primärer Informationsempfänger), nur eine bestimmte Hierarchiestufe oder nur eine bestimmte Person hat Zugriffsrechte auf bestimmte Daten. Die Möglichkeit der Einbindung in verwendete Analyseinstrumente kann die vorrangige / übliche Eignung für weiterführende betriebswirtschaftliche Analyseinstrumente festlegen und stellt ein einfaches, wirkungsvolles Suchkriterium für Endbenutzerprogramme dar. Die Vergleichbarkeit mit internen Daten soll vor unerlaubten Vergleichen mit internen Daten schützen. Beispielsweise kann der Cash Flow eines Konkurrenten als Free Cash Flow definiert sein, während bei internen Analysen üblicherweise mit dem Operating Cash Flow gerechnet wird. Die mögliche Art der Informationspräsentation kann in Zusammenhang mit dem Qualitätskriterium „Natur der Information" genutzt werden. Hier können die Darstellungsmöglichkeiten Tabellen, Grafiken bis hin zu Filmsequenzen selektiert werden.

3 Text Mining zur automatisierten Klassifikation

Die manuelle Klassifikation der überwiegend im WWW in Form von Texten vorhandenen externen Informationen übersteigt die im Unternehmen zur Verfügung stehenden Ressourcen bei weitem. Abhilfe können hier nur rechnergestützte Verfahren schaffen, die selbständig die ausgewählten Informationen analysieren und anhand einer vorgegebenen Klassifikation (z.B. nach dem hier vorgestellten Schema) in das Data Warehouse integrieren. Ein solches Verfahren läßt sich z.B. mit Hilfe des Text Mining realisieren.

Text Mining stellt eine Erweiterung des Data Mining-Konzepts auf qualitative Analyseobjekte dar und steht als Oberbegriff für sämtliche Methoden, mit denen sich unbekannte, aber potentiell nützliche Informationen, die implizit in großen Textsammlungen enthalten sind, auffinden lassen. Als Grundfunktionen stehen die Assoziationsanalyse, Klassifikation, Segmentierung, Zeitreihenanalyse und Prognose zur Verfügung [BeMh99, 106]:

- Die Assoziationsanalyse dient zur Ermittlung von Wechselbeziehungen zwischen gemeinsam auftretenden Begriffen innerhalb von Dokumenten und zwischen unterschiedlichen Dokumenten. Es wird davon ausgegangen, daß die zu analysierenden

Texte mit Hilfe von Schlagwörtern indiziert sind, zwischen denen anschließend mögliche Assoziationen ermittelt werden können [FeHi96, 343; FAAZ97, 167]. Mit Hilfe der Parameter „Support" (Anteil der betroffenen Texte im Verhältnis zur gesamten Textmenge) und „Confidence" (Anteil der Texte, die die Prämisse und Konklusion gleichzeitig erfüllen) läßt sich die Ergebnismenge auf starke Wechselbeziehungen einschränken [Boll96, 258].

- Die Klassifikation dient zur maschinellen Einordnung von Texten in eine feste Anzahl vordefinierter Klassen [FeDa95, 112; Tkac98, 23]. Die Beschreibung der Klassen erfolgt mit Hilfe von Schlüsselbegriffen, die wiederum dazu dienen, neue Texte oder Dokumente entsprechend ihres Inhalts in die Klassen einzuordnen. Ist die Zuordnung nicht eindeutig zu treffen, können Texte mehreren Klassen gleichzeitig zugeordnet werden. In diesem Fall ist es sinnvoll, die Zugehörigkeit mit einem geeigneten Schlüssel zu bewerten.

- Die Segmentierung dient zur Unterteilung von Textmengen in Gruppen, wobei die Gruppen in sich möglichst homogen, zu einander aber möglichst heterogen sein sollen. Die zur Gruppierung beitragenden Eigenschaften bzw. Inhalte der Texte können wiederum zur Beschreibung der Gruppe herangezogen werden [LHKK96, 238; [ZEMK97, 287]. Im Gegensatz zur Klassifikation erfolgt die Unterscheidung der Texte nach maschinell ermittelten Kriterien und wird nicht vom Anwender fest vorgegeben. Eine Analyse mit Hilfe der Segmentierung kann somit maschinell Schwerpunkte innerhalb der Textdatenbank aufdecken und damit Ansatzpunkte für tiefergehende Untersuchungen liefern.

- Die Zeitreihenanalyse bietet die Möglichkeit, Verschiebungen innerhalb von Textinhalten über Zeiträume hinweg aufzudecken. Dazu wird das Vorkommen bestimmter Textinhalte über zeitliche Perioden hinweg ermittelt und anschließend graphisch dargestellt. Trends können sowohl für einzelne Begriffe als auch für zu ganze Sätze ermittelt werden [LeAS97, 227].

- Die steigende Verfügbarkeit von aktuellen Wirtschaftsinformationen im Internet ermöglicht es, Text Mining für kurzfristige Prognosezwecke einzusetzen. Auf Basis historischer Textkonstellationen und deren inhaltlicher Bedeutung lassen sich Aussagen über die zukünftige Entwicklung der Analyseobjekte ableiten [WPLC98, 364].

Die kurze Beschreibung der Funktionen zeigt, daß Text Mining mit Hilfe der Klassifikationsfunktionen eine automatische Zuordnung von externen Informationen gemäß eines vorgegebenen Rasters durchführen kann (vgl. Abbildung 3). Um die Speicherung der Seiten auf relevante Inhalte zu begrenzen, bietet sich zusätzlich der Einsatz eines Web Washers an. Durch das Ausblenden von Werbeinformationen läßt sich einerseits der Speicherbedarf minimieren und andererseits verhindern, daß Werbeinhalte erfaßt und klassifiziert werden.

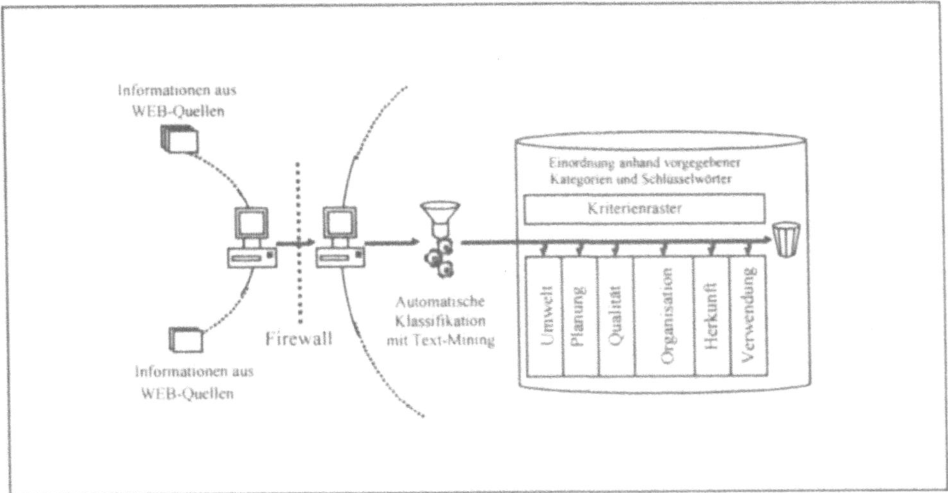

Abb. 3: Automatische Klassifikation externer Informationen mit Text Mining [in Anlehnung an BeMh99, 108]

4 Möglichkeiten der Weiterverarbeitung

Sind die externen Daten in der gewünschten Struktur in die Datenbasis des Data Warehouses überführt, können sie beispielsweise durch folgende Analysen, die das eigene Unternehmen ins Verhältnis zum Markt oder zu Konkurrenten setzen, ausgewertet werden:

- **Konkurrentenanalyse**
  Als Konkurrentenanalyse wird die Analyse aller Daten der Konkurrenzunternehmen bezeichnet, die für eigene Entscheidungen im Rahmen der strategischen Unternehmensplanung von Bedeutung sind [Krei93, 63].

- **Branchenstrukturanalyse** nach M.E. Porter
  Die Branchenstrukturanalyse will die strukturellen Merkmale von Branchen identifizieren, die die Stärke der Wettbewerbskräfte und folglich die Rentabilität der Branche bestimmen [Port89,25].
- **Marktanalyse**
  Unter Marktanalyse wird die Untersuchung der Eigenschaften abgegrenzter Märkte, Teilmärkte oder Marktsegmente verstanden [Krei93, 69].
- **Produktlebenszyklus-Analyse**
  Der Produktlebenszyklus ist der Zeitraum von der Entstehung der Produktidee bis zum Ausscheiden des Produktes aus dem Markt und setzt sich aus dem Entstehungszyklus und dem Marktzyklus zusammen [Krei93, 73].
- **Analyse der Wertschöpfungskette** nach M.E. Porter
  Das Wertketten-Modell stellt ein Unternehmen als Ansammlung von Tätigkeiten dar, die ausgeführt werden, um ein Produkt herzustellen und zu vermarkten. Potentielle Wettbewerbsvorteile können durch die Analyse der Unterschiede zwischen den Wertketten der Konkurrenten eingeschätzt werden [Rapp94, 87].
- **Strategische Szenarioanalyse**
  Die strategische Szenarioanalyse versucht die zukünftige Situation eines Unternehmens im Wettbewerbsumfeld in mehreren möglichen Zukunftsbildern darzustellen, um die Konsequenzen verschiedener Strategien zu ermitteln [Krei93, 95 f.].
- **PIMS-Programm**
  Das Profit-Impact-of-Market-Strategy-Programm (PIMS) sammelt spezifische Daten von strategischen Geschäftseinheiten verschiedener Firmen und versucht anhand qualitativer und quantitativer Variablen sogenannte „laws of the market place“ zu finden. Mitglieder dieses Programms können auf die gesammelten Daten zurückgreifen und ihre Strategien anhand dieser Daten bewerten [Krei93, 99 ff.].

5 Ausgewählte Nutzenaspekte

Bei der vorgestellten Klassifikation handelt es sich nicht um die Ausarbeitung eines Zielsystems, sondern um die Bildung von Kriterien zur Strukturierung von externen Informationen. Nachfolgend werden beispielhaft Nutzenaspekte dieser Klassifikation für die Informationsbedarfsanalyse, den Auswahlprozeß externer Informationen, die Bereitstellung sowie die Auswertung externer Informationen vorgestellt.

5.1 Nutzenaspekte bei der Informationsbedarfsanalyse

Da externe Informationen unterschiedliche Herkunftsbereiche haben und beispielsweise die funktionsorientierte Dimension einer Aufgaben-Datenmatrix nicht den gesamten externen Informationsbedarf der Entscheidungsträger sicher erfaßt, scheint es zweckmäßig, den Kriterienkatalog für diese Aufgaben zu verwenden. Auch bei der Erstellung eines Fragenkataloges als Methode zur Erhebung des Informationsbedarfs kann der Kriterienkatalog Anhaltspunkte bei der Erstellung der einzelnen Fragen liefern, wobei sich die Fragen an den einzelnen Kriterien orientieren. Da die Kriterien für eine Erfassung des gesamten Unternehmensumfeldes angelegt sind, trägt dieses Vorgehen zur Vollständigkeit des erfaßten Informationsbedarfs bei. Durch den Abstraktionsgrad der Kriterien kann in einem ersten Schritt ein jeweils größeres Spektrum von externen Informationen erfaßt werden, das bei Bedarf weiter verengt werden kann. Beispielsweise braucht die Rechtsabteilung zwar auch Informationen über soziokulturelle Werte, allerdings nur soweit sie für eventuelle Gesetzesvorhaben des Staates relevant sind.

5.2 Nutzenaspekte bei der Auswahl externer Informationsquellen

Um aus der Vielzahl der möglichen externen Informationsquellen die benötigten Informationen zu beschaffen, sollten Kriterien verwendet werden, die die Informationsquellen erfüllen müssen. Auch hierzu ist das Klassifikationsschema geeignet. Viele der Kriterien, die an die externen Informationen angelegt werden, müssen auch auf die Quellen zutreffen. Folgende Beispiele verdeutlichen dies:

- Eine Quelle muß regelmäßig benötigte Informationen auch regelmäßig liefern können.
- Benötigte Informationen mit hoher Differenziertheit müssen durch eine Quelle geliefert werden, die solche Informationen bereithält.
- Benötigte externe Informationen, die mit internen Informationen verglichen werden sollen, müssen aus einer Quelle kommen, die die externen Informationen in geeigneter Struktur anbieten kann.

Insbesondere die Herkunfts- und Qualitätskriterien sind bei der Auswahl der externen Informationsquelle zu berücksichtigen. Auf diese Weise können die unterschiedlichen Quellen in einer zweidimensionalen Matrix miteinander verglichen werden, wobei die eine Dimension durch den Kriterienkatalog gebildet wird, während die andere Dimension aus den verschiedenen Quellen gebildet wird. Anschließend kann durch eine ABC-Analyse eine Prioritätenfolge der Kriterien festgelegt werden. Mit Hilfe einer K.O.-Analyse kann sichergestellt werden, daß wichtige Kriterien auf jeden Fall erfüllt werden.

5.3 Nutzenaspekte bei der Verfügbarmachung externer Informationen

Durch die zentrale Speicherung externer Informationen im Data Warehouse wird sichergestellt, daß alle durch die Informationsbedarfsanalyse als notwendig erachteten Informationen grundsätzlich zur Verfügung stehen und alle Entscheidungsträger mit der gleichen Datenbasis arbeiten [MuHR96]. Neben dem Problem der Integration quantitativer externer Informationen in betriebswirtschaftliche Analysemodelle stellt auch die Integration qualitativer externer Informationen eine Herausforderung dar. Diese betreffen nahezu alle Aufgabenbereiche eines Unternehmens, so z.B. juristische Informationen, Abhandlungen über Marktentwicklungen und Konkurrenten, Konjunktureinschätzungen und -prognosen, Patentbeschreibungen, Trendberichte, Berichte über neue Managementmethoden, Umweltinformationen etc. Da sich qualitative Informationen - z.B. Text- und Audiodokumente, Videosequenzen, Zeichnungen oder Grafiken - nicht in die üblichen Analysemethoden wie z.B. Portfolios oder Kennzahlensysteme integrieren lassen, müssen sie auf anderem Wege den Entscheidungsträgern verfügbar gemacht werden. Dies kann mit Hilfe des Klassifikationsschemas geschehen. Bereits bei der Informationsbedarfsanalyse kann so unterschieden werden, welche Informationen der Endanwender standardisiert z.B. in Form von elektronischen Berichten regelmäßig beziehen will, welche Informationen er bei Bedarf selbst anfordern muß und welche Informationen ihm sofort nach der Aufnahme in die Datenbasis kenntlich gemacht werden sollen (ausgelöste Information). Nachträgliche Änderungen dieses Kriteriums sollten möglich sein. Bei allen drei Möglichkeiten kann das Klassifikationsschema dabei helfen, daß der Endanwender unter Festlegung derselben oder logisch zusammengehöriger Klassifikationen weitere Informationen zum selben Thema finden kann. Voraussetzung hierfür ist, daß alle externen Informationen bei der Integration in die Datenbasis diesem Klassifikationsschema unterworfen werden. Auf diese Weise kann das Schema dem Endanwender als Navigationshilfe beim Auffinden von benötigten Daten dienen.

Erleichtert wird dies durch das Abstraktionsniveau der Kriterien, die soweit wie möglich von den operativen Aufgaben und Informationsinhalten losgelöst sind. Dadurch wird die Suche nach bestimmten Informationen losgelöst von stichwortartigen Beschreibungen, wie sie bei vielen Suchmaschinen üblich sind. Vorstellbar ist, daß Suchmaschinen den Kriterienkatalog in Form von untergliederten Menüpunkten dem Endanwender in Eingabemasken präsentieren, so daß dieser nur noch durch Anklicken oder kurze Eingaben (z.B. Zeitraumbegrenzungen) die jeweiligen Suchkriterien eingeben muß.

6 Ausblick

Das in diesem Beitrag vorgestellte Klassifikationsschema kann bei der Bewältigung einiger Problembereiche bei der Integration externer Informationen in das Data Warehouse-Konzept hilfreich sein. Es handelt sich um einen Ansatz, externe Informationen nach unabhängigen Kriterien zu strukturieren. So kann es - wie gezeigt - bei der Informationsbedarfsanalyse zu einer detaillierten Bestimmung der benötigten externen Informationen und zur Auswahl der Informationsquellen verwendet werden. Das Schema erhält dadurch bereits zu Beginn einer Data Warehouse-Konzeptionierung seine Bedeutung. Insbesondere bei der Verfügbarmachung ist es aber die Aufgabe der Softwarehersteller, die notwendigen Datenbanktechniken sowie Suchanwendungen auszuarbeiten, um die Informationen entsprechend der Kriterien zu strukturieren und abfragbar zu machen.

Das Klassifikationsschema läßt sich aber auch in traditionelle Methoden wie beispielsweise die bei der Informationsbedarfsanalyse üblichen Aufgaben-Datengruppen-Matrizen integrieren.

Literatur

[Anso76] ANSOFF, H.I.: Managing surprise and discontinuity - strategic response to weak signals, in: Zeitschrift für betriebswirtschaftliche Forschung: 3/1976.

[BeMh99] BEHME, W.; MULTHAUPT, M.: Text Mining im strategischen Controlling, in: HMD: 207/1999 S. 103-114.

[Bold99] BOLDER TECHNOLOGY, INC.: Providing Strategic Business Intelligence by Systematically Farming the Information Resources of the Web. http://webfarming.com/intro/intro.html, Abruf am 1999-06-17.

[Boll96] BOLLINGER, T.: Assoziationsregeln – Analyse eines Data Mining Verfahrens, in: Informatik Spektrum: 5/1996, S. 257-261.

[FAAZ97] FELDMAN, R.; AUMANN, Y.; AMIR, A.; ZILBERSTEIN, A.; KLÖSGEN, W.: Maximal Association Rules: a New Tool for Mining for Keyword co-occurrences in Document Collections, in: HECKERMAN, D.; MANNILA, H.; PREGIBON, D.; UTHURUSAMY, R. (Hrsg.): Proceedings of the Third International Conference on Knowledge Discovery & Data Mining, Menlo Park CA 1997, S. 167-170.

[FeDa95] FELDMAN, R.; DAGAN, I.: Knowledge Discovery in Textual Databases (KDT), in: FAYYAD, U. M.; UTHURUSAMY, R. (Hrsg.): Proceedings of the First International Conference on Knowledge Discovery & Data Mining, Menlo Park CA 1995, S.112-117.

[FeHi96] FELDMAN, R.; HIRSH, H.: Mining Associations in Text in the Presence of Background Knowledge, in: SIMOUDIS, E.; HAN, J.; FAYYAD, U. (Hrsg.): Proceedings of the Second International Conference on Knowledge Discovery & Data Mining, Menlo Park CA 1996, S. 343-346.

[Hack96] HACKATHORN, R.D.: Web Farming for Data Warehousing. Bolder Technology Inc., October 1996, URL:http://www.bolder.com/web-farming.pdf, Abruf am 1998-02-14.

[Krei93] KREIKEBAUM, H.: Strategische Unternehmensplanung, 5. Auflage, Stuttgart 1993.

[LeAS97] LENT, B.; AGRAWAL, R.; SRIKANT, R.: Discovering Trends in Text Databases, in: HECKERMAN, D.; MANNILA, H.; PREGIBON, D.; UTHURUSAMY, R. (Hrsg.): Proceedings of the Third International Conference on Knowledge Discovery & Data Mining, Menlo Park CA 1997, S. 227-230.

[LHKK96] LAGUS, K.; HONKELA, T.; KASKI, S.; KOHONEN, T.: Self-Organizing Maps of Document Collections: A New Approach to Interactive Exploration, in: SIMOUDIS, E.; HAN, J.; FAYYAD, U. (Hrsg.): Proceedings of the Second International Conference on Knowledge Discovery & Data Mining, Menlo Park CA 1996, S. 238-243.

[MuBe00] MUCKSCH, H.; BEHME, W. (Hrsg.): Das Data Warehouse-Konzept, Architektur – Datenmodelle - Anwendungen, 4., vollständig überarbeitete und erweiterte Auflage, Wiesbaden 2000.

[MuBe00a] BEHME, W.; MUCKSCH, H.: Die Notwendigkeit einer entscheidungsorientierten Informationsversorgung, in: [MuBe00] S. 3-30.

[MuHR96] MUCKSCH, H.; HOLTHUIS, J.; REISER, M.: Das Data-Warehouse Konzept – Ein Überblick, in: Wirtschaftsinformatik: 4/1996, S. 421-433.

[Port89] PORTER, M.E.: Wettbewerbsvorteile, Frankfurt/Main 1989.

[Rapp94] RAPPAPORT, A.: Shareholder Value: Wertsteigerung als Maßstab für die Unternehmensführung, Stuttgart 1994.

[Tkac98] TKACH, D.S.: Information Mining with the IBM Intelligent Miner Family, An IBM Software Solutions White Paper, Stanford (Connecticut) 1998.

[WPLC98] WUTHRICH, B.; PERMUNETILLEKE, D.; LEUNG, S.; CHO, V.; ZHANG, J.; LAM, W.: Daily Prediction of Major Stock Indices from Textual WWW Data, in: AGRAWAL, R.; STOLORZ, P. (Hrsg.): Proceedings of the Fourth International Conference on Knowledge Discovery and Data Mining, 1998, S. 364-368.

[ZEMK97] ZAMIR, O.; ETZIONI, O.; MADANI, O.; KARP, R..M.: Fast and Intuitive Clustering of Web Documents, in: HECKERMAN, D.; MANNILA, H.; PREGIBON, D.; UTHURUSAMY, R. (Hrsg.): Proceedings of the Third International Conference on Knowledge Discovery & Data Mining, Menlo Park CA 1997, S. 287-290.

Branchenorientierte Data Warehouse-gestützte Lösungen

Öffentliche Verwaltung

Konzeption einer Data Warehouse-gestützten Balanced Scorecard in der öffentlichen Verwaltung

Bärbel Stein

Inhalt

1 Einleitung

Vor dem Hintergrund, daß sich die ökonomischen, sozialen und kulturellen Rahmenbedingungen in den letzten Jahren stark gewandelt haben, sieht sich der öffentliche Sektor einem enormen Veränderungsdruck ausgesetzt. Art und Umfang der öffentlichen Dienstleistung müssen sich insbesondere aufgrund der sich rasant entwickelnden Informations- und Dienstleistungsgesellschaft sowie des dynamischen Wettbewerbsdrucks ändern [BaBH98]. Die Globalisierung, die stetige Vernetzung, der europäische Staatenverbund, der Wandel zur Informationsgesellschaft, die Verknappung finanzieller und personeller Ressourcen sind nur einige Beispiele, die zeigen, daß auch öffentliche Institutionen zu wirtschaftlichem und wirkungsvollem Handeln gezwungen sind.

Seit geraumer Zeit wird in diesem Kontext über die Übertragbarkeit von Steuerungsinstrumenten und hier speziell über den Einsatz von Kennzahlen- und Kennzahlensystemen privatwirtschaftlicher Unternehmen auf den öffentlichen Bereich nachgedacht ([BrKü92], [Webe88]).

Ein vielversprechender Ansatz zur effizienten Steuerung bietet die Balanced Scorecard (BSC). Ursprünglich für privatwirtschaftliche Unternehmen entwickelt, wird in diesem Beitrag aufgezeigt, daß diese Methodik auch in öffentlichen Verwaltungen ihre Einsatzberechtigung finden kann.

Bei privatwirtschaftlichen Steuerungsinstrumenten steht der finanzielle Erfolg, abgeleitet aus den Erwartungen der Kapitalgeber, im Mittelpunkt. Typisch für diese Kategorie sind die branchenunabhängigen, auf die Steigerung des Unternehmenswertes abzielenden Größen wie Return of Capital Employed (ROCE) und der Discounted Free Cash Flow. Derartige monetäre Steuerungsgrößen verfehlen aber oft ihre Wirkung bzw. kommen zu spät, weil sie vergangenheitsorientiert sind. Sie sind zu stark aggregiert und zudem für die Mitarbeiter in den operativen Bereichen nicht verständlich genug, da sie nicht in der Sprache des Tagesgeschäfts abgefaßt sind. Monetäre Größen aus der finanziellen Perspektive sind deshalb über Ursache-Wirkungs-Ketten mit den für die Geschäftsführung wesentlichen Perspektiven der Kunden, der internen Prozesse sowie dem Lernen und Wachstum zu verbinden.

Nach [KaNo97] sind die Möglichkeiten, die sich durch die BSC für die Verbesserung des Managements von staatlichen und Non-Profit-Organisationen ergeben, noch viel größer. Die finanzielle Perspektive in gewinnorientierten Unternehmen verschafft diesen klare, langfristige Ziele, während sie für staatliche und Non-Profit-Unternehmen eher eine Einschränkung und keinen ausschließlichen Zielfaktor darstellt. Die Organisationen haben ein festes Budget, neuerdings oft schon in Form des Globalhaushaltes, und müssen ihre Ausgaben darauf anpassen. Der Erfolg, der in der Balance von Erfüllung des staatlichen Auftrages und wirtschaftlichem Betrieb liegt, läßt sich daran aber nicht messen. Es sagt nichts über den effektiven oder effizienten Betrieb einer staatlichen Stelle aus, ob die tatsächlichen Ausgaben beispielsweise innerhalb eines vorher definierten Prozentsatzes des vorgegebenen Budgets lagen und die Rücklage (wo das Haushaltsrecht die Bildung von Rücklagen zuläßt) sich damit positiv entwickelt hat. Dies ist nicht das vorsätzliche Ziel. Es ist keine Erfolgsmeldung, wenn die Ausgaben gesenkt wurden, dadurch aber die Aufgabe in Mitleidenschaft gezogen wurde.

Der Erfolg von öffentlichen Institutionen, zu denen auch das in diesem Beitrag beispielhaft betrachtete Finanzamt gehört, sollte daran gemessen werden, wie effektiv und effizient sie die Aufgabe in ihrem Zuständigkeitsbereich erfüllen und dabei die Wirtschaftlichkeit gewährleisten. Die Erfüllung des staatlichen Auftrages steht im Mittelpunkt der Betrachtung. Verwaltungen benötigen ein neues Modell der Leistungsmessung und -bewertung, in dem die Kundenfokussierung betont wird, und die internen Leistungsprozesse transparent gemacht werden und vor allem die Frage der dauerhaften Innovation und der Personalentwicklung, das Wissensmanagement mehr Beachtung findet. Die öffentliche Verwaltung steht vor einem Kulturwandel, der nur durch die Träger dessen, nämlich dem Personal als wichtigstes Potential der Verwaltung, erfolgreich durchgeführt werden kann. Die Bedeutung des Menschen oder das Human Capital muß in der mehrdimensionalen Steuerungssicht höchste Priorität zukommen.

Bevor in Kapitel 4 die Realisierung einer Data Warehouse-gestützten Balanced Scorecard in der öffentlichen Verwaltung vorgestellt wird, sind zum besseren Verständnis der Ausführungen die grundlegenden Unterschiede zu privatwirtschaftlichen Unternehmen hervorzuheben (Kapitel 2). In Kapitel 3 wird dann zunächst das ursprüngliche Konzept der Balanced Scorecard erläutert, bevor dieses in einzelnen Schritten auf die öffentliche Verwaltung übertragen wird.

2 Die öffentliche Verwaltung

2.1 Charakterisierung und Rahmenbedingungen der öffentlichen Verwaltung

Durch die Abgrenzung öffentlicher von privatwirtschaftlichen Institutionen können die charakteristischen Besonderheiten der öffentlichen Verwaltung dargestellt werden. Hauptsächlichste Kriterien dieser Abgrenzung sind:

Erwerbswirtschaftliche Unternehmen	**Öffentliche Verwaltung** (Kernbereich) [Brau91, 60 f.].
Gewinnmaximierung	Balance zwischen Wirtschaftlichkeit und öffentlicher Auftragserfüllung
Marktsteuerung als Instrument zum Ausgleich von Angebot und Nachfrage [Chmi87]	Zwangsfinanzierte öffentliche Haushalte als Instrument des Ausgleichs von Angebot und vermuteter Nachfrage [HoRL97, 48]
Preis und Wettbewerb	Gremien, die über vermutete Nachfrage entscheiden und fehlende Konkurrenz, da der Bürger oft keine Wahl hat, zu welcher Institution er gehen muß.
Wertbestimmung des Gutes / der Dienstleistung. Der Kunde kann die Ware gegen direkte Bezahlung erhalten und bestimmt deren Wert quantitativ über den Preis.	Fehlender Preismechanismus erhöht die Schwierigkeit der quantitativen Leistungsmessung.
Effizienz und Effektivität durch Leistung und Management aus Eigeninteresse.	Rechtmäßigkeit und Planerfüllung über bürokratische Instrumente
Flexible (finanzielle) Anreizgestaltung	Vom Staat finanziertes unflexibles Besoldungs- und Vergütungssystem
Aufgabenerfüllung - Verantwortung - Konsequenzen	Trennung von Aufgabenerfüllung und daraus resultierenden Konsequenzen (Verantwortlichkeit)

Abb. 1: Erwerbswirtschaftliche Unternehmen versus Öffentliche Verwaltungen

Zu den Rahmenbedingungen, die sich hieraus ergeben, gehören in erster Linie

- Rechtmäßigkeitsstreben und Rechtmäßigkeitsnachweis
- Fehlender Konkurrenzdruck
- Fehlende Entgeltlichkeit der Leistungen
- Zielkonzeption öffentlicher Institutionen
- Mangelnde Operationalisierung der Ziele und schwierige Meßbarkeit öffentlicher Leistungen
- Führungsorganisation (Organisation als Strukturmerkmal) nach [Webe88, 232] :

a) Eingeschränkte Gestaltungsfreiheit und Entscheidungskompetenz der Führungskräfte.

b) Freiräume und Unstimmigkeiten bei der Zielfestlegung vor allem durch die mangelnde Meßbarkeit öffentlicher Leistung.

c) Hierdurch bedingt die Behinderung optimaler Effizienzen (Gleichgewicht) in Bezug auf die Input-Output-Relation.

d) Es fehlen aussagekräftiger Meßgrößen zur Kommunikation, Steuerung der Leistungserbringung und -beurteilung einzelner untergeordneter Instanzen ("Einschwingung" auf ein Ziel und Operationalisierung des Ziels für den jeweiligen Bereich).

e) Wirtschaftlichkeitsprinzip wird durch das Sparsamkeitsprinzip ersetzt.

Diese Gegenüberstellung zeigt, daß die Anforderungen an das betriebswirtschaftliche Steuerungssystem für die Verwaltung eng mit ihren immanenten Strukturen als Entscheidungsprämisse [Luhm71] verbunden ist. Das Kernproblem, welches es zu lösen gilt, ist die Frage, wie es der Verwaltung gelingt, den Spagat von Sparen einerseits und strategischer Veränderung anderseits zu meistern. Bisher reagierte die Verwaltung auf Veränderung des Anforderungsprofils mit höheren Ausgaben vor allem im Personalbereich, dem größten Kostenfaktor der öffentlichen Verwaltung. Dies geht nicht mehr. Gefordert sind strategische Veränderungen, stetige Innovation (Lernende Organisation) bei gleichbleibendem oder sogar geringerem Ressourceneinsatz. Dies verlangt nach einem Management, welches Strategien und ihre Umsetzung im operativen Leistungserstellungsprozeß verbinden kann, eine Integration hinsichtlich strategischer Planung, operativer Umsetzung, Durchführung und Kontrolle, Feedback und Rückkopplung erreicht und die Ressourcensteuerung mit diesen Prozeß parallelisiert. Bevor ein geeignetes Instrument am Beispiel eines Finanzamtes entwickelt wird, werden nachfolgend Unzulänglichkeiten der gängigen Kennzahlensysteme als Steuerungsinstrument der öffentlichen Verwaltung aufgezeigt und Anforderungen an ein effizientes System abgeleitet.

2.2 Kennzahlensysteme der öffentlichen Verwaltung

Die gängigen Kennzahlensysteme als Instrumente des Controlling für die Verwaltung sind überwiegend durch folgende Unzulänglichkeiten gekennzeichnet:

- das Kennzahlensystem wurde nicht systematisch aufgebaut, sondern hat sich im Laufe der Zeit selbst entwickelt
- Kennzahlensysteme sind oftmals nicht in die Verwaltungsprozesse eingebettet
- zu viele Kennzahlen
- Mangel an Genauigkeit und Aktualität
- Kennzahlen sind kurzfristig ausgelegt und vergangenheitsorientiert
- keine klare Verknüpfung von strategischen Zielen und Leistungsmessung
- eine periodische Aktualisierung der Ziele ist nicht mit dem Kennzahlensystem verbunden
- es werden nur die Resultate erfaßt, die Leistungstreiber sind nicht zu identifizieren
- die Aussagekraft der Kennzahlen ist für die beteiligten Personen oft nur schwer nachvollziehbar

Möchte man in der öffentlichen Verwaltung hingegen ein effizientes Kennzahlensystem zur Messung und Bewertung der Performance implementieren, so sind folgende Mindestanforderungen zu berücksichtigen:

- wenige Schlüsselkennzahlen sind nützlicher als viele unwichtige Kennzahlen

- Das Kennzahlensystem wird mit den kritischen Erfolgsfaktoren verknüpft, die Voraussetzung für den Erfolg sind (Kausalbeziehung).
- Kennzahlen sollen Vergangenheit, Gegenwart und Zukunft berücksichtigen, um zu gewährleisten, daß sich die Organisation mit allen drei Perspektiven befaßt und, daß die Kennzahlen als Frühwarnung und Impulsgeber fungieren.
- Kennzahlen dürfen sich nicht allein auf kurzfristige Finanzkennzahlen beschränken und längerfristige, mehr strategisch ausgerichtete Meßgrößen (weiche Faktoren) ignorieren. Vor allem deshalb nicht, weil bei der öffentlichen Verwaltung nicht das Formalziel im Vordergrund steht, sondern eine Balance zwischen Wirtschaftlichkeit und Auftragserfüllung hergestellt werden muß.
- Der Erfolg einer Organisation wird von Kunden, der öffentlichen Gesellschaft, der Aufsichtsbehörde, internen Organisationsmitgliedern jeweils anders definiert, die Kennzahlen müssen sich daran ausrichten.
- Das Kennzahlensystem sollte so aufgebaut sein, daß alle Hierarchie-Ebenen ihre "Bereichskennzahlen" darin wiederfinden bzw. ableiten. Diese müssen in direktem Zusammenhang stehen und gut nachvollziehbar sein.
- Die Strategie der Organisation bestimmt die Kennzahlen, wenn diese sich ändert, müssen sich auch die Kennzahlen ändern, das heißt, angepaßt werden.
- Die Kennzahlen müssen auf die Ziele ausgerichtet sein und diese weitestgehend repräsentieren.
- In Ursache-Wirkungs-Beziehungen müssen die Veränderungen bzw. Entscheidungen ablesbar sein.

Den methodischen Ansatz zur Lösung der dargestellten Problematik liefert das Konzept der Balanced Scorecard (BSC), welches in Form eines mehrdimensionalen Kennzahlensystems die Leistungsmessung und -bewertung instrumentalisiert.

3 Balanced Scorecard am Fallbeispiel eines Finanzamtes

3.1 Das Konzept der Balanced Scorecard

Welche Einflußgrößen bestimmen den Erfolg einer Organisation? Der wirtschaftliche Erfolg einer Organisation gründet sich auf Einflußgrößen, die hinter den finanziellen Zielgrößen stehen und die Zielerreichung ursächlich bestimmen. In einem Leistungs-Struktur-Modell hat GROSS bereits 1965 die Determinanten für den Erfolg eines Unternehmens zusammengestellt.[1] Die Idee, den wirtschaftlichen Erfolg einer Organisation so zu bestimmen, ist also nicht neu, revolutionär ist aber, diese Idee in der Praxis in ein Steuerungsinstrument in Form eines Kennzahlensystems auch wirklich umzusetzen.

Ausgangspunkt dieses Steuerungsinstruments (Balanced Scorecard[2]) ist die Bestimmung eines Oberziels, welches aus einer Vision abgeleitet wurde und durch eine bestimmte Strategie erreicht werden soll. [KaNo97, 10f.] Dieses Oberziel der Unternehmensplanung wird im Rahmen der Balanced Scorecard mit unterjährigen Jahreskennzahlen und nicht monetären Zielgrößen verknüpft und zwar dergestalt, daß sich daraus eindeutige Ursache-Wirkungs-Prinzipien verfolgen lassen und damit die Leistungstreiber für den Erfolg identifiziert werden. Aus der Strategie heraus werden klar formulierte, meßbare und kontrollierbare Steuerungsgrößen abgeleitet, die nicht nur dem Management sondern auch den Mitarbeitern die Richtung weisen.

Ein weiterer Vorteil des Konzepts der Balanced Scorecard besteht darin, daß das Management nun nicht mehr nur auf operative Daten angewiesen ist, sondern auch auf langfristig ausgerichtete Faktoren zurückgreifen kann, die zusätzlich mit nicht-monetären Leistungskriterien angereichert werden. Allein finanzielle Kennzahlen reichen nicht aus, um zu messen, inwieweit die einzelnen Geschäftseinheiten für gegenwärtige und für zukünftige Kunden wertschöpfend arbeiten und inwieweit sie ihre internen Möglichkeiten und Investitionen in Personal, Systeme und Abläufe aufrechterhalten müssen, um in Zukunft ihre Leistungen noch zu steigern. Die BSC wurde deshalb um die treibenden Faktoren zukünftiger Leistungen ergänzt; sie offenbart die Werttreiber für wichtige, langfristige und wettbewerbsfähige Leistungen. [KaNo97, 10 f.]

Die Balance ist hergestellt durch die Verbindung der Strategie mit der operativen Ebene. KAPLAN und NORTON sehen ihr Kennzahlensystem als ausgewogen an, da die Unternehmensleistung aus vier unterschiedlichen Perspektiven betrachtet wird [Horv98, 568]:

Finanzwirtschaftliche Perspektive

Die finanziellen Kennzahlen sollen offenlegen, ob die Strategie eines Unternehmens zu einer Verbesserung des Ergebnisses führt. Typische Kennzahlen beziehen sich dabei auf die Rentabilität, das Wachstum und den Unternehmenswert.

Kundenperspektive

Es wird der Blickwinkel des Kunden eingenommen und ermittelt, wie das Unternehmen aus der Sicht der Kunden eingeschätzt wird. Die verwendeten Kennzahlen beziehen sich auf Kategorien wie Zeit, Qualität, Produktleistung, Service sowie den Preis.

Betriebsablaufinterne Prozesse

Diese Kennzahlen informieren über die betriebsinternen Prozesse, die wesentlichen Einfluß auf die Kundenzufriedenheit haben. Sie geben somit darüber Auskunft, was getan werden muß, um die Kundenerwartungen zu erfüllen. Wesentliche Faktoren dabei sind z.B. Zykluszeiten, Qualität, Fertigungszeiten oder die Produktivität.

Innovations- und Wissensperspektive

Diese Perspektive informiert über die Fähigkeit des Unternehmens, sich zu verbessern und Innovationen einzuführen. Typische Kennzahlen hierbei sind das Durchschnittsalter der Produkte, der Umsatzanteil der Neuprodukte oder die Verringerung der Lieferzeiten. Hier wird aber auch auf das Personal, seine Fähig- und Fertigkeiten, seine Verfügbarkeit als auch auf die Mitarbeiterzufriedenheit eingegangen.

Die Balanced Scorecard für die Privatwirtschaft betont zwar die *finanziellen Ziele*, beinhaltet jedoch auch die *Leistungstreiber* dieser finanziellen Ziele.

Ein weiteres Kriterium des Konzeptes besteht darin, das die BSC die Mission und Strategie einer Geschäftseinheit in materielle Ziele und Kennzahlen übersetzen kann. Die Kennzahlen bilden ein Gleichgewicht zwischen *extern orientierten Meßgrößen* für Teilhaber und Kunden und *internen Meßgrößen* für kritische Geschäftsprozesse, Innovation, Lernen und Wachstum. [KaNo97, 10]

Die Scorecard ist ausbalanciert in der Hinsicht, daß sowohl *vergangenheitsorientierte* aber auch *Frühindikatoren* als Leistungstreiber in das System integriert werden.

Das Gleichgewicht oder besser die Balance besteht also zusammenfassend kurz dargestellt in der Ausgewogenheit

- zwischen kurzfristigen und langfristigen Zielen
- monetären und nichtmonetären Kennzahlen
- quantitativen und qualitativen Faktoren
- Spätindikatoren und Frühindikatoren sowie zwischen
- externen und internen Performance-Perspektiven.

Die Balanced Scorecard bringt folgende Vorteile [Heyd98, 237 f.] mit sich:

- Die Bestimmung der Leistungskriterien der Scorecard ermöglicht jederzeit festzustellen, wie weit die Unternehmung mit den Basisstrategien und -techniken fortgeschritten ist und wie deren Integrationsprozeß in der Unternehmung verläuft bzw. welche Interdependenzen und Synergien sie zu realisieren ermöglichen. Bei anstehenden Entscheidungen können die Wirkungsverbunde berücksichtigt werden.
- Sie ermöglicht ein besseres Verständnis für die teilweise sehr unterschiedlichen Interessen der „Stakeholder".
- Die BSC kann als zentrales Managementinstrument zur Operationalisierung der Corporate Identity und der daraus abgeleiteten Oberziele der Unternehmung eingesetzt werden.
- Mit der Scorecard verlieren die Zielsetzungen für die nachgelagerten Unternehmensebenen ihren abstrakten Charakter und können über die definierten Leistungsindikatoren den verschiedenen Ebenen als Orientierungsgröße dienen. Damit werden die unzureichend präzisen Leistungsvorgaben für die nachgeordneten Stufen transparenter. Somit entsteht die Möglichkeit der leistungsorientierten Vergütung, gekoppelt an die zentrale Zielvorgabe.
- Ein weiterer Vorzug ergibt sich durch die Verknüpfung der bisher voneinander getrennten Prozesse der strategischen Planung und der operativen Budgetierung.

- Auch im Umstrukturierungsprozeß oder allgemeiner im Veränderungsprozeß des Unternehmens dient die Scorecard als Zielvorgabe und damit zur Prioritätensetzung. Anschließend kann sie zur Nutzenbewertung eines derartigen Prozesses eingesetzt werden.

Die Balanced Scorecard ist aber nicht nur ein neues Kennzahlensystem mit den oben genannte Vorteilen, sondern sie hat die Funktion, den gesamten Planungs-, Steuerungs- und Kontrollprozeß der Organisation zu gestalten und avanciert damit zu einem modernen Führungsinstrument und Hilfsmittel des Controllers. Die Führungskräfte innovativer Unternehmen wenden die Balanced Scorecard als den zentralen und organisatorischen Rahmen für wichtige Managementprozesse an. Dazu gehören beispielsweise individuelle und teamorientierte Zielsetzung, Gehaltsfindung, Verbindung zu weiteren Anreizsystemen, Ressourcenallokation, Planung und Budgetierung sowie strategisches Feedback und Lernen. [KaNo97, IX]

Das gesamte Potential der Balanced Scorecard kommt jedoch nur dann voll zum Tragen, wenn sie nicht nur als Meßsystem genutzt, sondern als strategisches Managementsystem verstanden wird, um die Unternehmensstrategie langfristig verfolgen zu können. Zusammengefaßt dient die Balanced Scorecard zur Bewältigung folgender kritischer Managementprozesse [KaNo97, 18]:

- Klärung und Konsensbildung in Bezug auf die Strategie
- Kommunikation der Strategie im gesamten Unternehmen
- Anpassung von abteilungsspezifischen und persönlichen Zielen an die Strategie
- Verknüpfung der strategischen Ziele mit langfristigen Zielen und Jahresbudgets
- Identifikation und Verknüpfung strategischer Initiativen
- Durchführung von periodischen und systematischen Strategie-Reviews
- Feedback und Lernen über die Verbesserungsmöglichkeiten der Strategie

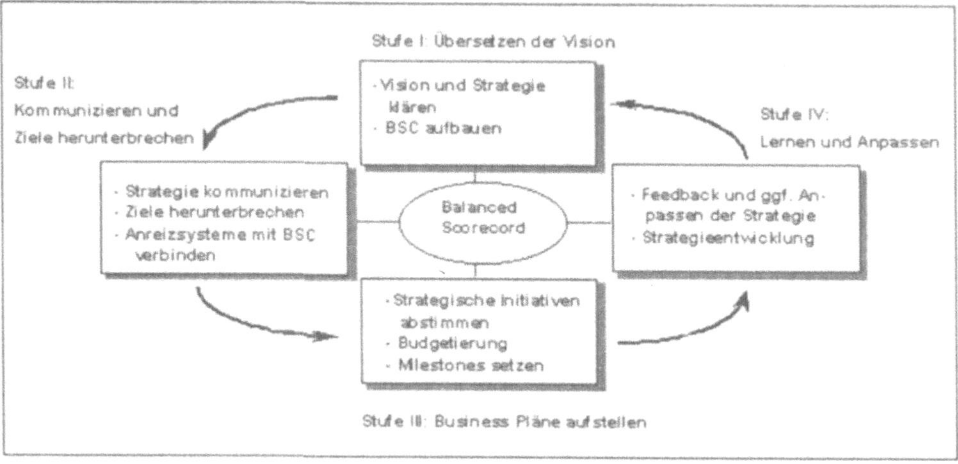

Abb. 2: Prozeß zur Implementierung einer BSC |HoPa99|

Der Managementprozeß zur Implementierung einer BSC sieht wie folgt aus (vgl. Abbildung 2): Grundlage ist eine Beschreibung der Vision des Unternehmens. Wohin soll sich das Unternehmen entwickeln? Wie soll die Außenwirkung des Unternehmens aussehen? Auf Vision und Mission abgestimmt findet dann der Strategiefindungsprozeß statt, der zum Schluß festgeschrieben werden muß, um keine Fehlinterpretation mehr zuzulassen. Um diese Strategie im Unternehmen zu kommunizieren ist es notwendig, die entscheidenden Erfolgsfaktoren zu identifizieren und diese mittels Leistungsindikatoren von der strategischen Ebene auf die operative zu überführen. Dieser Prozeß der Leistungsmessung und -bewertung stellt in dieser Betrachtung den Kernprozeß innerhalb des strategischen Controllings dar.

Trotz der gegensätzlichen Charakteristika und Rahmenbedingungen der privatwirtschaftlichen Unternehmen und den Institutionen der öffentlichen Verwaltung (vgl. Kapitel 2.1) können mit Hilfe der BSC auch die schwer meßbaren Leistungen der öffentlichen Verwaltung gesteuert werden. Dazu sind nicht nur die gewünschten Resultate zu operationalisieren, sondern vielmehr die Treiber des Erfolgs zu identifizieren, zu beschreiben und zu messen, die im kausalen Zusammenhang mit den Ergebnissen stehen. Daraus lassen sich dann die strategischen Maßnahmen ableiten, die notwendig sind, um die Strategie und damit den öffentlichen Auftrag im Gleichgewicht zur wirtschaftlichen Umsetzung bestmöglichst zu erfüllen.

3.2 Beispielhafter Ablauf zur Einführung der Balanced Scorecard

Wie läßt sich nun der BSC-Ansatz in dem komplexen Kontext öffentlicher Verwaltung und den zuvor genannten Forderungen umsetzen? Es sind folgende Dinge zu tun:

- Zunächst muß das Basismodell der BSC dem spezifischen Kontext angepaßt werden. (Deshalb war es vorab wichtig, die jeweiligen Rahmenbedingungen zu bestimmen.)
- Der Einführungsprozeß ist auf die Bedingungen der öffentlichen Ämter abzustimmen.
- Drittens ist die kontinuierliche Anwendung in die vorgegebenen Entscheidungsstrukturen einzubetten.

Zu Beginn des Einführungsprozesses ist Konsens über die Strategie und die Ziele herzustellen.

Die BSC ist als dynamischer Prozeß zu begreifen, sie kann daher nicht vom einzelnen Controller entwickelt werden, sondern ist von einem interdisziplinären Team zu entwickeln, wobei die Unternehmensspitze Initiator sein muß; sie ist ein Top Down-Ansatz.

Die Einführung einer Balanced Scorecard ist immer dann von besonderem Nutzen, wenn die Organisation durch mangelnde Strategieimplementierung [HoPa99] gekennzeichnet ist. Diese äußert sich darin,

- daß sich das Verhalten der Mitarbeiter und ihre Arbeit bei Veränderung der Strategie nicht ändert,
- daß sich das Berichtswesen der veränderten Strategie nicht anpaßt,
- daß sich der Trend der operativen Budgetplanung bei einer Strategieänderung nicht ändert.

Zum Beginn des Einführungsprozesses ist Konsens über die Strategie und die Ziele herzustellen. Die Balanced Scorecard ist aber kein Instrument zur Strategiefindung, sondern dient – wie bereits erwähnt – zur Umsetzung der Strategie in Aktionsprogramme und deren Messung und Steuerung.

Im Folgenden wird ein Ablaufplan zur Einführung der Balanced Scorecard vorgestellt, der sich bereits in der Praxis bewährt hat; er gilt aber nicht als zwingend.

Der BSC-Entwicklungsprozeß sollte sich aus drei Phasen zusammensetzen, die in der Form von Workshops (möglichst mit professioneller Moderation) durchgeführt werden sollten:

Vorbereitung

In diesem Schritt sollte der Nutzen der BSC für die Geschäftseinheit, das Unternehmen, das Amt etc. herausgearbeitet, die Vorgehensweise geklärt und ein Projekt initiiert werden. Dies kann in Form von Orientierungsworkshops geschehen. Motivation und Schulung bzw. der Aufbau eines Schulungsplanes der hier Betroffenen sind hier inbegriffen.

BSC entwerfen

Diese Phase setzt sich aus mehreren Teilen zusammen. Dazu gehört zum einen die Strategiefestlegung und die Überprüfung auf BSC-Eignung. Dem schließt sich die Analyse der aktuellen Situation des Kennzahlensystems im Kontext zur Strategie (Aktuelle Kennzahlen versus Strategie) an. Im folgenden Schritt ist es wichtig, die Strategie und die strategischen Ziele zu bestimmen und ihre Ursache-Wirkungs-Zusammenhänge zu identifizieren. Das heißt, es werden zunächst die Strategieziele und ihre möglichen Maßnahmen sowie ihre kritischen Erfolgsfaktoren bestimmt. Es eignet sich hier die Methode, die Organisation als offenes System und damit in Kontext zu seiner Umwelt als auch als geschlossenes System und damit in seinen Bestandteilen zu diskutieren. Hier wird schnell deutlich werden, welches die strategischen Einflußfaktoren für den Erfolg der Organisation sind. Im Auge zu behalten sind hier immer folgende Fragen: Warum existiert unsere Organisation und womit sind wir „am Markt" präsent. Oder anders ausgedrückt, für wen und mit welchen Produkten oder Dienstleistungen existieren wir? Dann werden die Abhängigkeiten innerhalb der Erfolgsfaktoren durch Ursache-Wirkungs-Zusammenhänge bestimmt. Hilfreich bei dieser Ermittlung können aber auch andere Heuristiken, wie z.B. die "driver-result-map" eines amerikanischen Chemiekonzerns sein, bei dem auf der Basis von Prozeßmodellen wesentliche Kausalzusammenhänge identifiziert und in Fallstudien analysiert wurden.

Diesem Prozeß folgt die Festlegung von Meßgrößen und quantitativen Zielwerten, dem sich eine Analyse der Datenherkunft anschließt.

Aktionsprogramm

Hier wird das Aktionsprogramm zur Umsetzung der Strategie formuliert, es werden die Meilensteine festgelegt, die treibenden und die bremsenden Kräfte identifiziert und Prioritäten bestimmt.

Der Einführung der BSC als Managementsystem ist damit aber noch nicht genüge getan. Ist die BSC entworfen, kann sie wohl als Measurement-Ansatz agieren, aber noch nicht als Methode der kontinuierlichen Verbesserung des strategischen Managements. Das ständige Monitoring, die Verbindung mit dem Anreizsystem, der Ressourcenallokation, das Verwenden der BSC als Kommunikationsmittel und ein stetiger Review sind zwingend dafür notwendig.

3.3 Mehrdimensionales Kennzahlensystem nach der Balanced Scorecard - Methode für ein Finanzamt

An dieser Stelle wird am Beispiel für ein Geschäftsfeld eines Finanzamtes verdeutlicht, wie das Kennzahlensystem innerhalb der BSC konkret aussehen könnte. Ziel ist daher, die Definition eines mehrdimensionalen, ausgeglichenen Sets von finanziellen und nicht finanziellen Kennzahlen, die auf der Finanzamtsstrategie basieren und die bei der Erreichung der strategischen Ziele unterstützen.

Folgende Fragen sollen das Vorgehen hierbei verdeutlichen.

1. Was sind in dem Beispiel die strategischen Ziele?
2. Was sind die strategischen „Stellhebel", an denen sich die strategischen Ziele orientieren. Beispiele hierfür sind bestimmte Kundengruppen, Prozesse, etc.
3. Wie lassen sich die strategischen Ziele den Geschäftsdimensionen zuordnen?
4. Welches sind die strategischen Erfolgsfaktoren?
5. Welche Kennzahlen zum Messen der strategischen Erfolgsfaktoren lassen sich daraus ableiten?

Um die Treiber und Ergebnisse der erbrachten Leistungen zu verstehen und um verbessernde Maßnahmen bei auftretenden Planabweichungen zu definieren, werden die Ursachen und Wirkungen der einzelnen kritischen Erfolgsfaktoren untereinander analysiert. Zur besseren Darstellung empfiehlt sich die Erstellung einer Grafik.

Die Vision des Finanzamtes ist sehr allgemein gehalten und unterscheidet sich kaum von der allgemeinen Aussage zum Neuen Steuerungsmodell der öffentlichen Verwaltung (NSM): Sie könnte wie folgt lauten: „*Das Finanzamt von morgen sein*", „*Kundenorientierter werden, effizienter und effektiver arbeiten*", „*Das moderne Finanzamt* " etc.. Der öffentliche Auftrag wurde formuliert, indem es heißt: „*Bearbeitung aller Steuererklärungen in kürzester Zeit mit geringster Fehlerquote (das heißt, keine finanziellen Verluste für den Staat durch unkorrekte Steuerbescheide) mit den zur Verfügung gestellten Mitteln.*" Um besser zu verdeutlichen, wie das Finanzamt denn nun eigentlich aussehen soll, ist es nützlich, ein „Vorher" und „Nachher" aufzustellen.

Vorher:

Bürokratische Außenwahrnehmung, lange Wartezeiten, lange Antragsbearbeitung, schlechte und / oder wenig Beratung, hohe Kosten im Benchmarkingvergleich zu anderen Finanzämtern, manuelle Antragsbearbeitung dadurch hohe Fehlerquoten (Widersprüche), „nörgelnde" Mitarbeiter ohne Antrieb zur Innovation, keine EDV-Bürokommunikation.

Nachher:

Moderne und kompetente Außenwahrnehmung in der Gesellschaft, kompetente Beratung, schnelle Bearbeitungszeiten der Anträge, geringe Fehlerquote (Widersprüche), EDV-mäßige Antragsbearbeitung, E-Government ist eingeführt, geringste Kosten im Benchmarking-Vergleich, hohe Mitarbeiterzufriedenheit, die Abteilungen des Finanzamtes bieten attraktive, moderne und innovative Arbeitsplätze.

An dieser Stelle ist noch keine Strategie erkennbar, die muß in der Behördenleitung / Amtsleitung erst festgelegt werden. Im Beispiel wurde folgende Strategie festgelegt: Erreicht werden soll das Ziel der modernen, kundenorientierten Verwaltung durch die konsequente Einführung von E-Government durch den Einsatz modernster IT-Technologie.

Öffentlicher Auftrag (Führt die Strategie zur Verbesserung der Auftragserfüllung bei sinkenden Kosten?)	Kunde (Wie sieht der Kunde das Finanzamt?)	Prozesse (Was muß getan werden, um die Kundenbedürfnisse zu erfüllen?)	Lernen und Entwickeln (Fähigkeit des Finanzamtes zur Innovationseinführung)
Kostenreduzierung für Rücklagenbildung Kostenflexibilisierung Außenwahrnehmung durch Gesellschaft	Erhöhung der Kundenzufriedenheit durch Produktqualitätssteigerung und kompetente Beratung, Self-Service anstelle von Administration	modernste und effiziente EDV-Antragsprozeßbearbeitung zur Erhöhung der Prozeßdurchlaufzeit und Produktqualität Ausstattung mit IT-Arbeitsplätzen und Vernetzung Prozeßabläufe ändern	Mitarbeiterzufriedenheit erhöhen Umkehr der Qualifizierungsplätze, d.h. weg von Routinearbeiten Änderung der Wertekultur, Innovation wird belohnt neue Produkte in Form von Beratung und EDV-mäßiger Antragsbearbeitung Erhöhung der Qualifikation der Mitarbeiter

Abb. 3: Strategiefestlegung mit 4 Geschäftsdimensionen

Es ist offensichtlich, daß die o.g. strategischen Ziele nicht in einem Jahr umgesetzt werden können, deshalb muß die Strategie in Aktionen und Jahresvorgaben übersetzt werden.

Um den Leistungserstellungsprozeß steuern zu können, ist es notwendig, Meßgrößen für die strategische Zielerfüllung festzulegen. Dafür ist es sinnvoll, zuvor die strategischen Erfolgsfaktoren zu den strategischen Zielen zuzuordnen. (Welches sind die **wirklich wichtigen Themen**, um das strategische Ziel zu erfüllen?)

Finanzperspektive / öffentlicher Auftrag: Kostenumstrukturierung, Kostenreduzierung einzelner Prozesse, Einkommenssteuerbearbeitung nach rechtlichen Vorgaben.

Kundenperspektive: Erhöhung der Kundenzufriedenheit durch Feststellung und Befriedigung der Kundenwünsche z.B. qualifizierte Beratung, schnellere Bearbeitungszeiten, keine unnötigen Wege zum Finanzamt (Home-Self-Service, fehlerfreie Antragsbearbeitung.

Prozeßperspektive: Konzentration auf Kundenberatung, Antragsbearbeitung auf EDV-Basis d.h. E-Government (Self-Service) einführen zur Erhöhung der Durchlaufzeit und Kostenreduzierung, Einführung von Kunden- und Mitarbeiterbefragung.

Innovationsperspektive: Mitarbeiter qualifizieren, Routinearbeit abschaffen, Anreizsystem entwickeln, das Innovation belohnt, (Mitarbeiterentwicklungsplanung einführen), (Ablaufplanung ändern), Investition in EDV, Bürokommunikation, Einführung von Mitarbeiter-Vorgesetzten-Gespräche, (Vorgesetztenbeurteilung einführen zur Änderung des Führungsstils).

Sind die strategischen Ziele formuliert, so werden sie anschließend über Ursache-Wirkungs-Beziehungen miteinander verknüpft. Dies kann in einem sogenannten Fischgrätenmodell oder über eine Zielpyramide über Wenn-Dann-Beziehungen visualisiert werden.

Die Wenn-Dann-Aussagen ziehen sich über alle Perspektiven hinweg. Sie identifizieren und verdeutlichen die Zusammenhänge zwischen den Ergebniskennzahlen und den kritischen Erfolgsfaktoren, den Leistungstreibern. Auch hier werden aber nicht alle denkbaren Beziehungen hergestellt sondern nur die wirklich strategierelevanten Zusammenhänge.

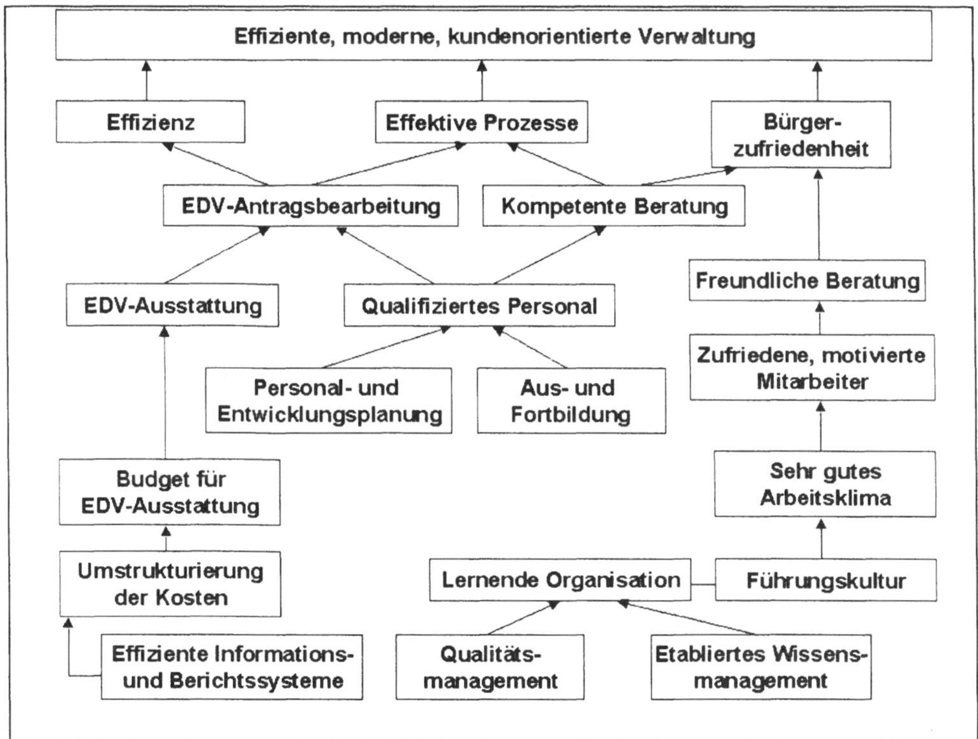

Abb. 4: Beispiel einer Ursache-Wirkungs-Beziehung

Ergebnis des vorangegangenen Prozesses ist ein Geschäftsmodell der betrachteten Einheit. Um die Steuerung dieses Modells zu gewährleisten werden nun die Meßgrößen für die strategischen Ziele ermittelt und die Zielwerte dazu festgelegt. Diese könnten wie folgt aussehen:

Finanzen / öffentlicher Auftrag	
Erfolgsfaktor / Leistungstreiber	*Kennzahl*
Rentabilität (mit Budget auskommen)	Einnahmen / Ausgaben
Effizienz im Kosten- und Leistungsvergleich	Benchmarkingquoten
Kosten- und Leistungstransparenz	Kosten pro Leistung (Produkte), Anteil am Budget
Effektivität der Leistung	Index der öffentlichen Wahrnehmung

Abb. 5: Meßgrößen „Finanzperspektive“

Kundenperspektive *Erfolgsfaktor*	*Leistungstreiber (Wertangebot)*	*Kennzahl*
Kundenzufriedenheit	qualitative Beratung	Zufriedenheitsindex
	schnelle Bearbeitung	Bearbeitungsdauer
	fehlerfreie Fest-setzung	Beschwerdeanteil (Widersprüche), Nachbearbeitung
	„bequeme" Wege	Anteil elektronischer Prozesse

Abb. 6: Meßgrößen „Kundenperspektive"

Interne Prozesse *Erfolgsfaktor / Leistungstreiber*	*Kennzahl*
e-Government einführen	Prozeßdurchlaufzeiten, Prozeß-kosten, -funktionalität
Kundenbefragung einführen	Anteil der Beteiligung an Kunden-abfrage
Mitarbeiterbefragung durchführen	Anzahl Audits
Personalentwicklung	Kosten Personalentwicklung
Bürokommunikation	Anteil EDV-Ausstattung

Abb. 7: Meßgrößen „Prozeßperspektive"

Lern-/Potentialperspektive *Erfolgsfaktor / Leistungstreiber*	*Kennzahl*
Mitarbeiterzufriedenheit	Zufriedenheitsindex, Krankenstand
Qualifikation	Qualifikation/Anforderung
Verfügbarkeit	Fluktuation/Qualifikation
Zieläquivalenz	Anteil Beschäftigte mit Zieläquivalenz
	Anzahl Fortbildungstage/Mitarbeiter
Wissensmanagement	Index zum Wissensmanagement

Abb. 8: Meßgrößen „Innovationsperspektive"

Ist die BSC für den gesamten Geschäftsbereich implementiert, schließt sich daran der Prozeß der vertikalen Ausdehnung (auch Herunterbrechen der Hierarchieebenen genannt) an. Aus den Kennzahlen der Balanced Scorecard werden nun die Maßnahmen für die einzelnen Bereiche, Abteilungen und Fachebenen abgeleitet. Diese wiederum werden nach der gleichen Systematik in mehrdimensionale Kennzahlensysteme für die determinierenden Bereiche übersetzt. Es brauchen hier nicht die gleichen Perspektiven gewählt werden, wie für die strategische Sicht.

Hierauf wird in diesem Beispiel jedoch nicht mehr weiter eingegangen. Die Ausgestaltung hängt stark von den vorliegenden Rahmenbedingungen wie beispielsweise der Führungskultur oder der Ressourcenausstattung des jeweiligen Finanzamtes ab.

Schließlich muß die BSC mit den bestehenden Managementinstrumenten verknüpft werden, wie dem Berichtswesen, der Ressourcenallokation, der Personalentwicklung, der Zielvereinbarung und der damit verbundenen Anreizgestaltung. Nur so kann ihr Erfolg Scorecard auch langfristig sichergestellt werden. In den bestehenden Strukturen der öffentlichen Verwaltungen, die sich den gesellschaftlichen und ökonomischen Rahmenbedingungen anpassen müssen, liegt allerdings die größte Hürde.

Sehr wichtig für den Erfolg der BSC ist die Visualisierung auf jeder Führungsebene. In „Cockpit-Charts“ müssen für die Entscheider in grafischer Aufbereitung die Treiber für die zentralen Einflußgrößen erkennbar sein. Wesentlich für eine breite Implementierung ist jedoch die unmittelbare Integration des BSC-Konzeptes in die bestehende DV-Landschaft.

4 Die Realisierung der Balanced Scorecard mit einem Data Warehouse

4.1 Die Notwendigkeit der bedarfsgerechten Informationsversorgung

Die Balanced Scorecard als mehrdimensionales Kennzahlensystem lebt von Informationen. Die gegenwärtige Situation in der öffentlichen Verwaltung zeichnet sich dadurch aus, daß zwar Unmengen an Daten bereits vorhanden sind, diese kann allerdings nicht oder nur unzureichend aufbereitet, gefiltert und zielgerichtet zur Verfügung gestellt werden. Dies führt trotz hoher Datenbestände zu einem Informationsdefizit auf Seiten der Mitarbeiter und der Amtsleiter.

Das Controlling als Träger der Balanced Scorecard hat eine zielgerichtete und bedarfsgerechte Informationsversorgung zum Ziel. Es muß nach immer neuen Wegen suchen, diese Anforderungen zu erfüllen und eine optimalen Übergang von den Informationsquellen hin zu den Informationssenken finden. Dies bedeutet, unter Wahrung der Konsistenz der Datenbestände einen performanten Zugriff auf benötigte Informationen, wie auch ihre bedarfsgerechte Aufbereitung zu gewährleisten. Einer zweck- und entscheidungsorientierten Nutzung steht nicht selten die Existenz unterschiedlicher, historisch gewachsener und voneinander losgelöster betrieblicher DV-Anwendungssysteme gegenüber. Die Informationen für analytische Datenbestände liegen in den operativen Datenbeständen vor.

Eine Analyse nach der BSC-Methode direkt auf diese operativen Daten hätte zur Folge, daß für jede Anfrage sehr große Datenmengen zusammengeführt, transformiert und aggregiert werden müßten, was zu langen Zugriffszeiten führen würde. Medienbrüche zwischen den DV-Systemen behindern die systemübergreifende Datenversorgung. Die Schnittstellen leiten zwar die angefallenen Daten an umliegende Systeme weiter, orientieren sich jedoch hinsichtlich des Umfanges der bereitgestellten Daten nur am Informationsbedarf der direkt nachgelagerten Systeme. Nach all den beispielhaft dargestellten Barrieren, die eine systemübergreifende analytische Verwendung der verfügbaren Daten verhindern, unterliegen die DV-Systeme, die lediglich Unterstützungsfunktion für operative Abläufe haben auch technischen Beschränkungen.

Zu fordern ist jedoch ein Data Warehouse-Konzept, nach dem die operativen Daten aus den Quellsystemen so generiert und strukturiert werden, daß sie den Anforderungen analytischer Informationssysteme gerecht werden. [BeMu00, 3 ff.]

Die Konzeption der Balanced Scorecard reduziert die sehr komplexen Gegebenheiten des Unternehmens so geschickt, daß als Ergebnis der jeweils gewünschte, aktuelle Stand auf einem Blick erzeugt wird. Diese Tatsache darf aber nicht darüber hinweg täuschen, daß Komplexität weiterhin Bestand hat. Die BSC ist ein Instrument des Komplexitätsmanagements. Daten, die in der BSC über den strategierelevanten Erfüllungsgrad der einzelnen Bereiche Auskunft erteilen (beispielsweise in einer Ampelfunktion) müssen die Realität widerspiegeln. Diese stark verdichteten Daten kommen genau wie oben beschrieben, aus unterschiedlichen operativen Vorsystemen. Sie stehen so aber nicht ad hoc in der erforderlichen Zusammensetzung und der geforderten Qualität zur Verfügung. Auch reicht es der Scorecard nicht, wenn die Spitzenkennzahlen auf die jeweilige operative Ebene transformiert werden. Je nach Anforderungsprofil sind weitere Funktionalitäten erforderlich [Fröh99, 3]:

- der Zugriff auf zeitreihenbezogene Basisdaten für einen numerischen und /oder grafischen Drill Down.
- Zugriff auf ergänzende themenrelevante Informationen.
- Verknüpfung des Informationssystems mit Kommunikationsmedien.
- Zugriff auf relevante Standardberichtsysteme als zentrales Kommunikationsmittel

Es wird also ein System benötigt, welches mehr ist als eine Sammlung von empfängerorientierten Kenngrößen und vordefinierten Reports. Gefordert ist ein System, welches den gewünschten Informationsinhalt in einer bestimmten Struktur (Design) und einer entsprechenden Aufbereitung liefert, welches die Lösung von analytischen Problemen zuläßt, die auch strukturierte und unstrukturierte Informationen in Text-, Bild und Videodaten erfordern. Der eigentliche Informationswert der Balanced Scorecard wird erst durch eine Kombination unterschiedlicher Daten in Form von problembezogenen Kennzahlen generiert. Ein wichtiger Vorteil der BSC spiegelt sich gerade darin wieder, daß nicht nur monokausale Ursachenanalysen durchgeführt werden um Schwachstellen innerhalb eines Objektbereiches zu untersuchen (beispielsweise die Aufsplittung der finanziellen Kennzahl Nettoumsatz nach Variablen wie Vertriebsregionen, Produkten im bestimmten Zeitraum und ähnlichem). Die BSC gibt Gelegenheit zu multikausalen Ursachenanalysen. So ist es beispielsweise sinnvoll, daß, analog der Ursache-Wirkungs-Beziehungen der BSC, den objektbezogenen Sachverhalt mit den anderen Perspektiven in Zusammenhang zu stellen.

4.2 Balanced Scorecard im Kontext zum Data Warehouse

Im Kapitel 3 wurden die Inhalte der strategisch benötigten Informationen in Form eines mehrdimensionalen Kennzahlensystems beispielhaft erarbeitet. Vielfalt und Heterogenität der benötigten Informationen wurden dabei sichtbar. Es wurde deutlich, daß für strategische Informationsanalysen sowohl interne Daten, wie beispielsweise personalbezogene Angaben, prozeßgenerierte Aussagen, als auch externe Informationen zu Kundenzufriedenheit oder für Benchmarkingvergleiche betrachtet werden. Zu Analysezwecken ist die Verdichtung dieser Informationen notwendig. So müssen zur Analyse der Kundenzufriedenheit sowohl quantitative Informationen zu den Prozeßkosten aus der Finanzbuchhaltung mit qualitativen Informationen aus der Marketingabteilung zur Kundenbefragung zusammengetragen werden. Um die Verfügbarkeit qualifizierten Personals festzustellen, sind Angaben aus der Personalabteilung, Angaben aus der Organisationsabteilung und Daten aus dem für die Personalentwicklung zuständigen Referat zu integrieren. Um diese mit der Ressourcenplanung abzustimmen, sind dann noch die Kosteninformationen notwendig. Diese liegen wiederum nur in den DV-Systemen der Haushaltsabteilung vor. An diesen kurzen Beispielen wird bereits die Komplexität der Informationsbereitstellung sichtbar.

Eignen sich die hier verwandten operativen Vorsysteme, aus denen die Daten aggregiert werden, für die systemübergreifende analytische Verwendung ?

Die Öffentliche Verwaltung, zu der die Finanzämter gehören, weisen eine funktionale Struktur auf, die der prozeßorientierten Betrachtung entgegenstehen. Die einzelnen Abteilungen wurden in der Vergangenheit hinsichtlich ihrer eigenen Abwicklung optimiert, dies bedeutet konkret, der Einsatz der EDV erfolgte in der Vergangenheit zur Ablösung manueller Prozesse in der funktionalen Organisationsstruktur zur Lösung der jeweiligen Spezialaufgabe. Die DV-Systeme wurden nicht für die Unterstützung anderer Teilprozesse ausgerichtet. Demzufolge erfolgt auch die Pflege, die Datenerfassung, die Datenaktualisierung nur Organisations- und nicht prozeßbezogen. Folgende Abbildung soll dies verdeutlichen:

Personalabteilung	Personalbezogene Daten, eigenes Netz! Daten liegen im Word-Format vor.
Personalentwicklung	Schulungsart bezogene Daten (nicht Personen gebunden!), keine Verbindung zu Haushaltsdaten, obwohl hier inhaltsgleiche Daten verwendet werden. Daten liegen in Word- und / oder Excel-Format vor.
Haushaltsabteilung	Mittelbewirtschaftung, Kosteninformationen, Kundendaten (Bankangaben etc.) eigenes Netz! Daten kommen aus Fremdsystemen, Schnittstellen liegen nicht offen.

Organisationsreferat	Stellenbezogene Daten, keine Verbindung zu Personendaten, keine Kosteninformationen, inhaltsgleiche Daten werden manuell nachgepflegt, Access-Datenbank wird genutzt.
Controlling	Manuelles Zusammentragen der Informationen aus alles Abteilungen und Weiterverarbeitung beispielsweise in Excel-Programmen nur auf höchster Aggregationsstufe möglich.
Marketing	Anonymisierte Kundeninformationen zur Zufriedenheit in HTML-Format.
Steuerreferat	Eigene Programme ohne Verbindung zu den anderen DV-Systemen, Informationen über Anzahl der Widersprüche, Eingaben, Antragsbearbeitungsdauer etc. können nicht analysiert werden.

Abb. 9: Beispiel für die heterogene Landschaft der eingesetzten Informationstechnologie

Der fehlende systemübergreifende Datenfluß zieht gravierende Konsequenzen für die Informationsversorgung des strategischen Managements in Form der Balanced Scorecard nach sich:

- Inhaltsgleiche Daten werden in verschiedenen DV-Systemen erfaßt und gepflegt (Redundanzen), allerdings zu unterschiedlichen Zeiten und damit weisen sie auch unterschiedliche Aktualitätsgrade auf.
- Pflegeaufwand erhöht sich, Medienbrüche, Gefahr der Inkonsistenz der Daten wächst, uneffiziente Datenhaltung.
- Die inhaltsgleichen Daten in den verschiedenen Systemen variieren in ihrer Struktur und in ihren Formaten, oftmals auch schon in ihren Bezeichnungen. Diese uneinheitlichen Schlüsselstrukturen verhindern das Zusammenführen der Daten und schließen eine Vergleichbarkeit aus.
- Zu Analysezwecken müssen die Daten sehr aufwendig manuell zusammengetragen werden und zu DV-gestützten Weiterverarbeitung neu eingegeben werden, teure Medienbrüche, fehlerhafte Eingaben sind nur einige der Konsequenzen.

- Im Controllingreferat müssen wesentliche Daten manuell erfaßt und gepflegt werden, da aufgrund der fehlenden Sicht für den Gesamtprozeß die benötigten Daten nicht am Ort ihrer Entstehung erfaßt und gepflegt werden.
- Obwohl benötigte Daten, wie beispielsweise Kundeninformationen, im Haushaltsreferat vorhanden sind, werden diese aufgrund des geringen Stellenwerts für die Belange der Haushaltsabteilung nur schlecht gepflegt; die Bedeutung für das strategisches Management wird nicht erkannt.
- Externe Datenquellen die z.B. für Benchmarkingvergleiche genutzt werden, sind hinsichtlich der Datenqualität, der Datenstruktur oder ihres Formates nicht beeinflußbar und müssen deshalb oftmals manuell dazugepflegt werden.

Diese Beispiele sollen reichen, um die mangelhafte Datenqualität sichtbar zu machen, die durch viele heterogene Insellösungen verursacht wird, und somit eine systemübergreifende, ganzheitliche Analyse der verfügbaren Daten zur Steuerung des Finanzamtes verhindern.

Hier ist nun das Data Warehouse-Konzept oder der Begriff „Lagerhaus für Daten“ anzusiedeln. Dabei geht es allerdings um mehr als nur um die Abspeicherung aller benötigten Daten des Finanzamtes. Kernaufgabe des Data Warehouses ist zwar das Sammeln großer Datenmengen, die Integration und effiziente Verarbeitung der Daten und die Bereitstellung der Informationen für die unterschiedlichsten Analysefunktionen. Der Hauptnutzen besteht aber in der Entkopplung der Vorsysteme und der Analysesysteme durch einen vom operativen Geschäft losgelösten unternehmensweiten Informationspool, dessen Nutzung für alle relevanten Sach- und Aufgabengebiete genutzt werden kann. Im Vordergrund des Data Warehouse-Konzeptes steht nicht die Technik sondern die enge Orientierung an die erfolgsdeterminierenden Einflußfaktoren. Dies sind in diesem Beispiel sowohl die sogenannten harten Prozeßdeterminanten wie Kosten, Leistungen, Einnahmen, Erträge, dienstleistungsspezifische Faktoren wie beispielsweise Anzahl Steuerbescheide, Durchlaufzeiten für die einzelnen Prozesse, Produktgruppen, Produktkosten etc., als auch die weichen Einflußfaktoren wie Kundenzufriedenheitsindex aus verschiedenen Fragestellungen abgeleitet, organisationsspezifische, potentialspezifische wie beispielsweise die Verfügbarkeit von qualifiziertem Personal oder im Hinblick auf verfügbare Infrastruktur in Form von PC-Ausstattung als auch Zeitdimensionen, und Abweichungsanalysen und Benchmarkingvergleiche.

Das Data Warehouse stellt einen Puffer zwischen den operativen Vorsystemen und den Analysesystemen wie der Balanced Scorecard dar, da sie sich vor allem hinsichtlich der Datenhaltung von den operativen DV-Systemen abgrenzen. Diese erfolgt zweckneutral und losgelöst von den Vorsystemen, und zeichnet sich dadurch aus, das die Daten in vereinheitlichter Form abgelegt werden, indem sie vor ihrer Integration in das Warehouse vereinheitlicht werden. Bei diesem Prozeß können die unterschiedlichen Formate in ein einheitliches Zielformat überführt und unterschiedliche Schlüsselsystematiken durch Umsetzungstabellen in der Schlüsselsystematik des Data Warehouse abgebildet werden. Außerdem werden die Daten aus den Vorsystemen auf einer Analysestufe erzeugt, wie sie für Auswertungen in der Balanced Scorecard benötigt werden. (vgl. Abbildung 10) Ein weiterer entscheidender Vorteil in diesem Konzept besteht im Vorhalten historischer Daten über deutlich längere Zeiträume als in den Vorsystemen und welches somit sowohl Trendberechnungen als auch Simulationen ermöglicht.

Daten	**Generierungs-ebene**	**Granularität**	**Zeiträume**	**Historie**
Finanzdaten	Einzeldaten Quoten	DM	Tag, Monat, Jahr	5 Jahre
Prozeßdaten	Einzeldaten	Pro Mitarbeiter Pro Prozeß	Monat, Jahr	2 Jahre
Kundendaten	Prozeßgererierte Daten	Pro Abteilung	Tage	3 Jahre
Potentialdaten	Einzeldaten Quoten	Pro Mitarbeiter Pro Arbeitsplatz Anzahl, Tage	Tage,	5 Jahre

Abb. 10: Die Daten aus den Vorsystemen müssen für die Analyse unterschiedlich vorgehalten werden

Die wesentlichen Vorteile von Data Warehousing in diesem Zusammenhang sind:

- Verwendung von Daten auf unterster Generierungsebene, das heißt, durch die Vermeidung der Bildung generierter Daten können maßnahmengenaue, produktspezifische, kundengerechte Unterscheidungen abgebildet und damit analysiert werden. Somit können wünschenswerte Einzelverbesserungen durchgeführt werden, so daß die Leitungsebene über diese Zwischenergebnisse zu einem verbesserten Gesamtergebnis gelangt.
- Speicherung aller Daten in jeder gewünschten Granulierungstiefe über lange Zeiträume als Voraussetzung für Erfolgskontrollen aber auch als Voraussetzung für Trendberechnungen oder der rechentechnischen Verknüpfung von Ursache-Wirkungs-Beziehungen.
- Bereitstellung von unternehmensspezifischen Abfragen und Berichtswerkzeugen wie der Balanced Scorecard auf jeder Hierarchieebene, direkt am Arbeitsplatz jeglicher Entscheidungsträger.
- Entwicklung unternehmensspezifischer Abfragemechanismen, die sich automatisch vollziehen und die Entscheidungsträger mittels Frühwarnanzeigen (Ampelfunktion) auf positive als auch negative Abweichungen von den Erwartungen oder Vorgaben hinweisen.

Um das Potential eines Data Warehouses vollständig auszuschöpfen, müssen die Unternehmensdaten aktiv ins Unternehmen getragen werden und möglichst vielen Anwendern zur Verfügung gestellt werden. Die Informationsversorgung auf den verschiedenen Entscheidungsebenen kann durch die Einführung eines Informationssystems, das speziell auf die Bedürfnisse analytischer Fragestellungen ausgerichtet ist, maßgeblich verbessert werden. Hier schließt sich dann wieder der Kreis zur Balanced Scorecard. Beide Konzepte, das der Balanced Scorecard und das Data Warehouse-Konzept stehen in einem direkten Zusammenhang zueinander. Durch die Methodik der Balanced Scorecard, die unternehmensspezifischen Erfolgsfaktoren aus mehrdimensionaler Sicht zu behandeln, werden die Leistungsindikatoren und ihre Leistungstreiber identifiziert und in die Struktur eines mehrdimensionalen Kennzahlensystems gebracht. Im ersten Schritt werden damit die Daten und Informationen sondiert, die in das Warehouse transformiert werden sollen. Dieser Prozeß dient damit zur Konzeption des Data Warehouses. Zum anderen wird die Struktur der Balanced Scorecard in Balanced Scorecard-Tools (zum

Beispiel Oracle BSC) zur grafischen Aufbereitung der analytischen Datenbestände des Data Warehouses eingesetzt und ist somit ein wichtiger Bestandteil dessen.

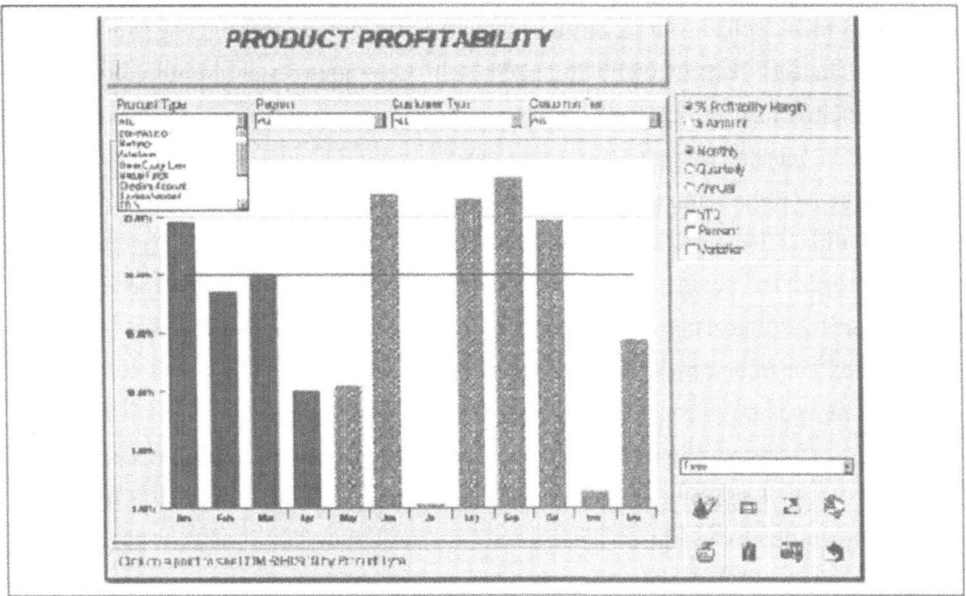

Abb. 11: Standarddiagramm mit Drill Down-Funktionen in Oracle Balanced Scorecard

Die Balanced Scorecard ist ein strategisches Controllinginstrument und geeignet, strategische Ziele in operative Maßnahmen zu übersetzen. Das Data bietet den Vorteil, nicht nur, wie die operativen Systeme weitestgehend feststehende und sich stetig wiederholende Geschäftsprozesse zu unterstützen, sondern steht einer fortwährenden Anpassung, Änderung der Dateninhalte und Erweiterung des Datenmenge flexibel gegenüber.

Zusammenfassend läßt sich feststellen, daß die Entscheidungsträger eines Unternehmens im Grunde genommen zwei unterschiedliche Arten von Informationssystemen benötigen. Einerseits brauchen sie operative Systeme, die ihnen die Verwaltung und Verarbeitung von großen Datenmengen ermöglichen. Hier steht die benutzerfreudige Anwendung mit schnellen Anwendungszeiten im Vordergrund. Andererseits werden analytische Anwendungssysteme benötigt, welche die Leistungsorgane in ihren Entscheidungen unterstützen. Hierzu zählt auch das strategische Management und damit die Balanced Scorecard. Zu diesem Zweck sind die Daten so aufzubereiten, daß spezifische Abfragen, Berichte, (Trend-) Analysen, Stärken-Schwächen-Analysen, Grafiken u.a. zur

Fundierung von Entscheidungen durchgeführt werden können. Da sich die Funktionalitäten der Datenverwaltung und der Entscheidungsunterstützung grundlegend unterscheiden und mit der BSC ein Controllinginstrument zur strategischen Entscheidungsunterstützung aufgebaut wurde, ergibt sich hierfür die Notwendigkeit zum Aufbau eines Data Warehouses. Nutzenpotentiale liegen darin, daß nunmehr die Möglichkeit zu unterschiedlichsten datenintensiven Analysen gegeben ist. Hier kann als Beispiel eine Aktionsanalyse genannt werden. Mit Hilfe eines Data Warehouses läßt sich z.B. der Einfluß von neuen Bearbeitungsmethoden im Finanzamt auf die Wirtschaftlichkeit und die Kundenzufriedenheit bestimmen. So kann ermittelt werden, welche Methoden besonders gut, gut oder weniger gut zur Wirtschaftlichkeit beitragen. Damit wäre ein kontrollierbares Aktionsmanagement möglich. Ein weiterer großer Vorteil des Konzeptes im Kontext zur Balanced Scorecard liegt darin, daß die Daten nicht nur kumulativ, das heißt vergangenheitsbezogen aggregiert abgebildet werden, sondern bestimmte Entwicklungen analysiert, hinterfragt und auch denkbare Szenarien aufgezeigt werden können. Letztendlich generiert sich dann auch noch der Vorteil der einfachen Handhabung der Analysen durch die Endanwender, was vorher oftmals nur durch komplizierte Abfragen durch den EDV-Spezialisten übernommen werden konnte.

Literatur

[BaBH98] BASTIAN, M., BRÜCHER, H., HINZE, M.: Der öffentliche Sektor im nächsten Jahrhundert, in: Oracle interne Veröffentlichung, 1998.

[Brau91] BRAUN, G.,: Schwerpunkte, Stand und Entwicklungslinien des kommunalen Controlling, in: WEBER, J., TYLKOWSKI, O. (Hrsg.) Perspektiven der Controlling-Entwicklung in öffentliche Unternehmen, Stuttgart 1991, S. 55-80.

[BrKü92] BRÜGGEMEIER, M., KÜPPER, W.: Controlling als Steuerungskonzept für die öffentliche Verwaltung? in: ZfB 1992, S. 567-577.

[Chmi87] CHMIELEWICZ, K.: Zur Problematik einzelwirtschaftlicher Effizienzkriterien bei öffentlichen Unternehmen. in: THIEMEYER, T. (Hrsg.): Öffentliche Unternehmen und ökonomische Theorie; Baden-Baden, 1987, S. 125-174.

[Fröh99] FRÖHLING, O.: Der Weg zum Business Intelligence System, in: Oracle interne Veröffentlichung, 1999.

[Heyd98] HEYDT VON DER, A.: Efficient Consumer Response (ECR): Basisstrategien und Grundtechniken, zentrale Erfolgsfaktoren sowie globaler Implementierungsplan, 3. aktualisierte und erweiterte Auflage, Frankfurt am Main, 1998.

[HoRL97] HOMBURG, G., REINERMANN, H., LÜDER, K.: Hochschul-Controlling, 2. unveränderte Auflage, Speyer: Forschungsinstitut für öffentlich Verwaltung, 1997.

[Horv98] HORVATH, P.: Controlling, 7. vollständig überarbeitete Auflage, München, 1998.

[HoPa99] HORVATH, P. und Partner, Oracle-interner Folienvortrag, 1999.

[KaNo97] KAPLAN, R., NORTON, D.: Balanced Scorecard, Strategien erfolgreich umsetzen, aus dem Amerikanischen von Horvath, P., Stuttgart 1997.

[Luhm71] LUHMANN, N.: Politische Planung, Aufsätze zur Soziologie von Politik und Verwaltung, Westdeutscher Verlag 1971.

[Meye94] MEYER, C.: Betriebswirtschaftliche Kennzahlen und Kennzahlen-Systeme, 2. erweiterte. u. überarbeitete Auflage, Stuttgart 1994.

[MuBe00] MUCKSCH, H.; BEHME, W.: Das Data Warehouse-Konzept als Basis einer unternehmensweiten Informationslogistik, in: MUCKSCH, H., BEHME, W. (Hrsg.): Das Data Warehouse-Konzept, Architektur – Datenmodelle – Anwendungen, 4., vollständig überarbeitete und erweiterte Auflage, Wiesbaden 2000, S.3-80.

[Webe88] WEBER, J.: Einführung in das Controlling, Stuttgart 1988.

Anmerkungen

[1] Die Basis dieses Modells besteht in der Input-Output-Beziehung und der Annahme, daß im Output die Ergebnisse der Aufgabenerfüllung abgebildet werden. Die Komponenten sind die Zufriedenstellung von Interessenten (extern und intern), die Investitionen in die Organisation, die Beschaffung von Ressourcen, die effiziente Nutzung, das rationale Verhalten und die Beachtung von Verhaltencodes und die Outputbereitstellung. Jede Komponente muß hinsichtlich ihrer Bedeutung als Effektivitätskriterium in Betracht gezogen werden, wobei Gross der Zufriedenstellung von Interessen die größte Bedeutung beimißt.

[2] Das Konzept der Balanced Scorecard ist für privatwirtschaftlich ausgerichtete Unternehmen entwickelt worden. Insofern wird das Konzept in diesem Abschnitt nur für Unternehmen dargestellt, die Ableitung der Eignung für öffentliche Institutionen erfolgt später.

Automobilindustrie

Einsatz von Data Mining-Methoden zur Steigerung des Response-Erfolges im Direktmarketing

Nicolas Bissantz

Inhalt

1 Einleitung

Ende der 80er Jahre formulierte eine Gruppe von Wissenschaftlern eine atemberaubende Vision: Allgemein verwendbare, effiziente Methoden sollten selbständig aus großen Rohdatenmengen die bedeutsamsten und aussagekräftigsten Muster identifizieren und sie dem Anwender in verständlicher Form als interessantes Wissen präsentieren. Unterstützt durch derartige, Data Mining genannte Methoden, sollte ein Fachanwender nicht länger auf die Hilfe von Informatikern oder Statistikern angewiesen sein, um Datenanalysen auf hohem Niveau durchführen zu können.

Die Lektüre von Fachartikeln und Produktinformationen vermittelt den Eindruck, die Vision wäre längst Wirklichkeit. Legt man jedoch den Maßstab der oben gegebenen und in der Wissenschaft anerkannten Definition an, so sind noch deutliche Lücken erkennbar. Den meisten Systemen mangelt es vor allem an den Eigenschaften, die sie gerade für den Fachanwender z.B. aus dem Marketingbereich attraktiv machen: Müssen erst viele Parameter eingestellt werden, so fehlt es dem System an der geforderten Autonomie. Sind die Ergebnisse nur mit statistischem Background verständlich, so mangelt es an der notwendigen Verständlichkeit.

Der Beitrag beschreibt anhand einer konkreten Fallstudie, wie weit man der Vision des Data Mining im Marketing näher kommen kann, wenn dem ursprünglichen Anspruch konsequent gefolgt wird.

2 Einsatz von Data Mining im Direktmarketing

Im vorliegenden Fall zielten verschiedene Direktmailingaktionen eines Automobilherstellers darauf ab, ein neues Modell im Markt einzuführen. Aufgrund eines eng gesteckten Zeitplans und nach Rücksprache mit der betreuenden Direktmarketingagentur glaubte man, ohne allzu dramatische Effizienzverluste auf ein vorab durchzuführendes Testmailing verzichten zu können. Man hätte genug Erfahrung mit derartigen Fragestellungen, so daß die Adreßselektion nicht kritisch sein dürfte, versicherte die Agentur.

Nach Abschluß der Mailingaktionen sollte vor dem Hintergrund einer allgemeinen Modernisierung der informationstechnischen Ausstattung des Automobilherstellers anhand der vorliegenden Aktions- und Responsewerte das Potenzial neuer Analysesysteme am Beispiel des von Bissantz & Company hergestellten DeltaMiner ausgelotet werden.

3 Eingesetzte Technik

In diesem System sind klassische Datenanalyseverfahren wie z.B. Kreuztabellen- und Zeitreihenanalysen mit im Sinne des Data Mining automatisierten speziellen Verfahren für marketingrelevante Fragestellungen zu einem Analysecockpit vereint. Die sogenannte Analysekettentechnik sorgt dafür, daß beliebige Betrachtungsobjekte (z.B. eine ausgewählte Mailingaktion) per Doppelklick von einem Analyseverfahren zum nächsten übergeben werden können.

Die Falldaten wurden von der relationalen Ursprungsdatenbank auf einem UNIX-System in die multidimensionale OLAP-Datenbank MIS Alea der MIS AG, Darmstadt, auf Basis Windows NT überführt, wofür automatisierbare Importmechanismen benutzt wurden. Das Realtime-OLAP-System MIS Alea liefert dem Analyse-Front End DeltaMiner, das generell auf multidimensionalen Datenbanken aufsetzt (u.a. auch Oracle Express, MIK OLAP, Microsoft OLAP Services) die notwendige Abfrageperformance. Die Analysedatenbasen bestehen gewöhnlich aus einigen hunderttausend bis einigen Millionen Datenzellen. Im vorliegenden Fall handelte es sich jedoch um kleinere Aktionen, so daß lediglich ca. 13.000 Sätze mit etwa 40.000 daraus resultierenden Datenzellen übernommen wurden.

Es waren jeweils keine besonderen Transformationen notwendig. Die Bereinigung fand bereits in den operativen Systemen statt bzw. wurde bewußt unterlassen, um die Data Mining-Methoden auch zur Identifikation von Datenschmutz zu nutzen.

Das Datenmodell wurde automatisch aus den vorhandenen Tabellenstrukturen ausgelesen, als Analysekennzahlen wurden im wesentlichen der Mailout (Anzahl der ausgesendeten Werbebriefe) und der Response (Anzahl der Antworten) übernommen. Die multidimensionale Speicherung stellt sicher, daß anschließend diese Kennzahlen für jede beliebige Kombination von Merkmalsausprägungen (Altersklasse, PLZ-Gebiet, Geschlecht etc.) verfügbar sind. Abbildung 1 zeigt das Datenmodell.

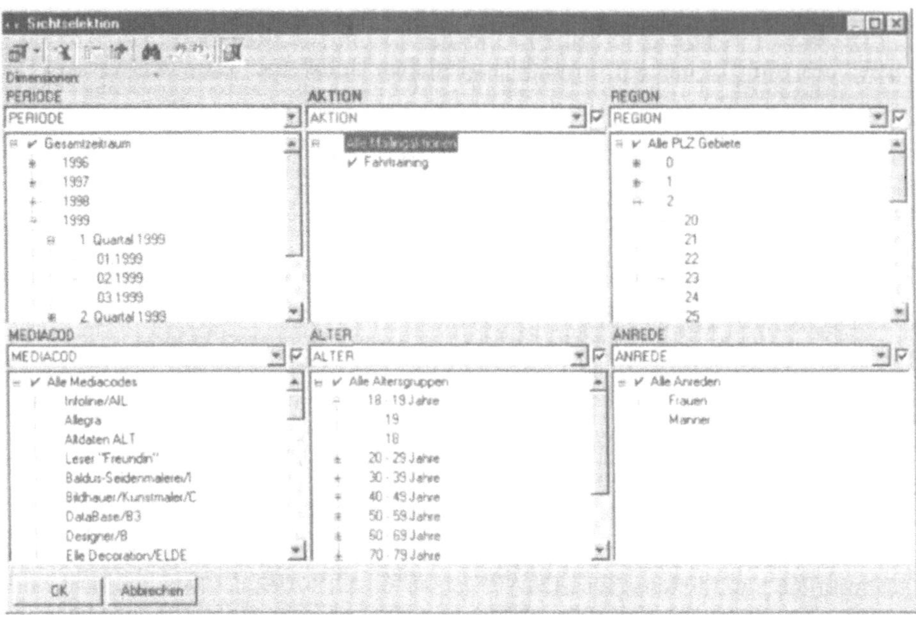

Abb. 1: Datenmodell – Mailingaktionen eines Automobilherstellers zur Einführung eines neuen Modells mit den Untersuchungsmerkmalen Periode, Aktion, PLZ-Gebiete, Adreßquelle, Alter, Geschlecht

Die vorliegenden Daten weisen nur eine beschränkte Anzahl Dimensionen auf. Die weiteren Ausführungen gelten jedoch in gleicher Weise für Modelle mit deutlich mehr Dimensionen (z.B. zusätzlich Einkommensklasse, Beruf, bisheriges Fahrzeug, mikrogeografische Merkmale). Die Anzahl verarbeitbarer Dimensionen (nominalskalierte Merkmale) hängt vom verwendeten Datenbanksystem ab. Die Anzahl metrischskalierter Größen unterliegt keiner Beschränkung.

4 Analyse der Mailing-Performance mit datengetriebenen Methoden

Ein erster Blick auf die Daten zeigte, daß ca. 13.000 Briefe versendet wurden und daraus rund 340 Antworten resultierten. Den Schwerpunkt der Aktionen bildete eine Einladung zu einem Fahrtraining mit dem neuen Modell. Darauf entfielen 11.281 Briefe (vgl. Abbildung 2). Im weiteren konzentrierte man sich daher auf die Untersuchung dieser Schwerpunktaktion.

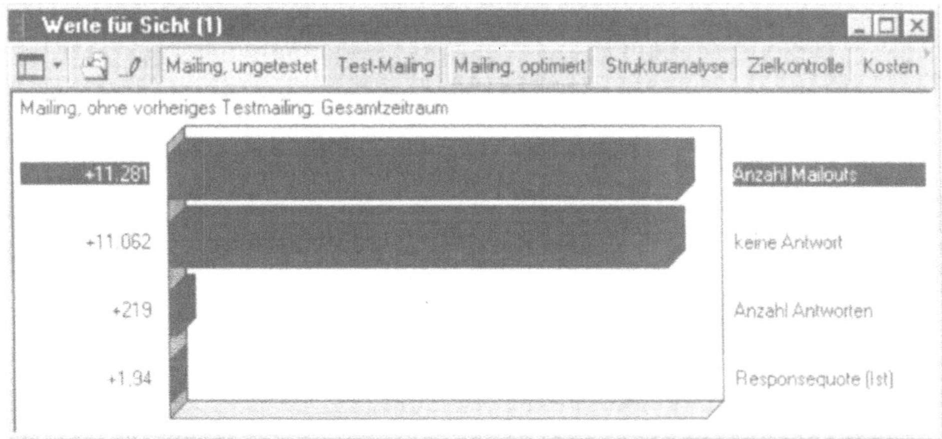

Abb. 2: Erste Ergebnisse – Basiswerte für die Aktion Fahrtraining, Responsequote gesamt liegt bei 1,94 %

Die bei dieser Aktion resultierende Responsequote von 1,94 % wirkt auf den ersten Blick unauffällig, da ein Wert von 2-3% Response bei Direkt-Mailing-Aktionen als normal gilt. Andererseits ergibt sich dieser Gesamtwert als (gewichteter) Durchschnitt über die Responsequoten aller angesprochenen Personen, die man wiederum zu unterscheidbaren Segmenten zusammenfassen kann („Männer / Frauen" oder „Ältere / Jüngere" oder mehrdimensionale Gruppierungen wie „Jüngere Männer, jüngere Frauen, ältere Männer, ältere Frauen"). Im Detail könnte es also sein, daß die Responsequoten sich zwischen einzelnen Segmentierungen deutlich unterscheiden.

4.1 Automatische Identifikation von responsestarken Merkmalen

DeltaMiner bietet die Möglichkeit, automatisch alle Auswertungsdimensionen („Geschlecht", „PLZ" etc.) eines Datenbestandes nach einer beliebigen Größe (hier z.B. Responsequote) zunächst einzeln zu ranken und die einzelnen Rankings anschließend zu einem Gesamtranking („Ranking der Rankings") zusammenzufassen. Abbildung 3 zeigt das entsprechende Ergebnis für die Frage, welche Segmentierungen besonders hohe Responsequoten aufweisen.

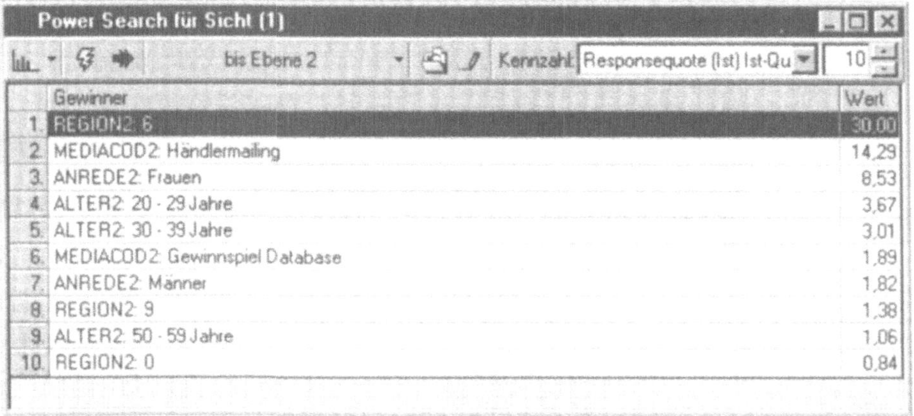

Power Search für Sicht (1)

bis Ebene 2 Kennzahl: Responsequote (Ist) Ist-Qu 10

	Gewinner	Wert
1.	REGION2: 6	30,00
2.	MEDIACOD2: Händlermailing	14,29
3.	ANREDE2: Frauen	8,53
4.	ALTER2: 20 - 29 Jahre	3,67
5.	ALTER2: 30 - 39 Jahre	3,01
6.	MEDIACOD2: Gewinnspiel Database	1,89
7.	ANREDE2: Männer	1,82
8.	REGION2: 9	1,38
9.	ALTER2: 50 - 59 Jahre	1,06
10.	REGION2: 0	0,84

Abb. 3: Responsequote nach Segmenten in % – Besonders hohe Quoten für die PLZ-Region 6 und die Adressen aus der Quelle "Händlermailing"

Es wird deutlich, daß z.B. die Segmentierungen *PLZ-Region 6* und *Adreßquelle Händlermailing* Responsequoten weit über dem Durchschnitt von 1,94 % aufwiesen. Wären diese Segmente stärker angesprochen worden, hätte man aller Wahrscheinlichkeit nach insgesamt eine deutlich höhere Responsequote erreicht. Mit einer weiteren Methode, die das sogenannte Modul Comparator von DeltaMiner bereitstellt, läßt sich diese Fragestellung noch deutlich differenzierter verfolgen.

4.2 Automatische Identifikation von Mängeln in der Zielgruppenansprache

4.2.1 Prinzip: Automation des Vorgehens eines versierten Fachanwenders

Comparator stellt für alle Segmentierungen den jeweiligen Anteil am Mailout dem Anteil am Response gegenüber. Dieser Schritt entspricht noch dem gängigen kreuztabellarischen Ausweis von Mailout- und Responsewerten für z.B. die einzelnen PLZ-Gebiete. Dabei kann die Lesbarkeit deutlich erhöht werden, wenn man die Absolutwerte normiert, also als Anteil an der jeweiligen Spaltensumme darstellt. Abbildung 4 zeigt diesen Schritt zur Verdeutlichung.

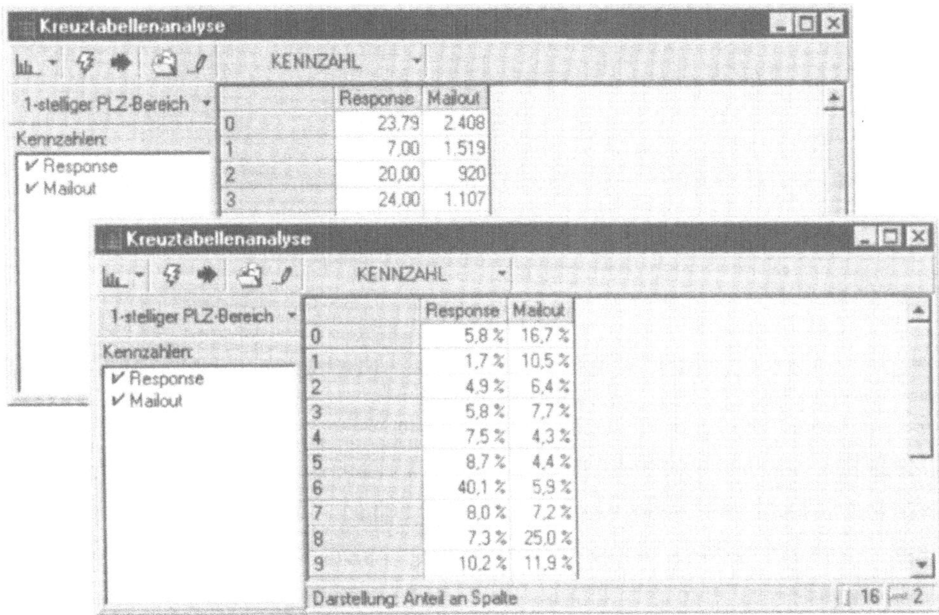

Abb. 4: Responsequote nach Segmenten – Starke Disproportionalitäten werden deutlich, so stehen für PLZ-Region 8 den 25 % Anteil an der Aussendung nur 7,3 % Anteil am Rücklauf gegenüber

Anstatt nun diese kreuztabellarische Darstellung für jede Auswertungsdimension manuell zu erzeugen und alle Wertepaare auf deutliche Unterschiede hin zu vergleichen, genügt es, Comparator die beiden Kennzahlen „Mailout“ und „Response“ vorzugeben. Das Modul generiert und prüft dann automatisch alle denkbaren Kreuztabellen und gibt nur noch diejenigen auffälligen Unterschiede aus, denen der Anwender seine Aufmerksamkeit widmen sollte. Die Auffälligkeiten werden zusätzlich vom System automatisch verbal beschrieben, so daß die Ergebnisse unmittelbar verständlich sind. Ein Beispiel zeigt Abbildung 5.

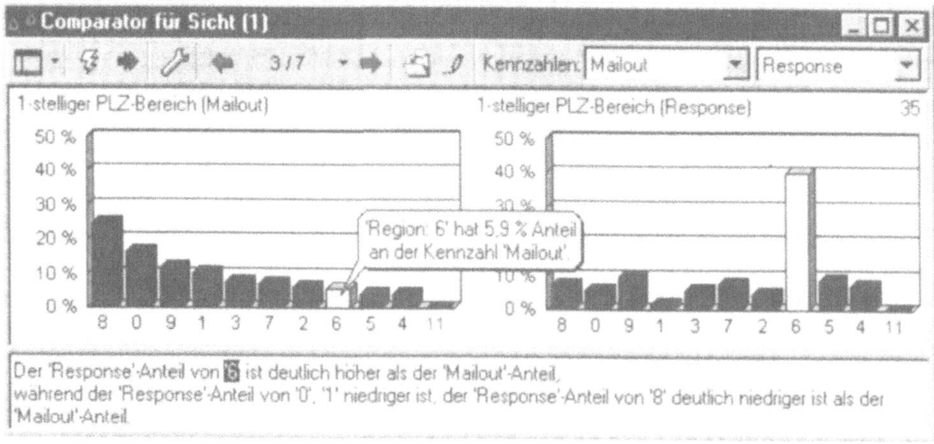

Abb. 5: Beispiel für ein selbsterklärendes Data Mining-Verfahren - Comparator deckt u.a. auf, daß in den PLZ-Bereich "6" nur 5,9 % der Werbebriefe gingen, aber von dort gut 40 % der Antworten kamen

4.2.2 Ziel: dramatische Zeitersparnis und Vollständigkeit der Prüfung

Dieser Ansatz ist charakteristisch für alle in DeltaMiner implementierten Data Mining-Methoden. Automatisiert werden die Vorgehensweisen, die ein versierter Fachanwender wählen würde. Damit bleibt das Ergebnis intuitiv nachvollziehbar. Durch die Automation wiederum werden enorme Zeitersparnisse erzielt. Innerhalb weniger Sekunden Systemlaufzeit auf einem herkömmliche PC (z.B. Pentium II) werden sämtliche Wertepaare verglichen. Setzt man 1 Sekunde pro Wertvergleich bei manueller Sichtung an, so ergeben sich durch das Verfahren Zeiteinsparungen von durchschnittlich mehreren Stunden, die nun für tiefergehende Analysen genutzt werden können.

Bei manueller Untersuchung verzichtet auch der versierte Fachanwender wegen des ungeheuren Zeitbedarfs in der Regel darauf, alle denkbaren Alternativen zu prüfen und beschränkt sich auf eine Auswahl eigener, plausibler Hypothesen. Durch die Automation wird somit zusätzlich gewährleistet, daß alle Möglichkeiten vollständig abgearbeitet werden, so dass neue Erkenntnisse gewonnen werden, die sonst häufig übersehen würden.

4.2.3 Verfahren: Statistische Filter

Die Kenntnis der zugrundeliegenden statistischen Auswahlalgorithmen ist dabei nicht notwendig, um die Ergebnisse zu verstehen, da dem Anwender nur Fakten präsentiert werden. Allein die Filterung der Fakten ist statistisch basiert:

1. Zunächst prüft der verwendete Algorithmus die Heterogenität der Verteilungen für jede der vorhandenen Betrachtungsebenen (Altersgruppe, Alter, Geschlecht, einstellige PLZ-Region, zweistellige PLZ-Region etc.). Würden sich Mailout und Response proportional zueinander verhalten, wäre die Heterogenität gleich null und die entsprechende Betrachtungsebene unauffällig.
2. Für diejenigen Betrachtungsebenen, die sich im ersten Prüfschritt als auffällig erweisen, werden nun alle Wertepaare überprüft. In das verwendete Kriterium geht der absolute und der relative Abstand der Werte voneinander ein.
3. Das ermittelte Auffälligkeitsmaß wird in einem dritten Schritt mit empirisch gefundenen Schwellen verglichen, um festzulegen, ob die Auffälligkeit in der verbalen Beschreibung als "auffällig" oder "deutlich auffällig" ausgewiesen wird.

5 Erhöhung der Mailing-Performance mit datengetriebenen Methoden

Die mit Comparator erzielten Ergebnisse verdeutlichen bereits, daß die Segmentierungen mit überdurchschnittlichen Responsequoten zuwenig Anteil am Mailout hatten. Dieses Ergebnis überrascht nicht, die Mailingaktion wurde letztlich „aus dem Bauch heraus" gesteuert, wobei bei näherer Sichtung des Ergebnisses das Bauchgefühl durch die Realität alles andere als bestätigt werden konnte.

Die Verbesserung durch den Einsatz von DeltaMiner ist hier zunächst auf eine wenn auch dramatische Beschleunigung der Performancemessung und die detaillierte und automatisierte Transparenzerhöhung „beschränkt". Das System legt gewissermaßen den

„elektronischen Finger" auf die Wunde und macht deutlich, wo der Marketingmanager anzusetzen hat, um zukünftige Aktionen mit der angepeilten Zielgruppe zu verbessern.

Zur Verbesserung der Effizienz von Mailingaktionen im allgemeinen diskutieren wir nachfolgend ein Vorgehensmodell, das organisatorische und methodische Aspekte gleichermaßen beinhaltet.

5.1 Mehrdimensionale Adreßtypbewertung (mehrdimensionales Scoring)

Mit einer weiteren Methode von DeltaMiner (Selector) lassen sich im vorliegenden Fall zunächst automatisch die **mehrdimensionalen** Segmentierungen mit den höchsten Responsequoten identifizieren, wobei ein Mindestanteil am Mailout berücksichtigt wird, der diese Aussage statistisch absichert. Schaubild 6 zeigt das Ergebnis. Der "beste" Adreßtyp („Männer zwischen 30 und 39 aus PLZ 6, aus Adreßquelle Gewinnspiel") hat eine Responsequote von 58,8 %. Damit kann die Ergebnistransparenz zunächst noch weiter erhöht werden.

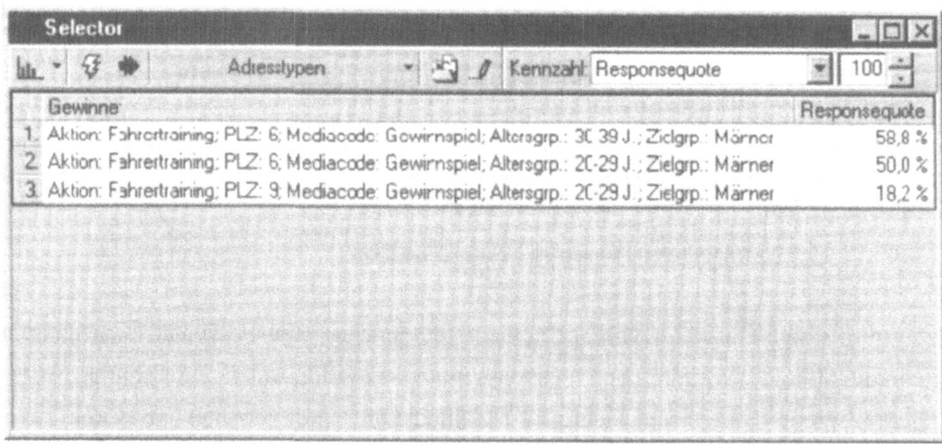

Abb. 6: Methode Selector zeigt die erfolgreichsten Adreßtypen mit ihrer multidimensionalen Charakteristik

Auf Basis dieser Methode würde man folglich für zukünftige Mailings aus den Fehlern des bereits abgeschlossenen Mailings lernen. Dem bereits durchgeführten Mailing käme damit die Rolle eines Testmailings zu. Naturgemäß ist dieses Vorgehen unbefriedigend und kann nur mit großer Zeitverzögerung zu Verbesserungen führen. Daher sollte jeder größeren Mailingaktion zunächst ein Testmailing vorausgehen.

5.2 Automatische Optimierung der Adreßselektion

Welches Potenzial die konsequente Nutzung von Testmailings in Kombination mit automatischen, mehrdimensionalen Scoring- und Selektionsmethoden haben, sei im folgenden anhand der Fallstudie mit Hilfe von DeltaMiner dargestellt. Das Vorgehen ist nachfolgend skizziert:

1. Die 11.281 Adressen, die im Mailout verwendet wurden, werden als maximal verfügbarer Adreßbestand betrachtet.
2. Um das Vorgehen bei einem Testmailing zu simulieren, werden aus diesen Adressen ohne (!) Berücksichtigung der ja bereits bekannten Response zufällig 1.025 Adressen selektiert.
3. Es wird nun plausibel unterstellt, daß sich ebenfalls der bereits bekannte Response bei diesen 1.025 Adressen eingestellt hätte, wenn man zunächst nur eben diese angeschrieben hätte. Der Gesamtresponse in der Stichprobe beträgt 1,66 % und liegt damit erwartungsgemäß nahe an der Gesamtresponse des Gesamtdatenbestands. Das ist ein Indiz, daß die Stichprobe durch die zufällige Auswahl im statistischen Sinne valide ist.
4. Die Stichprobenadressen werden nun zu mehrdimensionalen Adreßtypen auf einer Ebene verdichtet, die für die spätere automatische Selektion von Adressen geeignet ist („Altersgruppe, PLZ-Gebiet, Adreßquelle, Geschlecht“). Für jeden Adreßtyp wird die Responsequote ermittelt. Anschließend sortiert der Algorithmus die Adreßtypen absteigend nach Response.

Aus dem Gesamtdatenbestand werden nun aus den Adressen, die nicht Teil der Stichprobe waren, Adressen selektiert. Dabei selektiert das System automatisch zunächst alle Adressen des Adreßtyps, der in der Stichprobe die höchste Responsequote aufwies, bis der Bestand an diesen Adressen erschöpft ist. Dann werden Adressen des zweiterfolgreichsten Typs selektiert usw., bis unter Zugrundelegung des zu erwartenden Response (aus der Stichprobe ermittelt) dieselbe absolute Responsehöhe erwartet werden kann, die sich im tatsächlichen Mailing einstellte. Damit sollte dem Ziel genüge getan werden: Maximale Responsequote bei minimalen Responsekosten und ebenso hohem absoluten Response.

Dieses Ziel wurde nicht ganz erreicht, da aufgrund der begrenzten Adreßanzahl die „guten Adressen“ vorher bereits erschöpft waren, was der Aussagekraft des Tests aber nicht schadet. Insgesamt wurden 341 Adressen mit einer erwarteten Response von 42,4 % ausgewählt.

Wie unter Punkt 3 wurde erneut unterstellt, daß sich der bereits vorab bekannte Ist-Response eingestellt hätte, wenn nur die Adressen in unserem simulierten Hauptmailing angesprochen worden wären.

Das Ergebnis ist überzeugend (vgl. Abbildung 7): Die simulierte Responsequote beträgt 48,4 % und liegt damit dramatisch höher als ohne Einsatz der vorgeschlagenen Methodik. Anstelle von 11.281 wurden nur 1.366 (= 1.025 + 341) Briefe versandt, wodurch sich die direkten Mailingkosten auf ca. 12 % der ursprünglichen Kosten reduzieren ließen.

Segment	**Mailout**	**Response-quote**	**Response**
a) Gesamtdaten (= tatsächlich durchgeführtes Mailing ohne Testmailing)	11281	1,94 %	219
b) Simuliertes Testmailing (= Stichprobe aus a))	1025	1,66 %	17
c) Simuliertes Hauptmailing (mit den aus b) gewonnenen besten Adresstypen)	341	48,4 %	165

Abb. 7: Ergebnisse im Vergleich

5.3 Automatisierte Abweichungsanalyse

Auf Grundlage des Testmailings stehen Daten zur Verfügung, mit denen sich die Performanceanalyse mit Hilfe einer weiteren Methode von DeltaMiner noch deutlich verfeinern läßt. Zunächst werden die im Testmailing festgestellten Responsequoten als Responseerwartungswerte auf jeden für das Hauptmailing selektierten Datensatz übertragen. Nach Erfassung des Ist-Response ermittelt DeltaMiner automatisch die Differenz zwischen erwartetem und Ist-Response, woraus weitere Kennzahlen errechnet werden können (vgl. Abbildung 8). Mit dem Ziel, ebenso viele Antworten (abzüglich der bereits im Testmailing erreichten Antworten) zu erhalten wie im ungetesten Mailing (219 – 17 = 202), errechnet das System auf Basis der im Testmailing erreichten Responsequoten verschiedene Erwartungswerte: Benötigt würde ein Mailout mit 476 Adressen, der bei einem erwarteten Response von gut 42 % zu 202 Antworten führen sollte. Da der verfügbare Adreßbestand jedoch nicht ausreichend viele Adressen mit den gewünschten Adreßtypen enthält, ist nur ein Mailout mit 341 Adressen realisierbar.

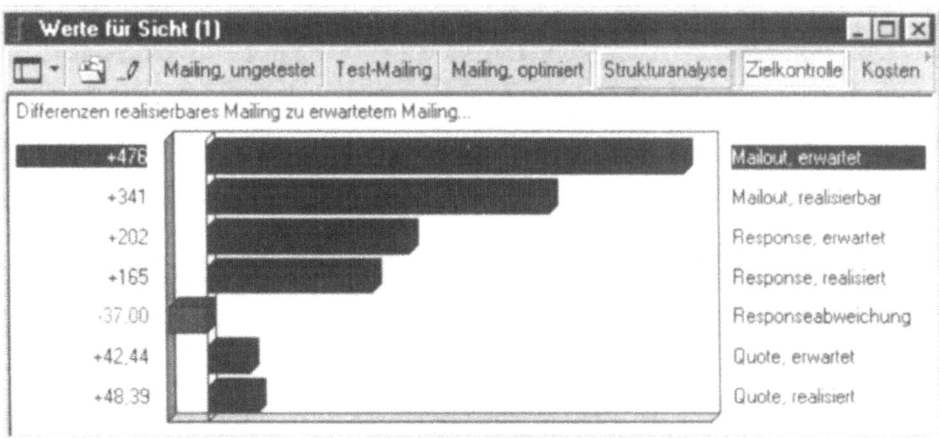

Abb. 8: Schema für die Zielkontrolle

Um nun die Ergebnisse des Mailings transparent zu machen, ist in DeltaMiner eine spezielle Form der Abweichungsanalyse implementiert, die bereits im Controlling erfolgreich angewandt wird, um Deckungsbeitragsabweichungen in einzelne, greifbare Effekte zu zerlegen. Diese sogenannte Deckungsbeitragsflußrechnung wurde von Link entwickelt und veranschaulicht, welcher Anteil einer Deckungsbeitragsabweichung jeweils auf Mengen-, Preis-, Struktur- und Kostenänderungen zurückzuführen sind. Damit werden auch Fälle treffsicher erkannt, in denen sich Gesamtmengen und Preise nur unwesentlich verändert haben, aber erhebliche Gewinnveränderungen dadurch eintreten, daß sich die Mengen anders als geplant auf Sortimentsbestandteile verteilen.

Wir haben diese Methodik so angepaßt, daß sie als sogenannte Strukturanalyse auch Responseabweichungen in die bei Mailouts relevanten Größen zerlegen kann (vgl. Abbildung 9):

- **Adreßmangel**
  Allein wegen fehlender Adressen im verfügbaren Bestand hätte der Response bereits (statistisch betrachtet) um gut 60 Antworten unter dem Ziel gelegen.
- **Strukturabweichung Adreßtyp**
  Ein vernachlässigbarer Einfluss (- 1,3 Antworten) geht im hier analysierten Fall auf das Konto einer leichten Gewichtsverschiebung zwischen den Adreßtypen: Vom besten Adreßtyp lagen etwas weniger, vom zweitbesten etwas mehr, als nach den Daten des Testmailings zu erwarten gewesen wäre, im verfügbaren Adreßbestand vor.

Einfluß Responsequote: Die Responsequote lag sogar etwas höher als erwartet, so gegenüber der Erwartung gut 25 Antworten gewonnen wurden, wodurch der Adreßmangel gut kompensiert werden konnte.

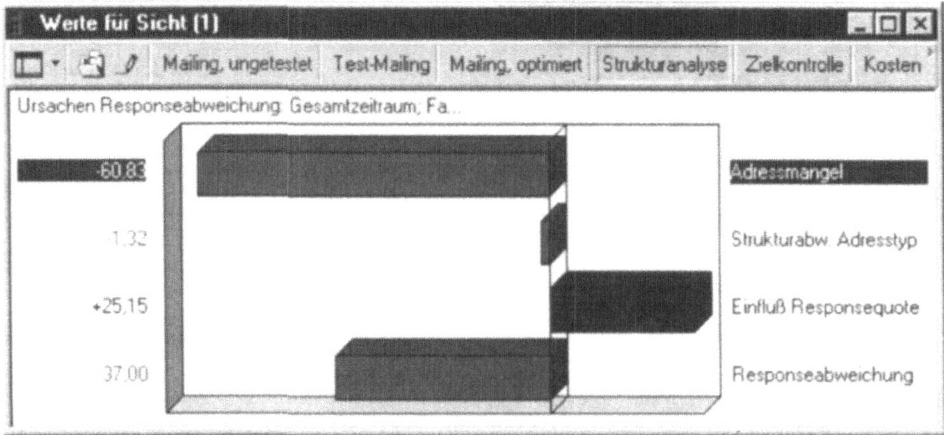

Abb. 9: Die Strukturanalyse zerlegt die Responseabweichung in einzelne, greifbare Effekte

Diese einzelnen Effekte saldieren sich schließlich zu der eingetretenen Responseabweichung von - 37 Antworten. Damit liegen alle Einflußgrößen sowohl in der Planungsphase als auch nach Abschluß transparent vor, wodurch eine zielgenaue Steuerung von Mailingaktionen möglich wird.

6 Schlußbetrachtung

Anhand der Fallstudiendaten ließ sich illustrieren, welchen konkreten, finanziell meßbaren Nutzen moderne Verfahren der Datenanalyse erschließen. Das gezeigte Verfahren ist generell geeignet, um abgeschlossene Mailingaktionen auf ihr ungenutztes Perfomancepotential zu untersuchen, so daß im Gegensatz zu vielen anderen Bereichen des Data Mining ein objektivierbares Instrument zur Verfügung steht, den finanziellen Nutzen schon vor Einsatz der Methode zu prüfen. Zu diesem Zweck teilt man - wie oben beschrieben - vorhandene Mailingdaten in ein (simuliertes) Testmailing und einen Bestand "freier" Adressen, aus dem das System automatisch das (simulierte) Hauptmailing konfiguriert. Alle zur Ermittlung des Steigerungspotentials notwendigen Werte werden dann vom System ermittelt.

Die Fallstudiendaten zeigten ein außergewöhnlich hohes Optimierungspotenzial. Die sehr extremen Ergebnisse machen auch deutlich, daß die vorliegende Aktion besonders schlecht angelegt war. Weitere Untersuchungen, die wir gemeinsam mit Direktmarketingagenturen derzeit durchführen, bestätigen jedoch die gefundenen Ergebnisse. Selbst bei Mailingaktionen, die äußerst sorgfältig mit herkömmlichen Mitteln angelegt waren, ließ sich ein Steigerungspotential für den Response von rund 30 % aufzeigen.

Häufig wird diskutiert, ob der direkte Response, auf dessen Steigerung wir uns im vorliegenden Beitrag konzentriert haben, ein geeigneter Maßstab für den Erfolg von Direktmarketing sein kann, wenn das eigentliche Ziel der Verkauf darstellt und nicht z.B. das Anfordern von Prospektmaterial. Wenn man diesem Einwand folgt, genügt es, die Mailoutdaten mit den Verkaufsdaten zu koppeln und somit die Grundlage dafür zu schaffen, den Mailout mit dem Verkauf zu vergleichen. Ansonsten bleibt die gezeigte Vorgehensweise identisch.

Energieversorgung

Vom Data Warehouse zur Data Mining-Anwendung - ein Beispiel aus der Energieversorgung

Helge Petersohn, Peter Heine

Inhalt

1 Einleitung

In den letzten Jahren wurde in der VNG - Verbundnetz Gas Aktiengesellschaft Leipzig (VNG) ein Managementinformationssystem (MIS) entwickelt, welches seine Daten aus einer auf dem Data-Warehouse-Konzept basierten Datenlogistik-Lösung bezieht ([EhPH98], [EhHe98]). Über die zugrundeliegenden Berichtsprozesse hinaus ergeben sich für das Management auch Fragestellungen, die von dem existierenden MIS nicht ausreichend beantwortet werden können. Es besteht daher ein Informationsbedarf, der mit den existierenden Methoden der Informationsbereitstellung nicht befriedigt werden kann. Ein Beispiel hierfür ist das Interesse des Managements für das aktuelle Gasabnahmeverhalten in Übergabestationen. Dazu soll für Stationen mit fehlender täglicher Datenbereitstellung aufgrund von Ähnlichkeiten zu Stationen mit bekannten Daten das zu erwartende Abnahmeverhalten frühzeitig prognostiziert werden. Hierfür wird eine Komponente innerhalb des MIS benötigt, welche unter Nutzung eines Data Mining-Verfahrens die Ähnlichkeiten zwischen Stationen erkennt, diese interpretiert und Gasabnahmeverläufe abschätzt. Die Daten für das MIS werden von einer Data Warehouse-Lösung zur Verfügung gestellt. Warum und in welchem Umfang bei VNG diese Lösung genutzt wird, welcher Zusammenhang zwischen MIS, Data Warehouse- und Data Mining-Prozessen besteht und welche Methode zum Data Mining für diese Problemstellung von besonderem Interesse ist, wird in diesem Beitrag beschrieben.

2 Managementunterstützung bei VNG

Unter einem Management Support System (MSS) verstehen die Autoren ein rechnerbasiertes System, dessen Komponenten die Informationsbereitstellung sowie die Entscheidungs- und Kommunikationsprozesse für Managementaufgaben unterstützen. Dieser Beitrag beschäftigt sich mit einem System zur Informationsbereitstellung, welches im folgenden als MIS und in der konkreten Ausprägung für die VNG als Verbundnetz Gas Informationssystem (VIS) bezeichnet wird.

Ausgangspunkt für die Entwicklung des VIS in der VNG war die Forderung des Vorstands nach dem Ausbau der computergestützten Berichterstattung (vgl. Abbildung 1). Insbesondere sollten kaufmännische Kennzahlen in verschiedenen Variationen für Vergangenheit, Gegenwart und Zukunft in geeigneter Weise präsentiert werden. Für das Verkaufsgeschäft bestand zudem die Möglichkeit, eine zeitliche und kundenbezogene Detaillierung der Absatz- und Umsatzdaten zur Verfügung zu stellen.

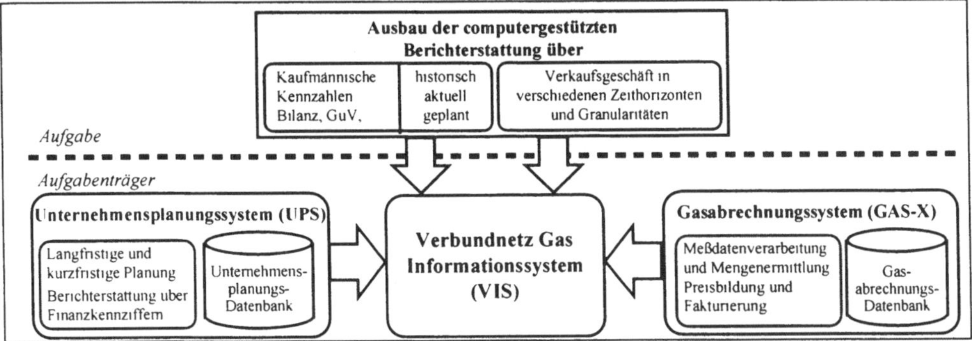

Abb. 1: Aufgaben und Ausgangssysteme für das VIS

Wichtige Datenlieferanten des VIS sind:

- das Unternehmensplanungssystem (UPS) auf Basis der EIS-Komponente von SAP R/3 als Datenquelle für kaufmännische Daten und
- das Gasabrechnungssystem GAS-X als Datenquelle für gaswirtschaftliche Daten.

Die Präsentation von Information im VIS wurde relativ unkompliziert realisiert und fand schnell eine große Verbreitung [HePe98, 79]. Die Berührungspunkte zwischen dem VIS und den Aktivitäten im Unternehmen (Anwendungssystementwicklung, operative Geschäftsprozesse, Management) nahmen und nehmen zu und sie werden vielfältiger, was sich in den folgenden Aspekten niederschlägt:

- Erweiterung des Nutzerkreises: Das System verbreitet sich sowohl horizontal innerhalb einer Managementebene als auch vertikal, ausgehend vom Vorgesetzten zu den unterstellten Mitarbeitern.
- Erweiterung der Inhalte: Es entwickelt sich ein wachsender Bedarf an multidimensionalen Informationen mit z.T. hohem Detaillierungsgrad.
- Differenzierung der Inhalte für unterschiedliche Zielgruppen: Datenschutz und unterschiedliche Voraussetzungen bei den Anwendern erfordern eine starke Differenzierung bei der Bereitstellung von Information.

Daher sind kontinuierlich informationstechnische und organisatorische Maßnahmen zu ergreifen, um ein reibungsloses Funktionieren des VIS zu gewährleisten. Das System wird nach einer Entwicklungs- und Nutzungszeit von ca. 2,5 Jahren im gesamten Vorstand und in verschiedenen Managementebenen in allen Vorstandsbereichen bei ca. 40 Personen eingesetzt.[1]

3 Data Warehouse-basierte Datenlogistik

3.1 Einordnung von Datenlogistik und Data Warehouse-Konzept

Für die Informationsbereitstellung im VIS wird eine konsistente Datenbasis benötigt. Diese setzt sich aus unterschiedlichen unternehmensinternen und externen Datenquellen zusammen. Es sind damit Prozesse zu definieren, welche die Steuerung und Regelung von Datenflüssen zwischen Lieferanten und Empfängern unter Berücksichtigung räumlicher und zeitlicher Aspekte übernehmen. Datenlieferanten und -empfänger können aus unterschiedlichen Betrachtungsebenen einerseits als Anwendungssysteme (maschinelle Aufgabenträger) und andererseits als Organisationseinheiten (personelle Aufgabenträger) aufgefaßt werden.

Alle inner- und zwischenbetrieblichen Transport-, Lager- und Umschlagsvorgänge, die sich klassischerweise auf Güter beziehen, lassen sich auf Daten übertragen. Das Ziel dieser Logistik besteht darin, eine termin-, mengen- und qualitätsgerechte Versorgung des Kunden „Manager“ mit dem Produkt „Information“ zu gewährleisten.

Um dieses logistische Problem zu beherrschen, sind genaue Kenntnisse notwendig über

- die Berichtsprozesse (prozeßorientierte Betrachtung) und
- die Komponenten des betrieblichen Informationssystems, die von diesen Prozessen betroffen sind (objektorientierte Betrachtung)[2].

Abbildung 2 zeigt am Beispiel der VNG, wie Komponenten des betrieblichen Informationssystems Daten für das VIS liefern.

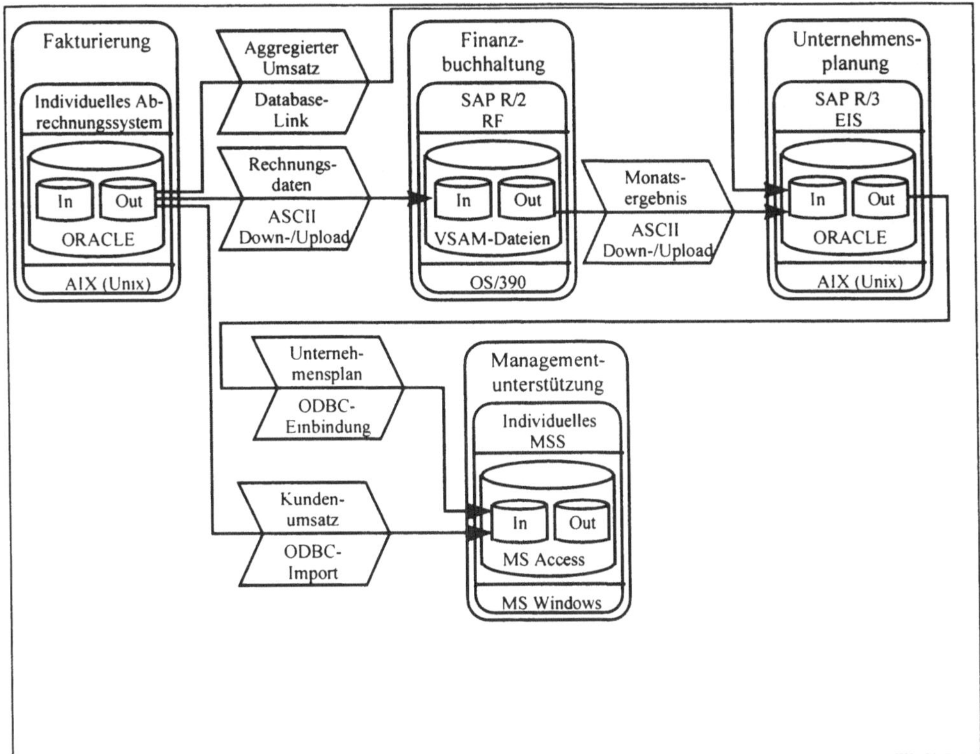

Abb. 2: Objektorientierte Betrachtung der Datenlogistik

Abbildung 2 liegt eine objektorientierte Betrachtungsweise zugrunde, während in Abbildung 4 bezogen auf den gleichen Kontext, die Prozesse fokussiert sind. Dies soll verdeutlichen, daß für die Datenlogistik

- objektorientierte Aspekte der Verteilung und Dezentralisierung sowie
- prozeßorientierte Aspekte der Integration und Steuerung

zu berücksichtigen sind.

Ein möglicher Ansatz für die Beherrschung o.g. Probleme ist das Data Warehouse-Konzept. Das Data Warehouse soll geschäftsbereichs- und informationssystemübergreifende Aufgaben unterstützen. Dazu bedarf es einer geeigneten Kombination zentraler und dezentraler Informationssystem- und Organisationsstrukturen (vgl. Abbildung 3) [Hein99, 38ff.].

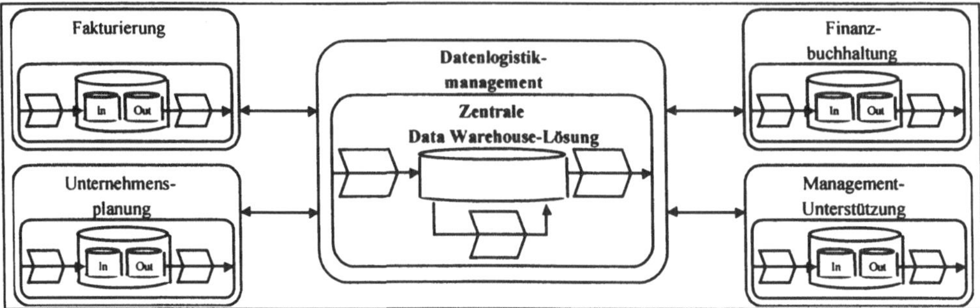

Abb. 3: Data Warehouse-Lösung als Datenlogistikmanager

3.2 Kurzdarstellung der Data Warehouse-Lösung

Entwicklung und Anwendung des VIS führten zu der Erkenntnis, daß die Datenauswertung in einem MIS auf einer leistungsfähigen Data Warehouse-Komponente aufbaut, welche die notwendigen Daten aus verschiedenen Anwendungssystemen zusammenfaßt und bereitstellt. Basierend auf Standardprotokollen werden über Schnittstellen Daten unterschiedlicher Datenquellen (z.B. UPS, GAS-X) importiert, weiterverarbeitet und präsentiert. Dabei gelangen die Daten aus Oracle-Datenbanken über TCP/IP, SQL*Net und ODBC (Open Database Connectivity) in eine zentrale Datenhaltung.

Weitere Informationen, z.B. Daten des Einkaufs, werden als Dateien direkt über OLE ins System eingebettet. Dies bietet sich dort an, wo bereits vorhandene Berichte über das VIS präsentiert werden sollen. Zudem besteht die Möglichkeit der Dateneingabe über Bildschirmmasken. In Abbildung 4 sind die für das VIS relevanten Datenpfade dargestellt. Mit der Data Warehouse-Lösung für das VIS waren datenseitige Ausgangsbedingungen für weitere Analysen zur Managementunterstützung geschaffen worden. Das im folgenden geschilderte Teilproblem der Data Mining-Anwendung erfordert jedoch Erweiterungen in der Datenlogistik. Die davon betroffenen Bereiche sind in Abbildung 4 markiert und werden in Abbildung 5 vorgestellt.

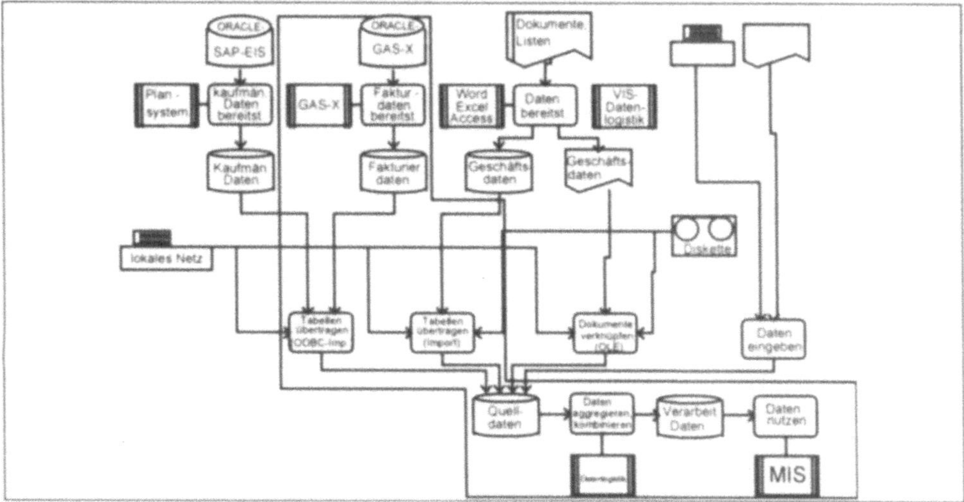

Abb. 4: Datenpfade des VIS[3]

4 Data Mining-Anwendung

4.1 Betriebswirtschaftliche Problemstellung und Lösungsvorschlag

Aus der Nutzung des VIS durch verschiedene Managementebenen erwachsen während des Betriebs ständig neue Wünsche an die Informationsbereitstellung mit entsprechenden Vorgaben an die zugrundeliegende Datenbasis. Insbesondere ergeben sich Anforderungen bezüglich

- der Aktualität,
- der Detailliertheit und
- der Qualität der Daten.

Ein Hauptproblem für die zeitnahe Bereitstellung von Informationen kann darin bestehen, daß die zugrundeliegenden Daten in dieser Form in keinem existierenden Anwendungssystem enthalten sind. So soll beispielsweise das Absatzverhalten von Kunden an bestimmten Übergabestationen im aktuellen Monat möglichst mit exakten tagesaktuellen Abnahmewerten angegeben werden. Dazu müssen Methoden zum Einsatz kommen, welche Daten aus den existierenden operativen Systemen bzw. dem Data Warehouse verarbeiten und Informationen in der entsprechenden Aktualität, Detailliertheit und Qualität produzieren.

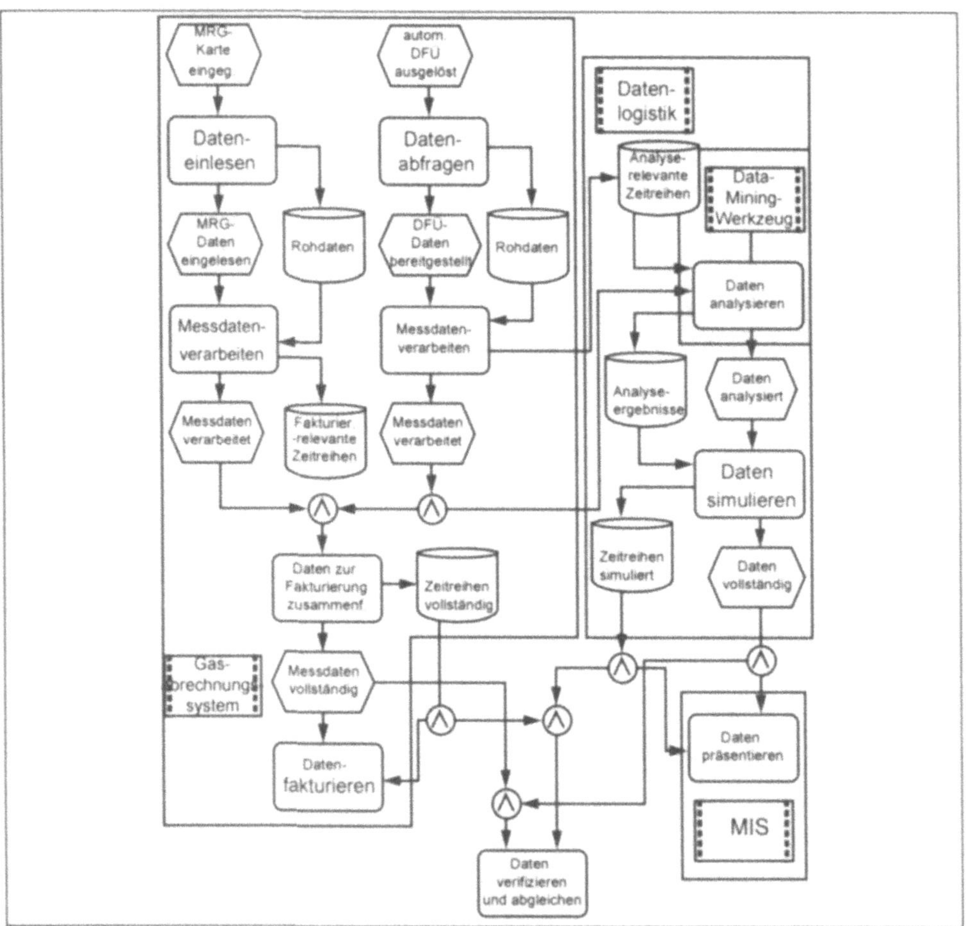

Abb. 5: Bereitstellungsprozeß der Gasabnahmedaten von Übergabestationen

Der dazu notwendige Datenbereitstellungsprozeß ist in Abbildung 5 dargestellt. Die in Abbildung 4 im markierten Bereich aufgeführten Anwendungssysteme sind hier identifizierbar. In Abbildung 5 sind die in den einzelnen Teilsystemen ablaufenden Teilprozesse separiert. Es wird wiederum die enge Verknüpfung von Datenbereitstellung im operativen Gasabrechnungssystem, Datentransformation in der Data Warehouse-Komponente und Datenverwertung im VIS deutlich. Die Einordnung von Data Mining-Verfahren ist gekennzeichnet.

Die für das Abnahmeverhalten relevanten tagesbezogenen Daten werden in den Kunden-Übergabestationen gemessen und in Meßwertregistriergeräten (MRG) gespeichert. Die Daten einiger Übergabestationen werden vom Gasabrechnungssystem tagesaktuell über Datenfernübertragung (DFÜ) aus den Meßwertregistriergeräten extrahiert. Diese DFÜ erfolgt nachts im Batch für die Daten des Vortages. In anderen Übergabestationen werden die Daten auf Datenträgern, sogenannten MRG-Karten gespeichert, am Monatsende per Post transferiert und in das Gasabrechnungssystem eingelesen. Diese Verfahrensweise ist für Fakturierungszwecke im operativen Betrieb ausreichend. Alle Zeitreihen liegen im Gasabrechnungssystem für die Rechnungserstellung zum erforderlichen Zeitpunkt und in der erforderlichen Qualität vor. Für die Managementunterstützung besteht im Gegensatz dazu die Forderung, alle Mengendaten des Vortages in detaillierter und aggregierter Form zu präsentieren. Für diesen Zweck ist die bisherige Form der Datenerhebung nicht ausreichend. Während die aus der DFÜ stammenden Daten in der erforderlichen Aktualität vorliegen, trifft dies für die über MRG-Karten transferierten Daten nicht zu. Die Abnahmemenge wird jeweils erst Anfang eines jeden Folgemonats bekannt. Die Zielstellung besteht darin, aus den vorhandenen (DFÜ-)Daten die fehlenden Daten mit geeigneten Algorithmen zu ermitteln.

Dazu ist folgendes Vorgehen zweckmäßig: Die Zeitreihen für Stationen mit fehlenden Meßwerten sollen durch Analyse von Ähnlichkeiten zu Stationen mit vorhandenen Zeitreihen ermittelt werden. Jede Station weist i.d.R. ein charakteristisches Abnahmeverhalten auf, daß durch Einflußgrößen wie Region, Temperatur und Wochentag begründet ist. Stationen mit ähnlichen Einflußgrößen haben demzufolge auch ein ähnliches Abnahmeverhalten. Ist man in der Lage, diese Ähnlichkeiten zu klassifizieren, können für Stationen mit fehlenden Meßwerten über Referenzstationen der gleichen Klasse mit vorhandenen Meßwerten die Zeitreihen simuliert werden. Dazu sind geeignete Klassifikationsverfahren zu untersuchen, mit denen die Ähnlichkeit von Stationen in bezug auf ihr Abnahmeverhalten festgestellt werden kann. Eine Verifikation der Klassifikationsergebnisse ist anhand der ermittelten Ist-Daten möglich.

Das beschriebene Klassifikationsproblem läßt sich von Übergabestationen auf verschiedene Objektgranularitäten übertragen, so z.B. auf Kunden oder Regionen mit ähnlichem

Verhalten. Die Klassifikationen können neben der hier beschriebenen Zielstellung der aktuellen Information in VIS auch für andere Zwecke eingesetzt werden:

- Durch den Ausfall von Meß- bzw. Registriergeräten stehen fakturierungsrelevante Meßdaten oft nicht bzw. nur unvollständig zur Verfügung. Hier können die Klassifikationsergebnisse dafür eingesetzt werden, Ersatzwerte für fehlende Zeiträume anhand von klassifizierten Referenzstationen zu bilden.
- Die Klassifikationen können der kurzfristigen Prognose von Absatzmengen dienen, indem für Stationen einer Klasse anhand charakteristischer Einflußgrößen das zukünftige Abnahmeverhalten prognostiziert wird.

Lösungsansatz

Aus methodischer Sicht stellen

- die Datenbeschaffung und Datenaufbereitung,
- die Methodenauswahl für das Auffinden von Ähnlichkeiten,
- der Einsatz der Methoden und Bewertung der Lösungsgüte und
- die Interpretation der Ergebnisse

Hauptaufgaben dar.

Die in diesem Beitrag relevanten Daten werden vom Data Warehouse zur Verfügung gestellt. Da es sich um ein Klassifikationsproblem handelt, ist es zweckmäßig, verschiedene Konstellationen selbstorganisierender Karten (SOM) auf ihre Eignung zur Problemlösung zu untersuchen. Je nach gewünschtem Ähnlichkeitsmaß, welches auch unter Berücksichtigung der Skalierung der Daten zu wählen ist, werden die Güten der Analysen ermittelt.

4.2 Klassenbildung mit Hilfe von SOM

4.2.1 Einordnung von SOM

Bezüglich der vom Benutzer verfolgten Zielstellung kann zwischen unterschiedlichen Problemklassen für den Data Mining-Prozeß differenziert werden [Nimi96, 10 ff.]. In Abbildung 6 sind drei wichtige Problemklassen, deren grobe Inhalte und Beispielverfahren zusammengestellt.

Problemklassen	**Inhalt**	**Beispiel für Verfahren**
Klassifizierung	Einordnung der Daten in vordefinierte Klassen	ID3 Algorithmus, Attributorientierte Induktion, Überwacht lernende KNN (z.B. Backpropagation-Netze)
Klassenbildung (Clusterung)	Selbständiges Auffinden einer Klasseneinteilung und Einordnen der Daten in die Klassen	Multivariate statistische Verfahren zur Clusteranalyse, Nichtüberwacht lernende KNN (z.B. **Self Organizing Map**, Adaptive Resonance Theory)
Prognose	Funktion aus verfügbaren Daten, die den Zusammenhang beschreibt und für Prognosen genutzt wird	Multivariate statistische Verfahren zur Regressionsanalyse, Überwacht lernende KNN (z.B. Backpropagation Netze)

Abb. 6: Data Mining – Ausgewählte Problemklassen

Für die Durchführung des Data Mining stehen zwei verschiedene Strategien zur Verfügung: das Verification Model und das Discovery Model. Beim **Verification Model** geht man von einer Hypothese des Benutzers aus, die mit den zur Verfügung stehenden Daten auf ihren Wahrheitsgehalt überprüft wird. Der Schwerpunkt liegt dabei beim Benutzer, der für die Formulierung der Hypothese sowie für die Datenbankanfrage verantwortlich ist [Dill95]. Nachteilig kann dieser Strategie angelastet werden, daß keine neuen Informationen aus den vorhandenen Daten gewonnen oder automatisch neue Hypothesen aufgestellt werden. Das **Discovery Model** unterscheidet sich vom Verification Model dahingehend, daß die Entdeckung neuen Wissens automatisch erfolgt. Die Daten werden nach auffälligen Mustern und Trends durchsucht, ohne die Hilfe des Benutzers in Anspruch nehmen zu müssen. Das System ist somit in der Lage, automatisch Hypothesen zu generieren und sie sofort zu prüfen [Dill95].

In diesem Beitrag wird nach dem Verification Model verfahren. Als Data Mining-Algorithmus dienen SOM.

4.2.2 Eigenschaften von SOM

SOM sind künstliche neuronale Netze, beschrieben durch einen Graphen mit einer Menge von Knoten (Neuronen) und Kanten, welche die Knoten verbinden. Die Verbindungen besitzen Gewichte, die sich nach spezifischen Vorschriften verändern (vgl. Abbildung 7). Diese Veränderung erfolgt in zahlreichen Schritten und wird als Lernen bezeichnet. So ist es möglich, Objekte (Problemfälle, Muster) für verschiedene Anwendungsaufgaben abzubilden und diese Abbildungen auszuwerten. SOM lernen nichtüberwacht unter Nutzung einer Competitive Strategie. Diese Form des Lernens bewirkt einen Wettbewerb zwischen Neuronen (den Kartenneuronen), welche für die Repräsentation von einander proximativen Objekten verantwortlich sind.

Der Lernprozeß und die Nutzung der Lernergebnisse einer SOM werden im folgenden beschrieben [Koho95, 78 ff.].

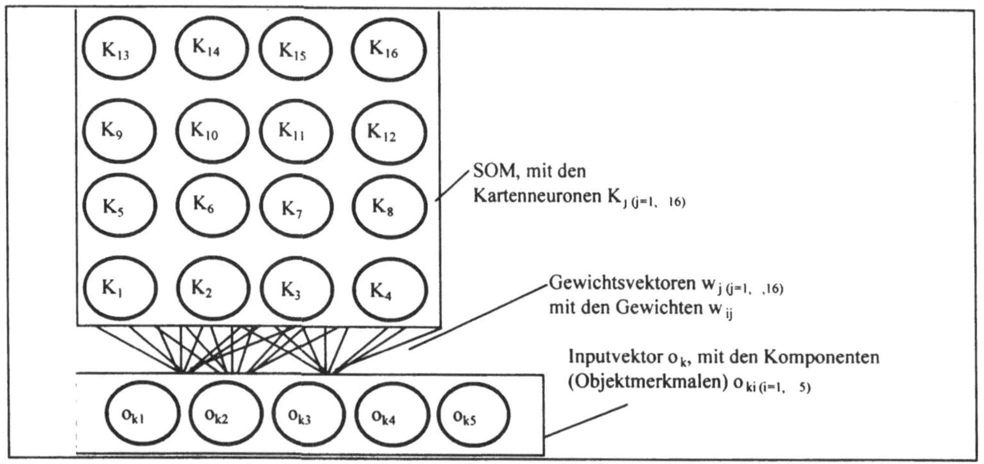

Abb. 7: Beispiel einer SOM

Lernphase:

1. Festlegen der Anzahl von Neuronen auf der Karte. (Die maximale Anzahl zu bildender Klassen ist durch die Anzahl der Kartenneuronen begrenzt.)

2. Berechnung der Euklidischen Distanz $ED_j(o_k,w_j)$ zwischen dem Gewichtsvektor w_j (Vektor, dessen Komponenten die Kantengewichte von allen Inputneuronen zu einem

Kartenneuron K_j sind) und dem normierten Eingabevektor o_k eines Objektvektors x_k für alle Kartenneuronen:

$$ED_j(o_k, w_j) = \sqrt{\sum_{i=1}^{m} \left(w_{ij} - o_{ki}\right)^2}$$

$ED_j(o_k,w_j)$ Euklidische Distanz zwischen normiertem Eingabevektor o_k und Gewichtsvektor w_j zum Kartenneuron K_j

w_{ij} Gewicht zwischen Inputneuron o_{ki} und Kartenneuron K_j

Das Kartenneuron K_j, welches für einen Eingabevektor die kleinste Distanz $ED_j(o_k,w_j)$ besitzt, wird als gewinnendes Kartenneuron K_z bezeichnet.[4]

3. Lernen der Daten durch Verschiebung der Gewichtsvektoren um den Betrag Δw_j

$\Delta w_j = \eta\, e_{zj}\, (o_k - w_j(t))$, mit

$e_{zj}(t) = e$

$\eta(t)$ Lernrate, die vorgibt, wie stark sich der Gewichtsvektor in Richtung des Eingabevektors verschieben soll.

$e_{zj}(t)$ Funktion zur Berechnung der "Erregungsausbreitung" (Nachbarschaftsfunktion)

$o_k(t)$ normierte Inputvektor für Objekt k

$w_j(t)$ Gewichtsvektor zum Kartenneuron K_j im Lernschritt t

p_j und p_z.. Ortsvektoren der Neuronen K_j und K_z

$\sigma(t)$ Lernradius

$w_j(t+1) = w_j(t) + \Delta w_j$

Die nachfolgende Abbildung zeigt, wie sich als Lernschritt der Gewichtsvektor des gewinnenden Neurons ($e_{zj}=1$) in Richtung des Eingabevektors verschiebt.

In diesem Schritt muß eine Entscheidung über die Lernrate getroffen werden. Von ihr hängt die Geschwindigkeit des Lernens und der Lernerfolg ab. Es gibt bisher wenig Anhaltspunkte über die korrekte Wahl der Lernrate. Für diesen Beitrag wurden verschiedene Lernraten (0,5 und 0,75) verwendet.

Die Schritte 2 und 3 werden entsprechend der Nutzervorgabe wiederholt.

Recallphase:

4. Berechnung aller Distanzen $ED_j(o_k, w_j)$ (vgl. Schritt 2) anhand der gelernten Gewichtsmatrix. Das Kartenneuron K_j mit der kleinsten Distanz $ED_j(o_k, w_j)$ repräsentiert die Klasse, in welche auf diese Weise der aktuelle Eingabevektor (das aktuelle Objekt) eingeordnet wird. Schritt 4 wird für jedes Objekt einmal abgearbeitet.

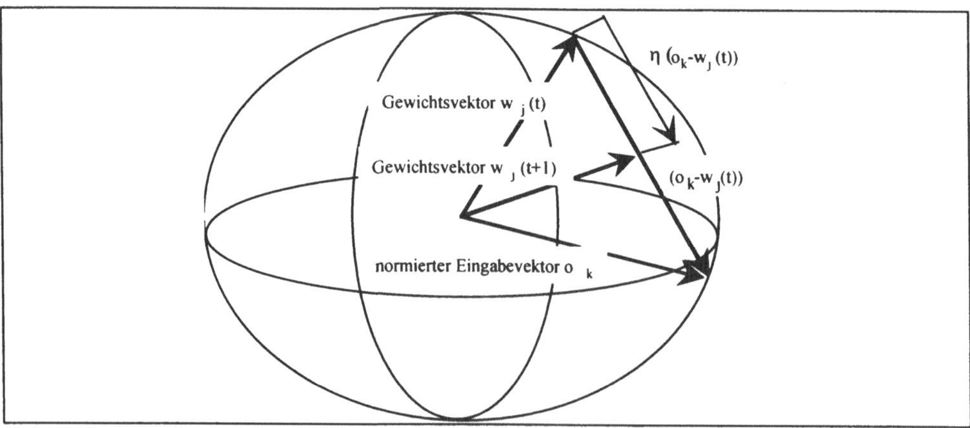

Abb. 8: Verschiebung des Gewichtsvektors in Richtung des Eingabevektors

Für das hier verwendete Beispiel wurden SOM mit einer Größe von 5x5 bis 10x10 Neuronen auf der Karte getestet. Dazu wurden Netze variiert mit 5x5 Neuronen, Lernraten von 0,5 und 0,75 sowie einer Anzahl an Lernschritten von 10.000, 20.000 und 30.000. Für eine SOM mit bspw. 5x5 Neuronen können sich nach der Recallphase Zuordnungen der Stationen zu 25 Kartenneuronen ergeben. Es sind theoretisch so viele Klassen zu bilden, wie die SOM Neuronen besitzt. Ein Recall liefert die Aktivität von Kartenneuronen für jedes Muster. Daraus läßt sich die Zuordnung eines Musters zu einer Klasse ableiten.

4.2.3 Datenaufbereitung

Die für die Analyse relevanten Daten werden als Zeitreihen aus der Oracle-Datenbank des Gasabrechnungssystems extrahiert (vgl. Abbildung 5) und im Warehouse in eine für das Data Mining-Werkzeug erforderliche Form transformiert. Die Übergabestationen werden durch einen eindeutigen Identifikationsschlüssel repräsentiert. Die Tests wurden mit Daten zweier Vergleichszeiträume (je ein Monat) von 561 Stationen durchgeführt.

Bevor die Meßwerte mit dem Ziel der Ähnlichkeitsanalyse einer SOM präsentiert werden, ist eine Normierung der Eingabedaten erforderlich. D.h. wenn der Profilverlauf der Merkmale von Objekten interessiert, ist es zweckmäßig, diese Mustervektoren auf die Länge 1 zu normieren. Dazu wird je Mustervektor ein Skalar berechnet. Das Produkt aus Skalar und jeweiligem Attributwert ergibt die neue Ausgangsgröße für jede Vektorkomponente.

Es gilt: $|o_{k_{normiert}}| = |\lambda \cdot o_k| = 1$, $\lambda = \dfrac{1}{\sqrt{\sum_{i=1}^{m} x_{ki}^2}}$ und $o_{ki} = \lambda \cdot x_{ki}$

λ	Skalar aus der Normierung des Mustervektors
x_{ki}	Ausprägung des Merkmals i (i=1,...,m) für ein Objekt k
o_{ki}	Ausprägung des Merkmals i für ein Objekt k auf Basis der Normierung des Eingabevektors x_k.

4.2.4 Beurteilung der Klassifikationslösungen

Für die praktische Anwendung von Klassifikationsverfahren stellt sich die Frage nach Kriterien, anhand derer beurteilt werden kann, ob eine Klassifikation einen Anwender zufriedenstellt oder nicht. Zur Beantwortung ist es außerordentlich wichtig, zwei prinzipiell verschiedene Möglichkeiten zu betrachten, die einer Entscheidung über die Güte der Klassifikation zugrundegelegt werden können [Pete97a, 123 ff.] (vgl. Abbildung 9):

1. Werden Klassen gesucht, deren Objekte einander ähnlich sein sollen, so richtet sich die Beurteilung nach einem **ähnlichkeitsbasierten** Gütekriterium.
2. Besteht hingegen das Analyseziel darin, Klassen anhand von Niveauunterschieden zu bilden, beruht die Gütebetrachtung auf einem **Distanzmaß**.

Aufgrund der Normierung der Eingabevektoren zur Berechnung des Gütekriteriums kann die Euklidische Distanz verwendet werden. Das hier verwendete Gütekriterium $g_{ED}(\Re)$ resultiert aus der Forderung an eine Klassenbildung nach hoher Innerklassenhomogenität bei möglichst heterogenen Klassen. Daraus läßt sich ein sehr gutes Maß für die Gesamtgüte einer Klassifikation $\Re$ ableiten. Es ist als Quotient aus den Innerklassenhomogenitäten und den Heterogenitäten zwischen den Klassen berechenbar [Pete97b, 145].

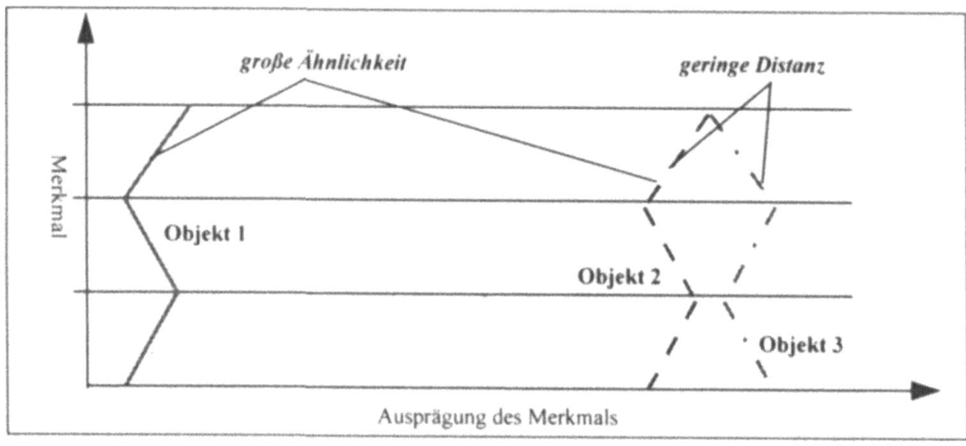

Abb. 9: Gegenüberstellung von Ähnlichkeit und Distanz als Hilfsmittel zur Entscheidung zwischen Ähnlichkeitsmaß oder Distanzmaß

Gütekriterien:

$$g_{ED}(\Re) = \frac{IKH}{HZK} \quad , \; IKH = \sum_{p=1}^{r} \sum_{\substack{x_s, x_t \in K_p \\ x_s \neq x_t}} ED(x_s, x_t), \; HZK = \sum_{k=1}^{r-1} \sum_{p>k}^{r} \sum_{\substack{x_t \in K_k \\ x_s \in K_p}} ED(x_s, x_t)$$

IKH	Summe der Innerklassenhomogenitäten über alle Klassen
HZK	Summe der Heterogenitäten zwischen je zwei verschiedenen Klassen über alle Klassen
r	Anzahl der Klassen einer Klassifikation $\Re$
K_k	Klasse k
K_p	Klasse p
$ED(x_s,x_t)$.	Euklidische Distanz zwischen je zwei Objekten x_s und x_t.

Dieses Gütekriterium erleichtert die Beurteilung der Analyseergebnisse hinsichtlich verschiedener SOM-Konstellationen.

Im Beispiel ergeben sich für die genannten Netze folgende Werte (vgl. Abbildung 10):

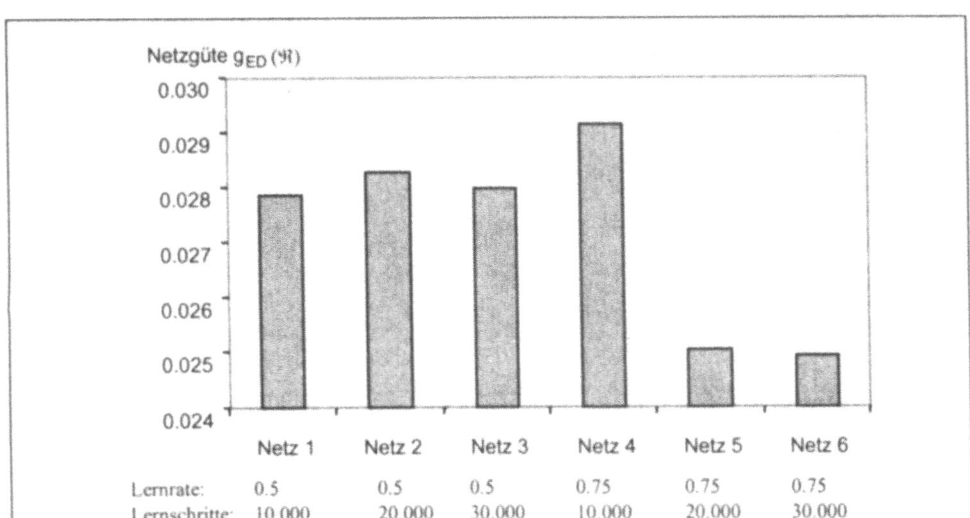

Abb. 10: Güte ausgewählter Beispiel-SOM

Die beste Klassifikationsgüte weist hier Netz 6 auf, welches im nächsten Abschnitt betrachtet wird.

4.3 Ergebnisse des Anwendungsbeispiels

Ausgangspunkt der Analysen war die Zielstellung, ein Verfahren zu untersuchen, welches möglichst genaue Prognosen im Gasabnahmeverhalten von denjenigen Übergabestationen ermittelt, bei denen keine automatische Datenfernübertragung erfolgen kann. Dazu wurden in diesem Fallbeispiel sechs SOM getestet und einer Gütebewertung unterzogen. Das danach beste Netz 6 entdeckte 23 Klassen (zu 2 Kartenneuronen erfolgte durch die SOM keine Musterzuordnung).

Für die Nutzung dieser Klassifikation zur Prognose wird folgendes Vorgehen vorgeschlagen: Für die vollständigen zur Klassifikation verwendeten Basisdaten werden je Klasse die Relationen hinsichtlich Volumen der Gasabnahmen bezogen auf die später zu prognostizierenden Stationen ermittelt. Im Prognosezeitraum werden diese mit den tatsächlichen Werten der verfügbaren Daten verrechnet. Bei vorausgesetzter Ähnlichkeit der Muster ergeben sich Richtwerte für die Gasabnahmen der restlichen Stationen. Damit verfügt das Management bereits im laufenden Monat in einem zu definierenden Konfidenzintervall über aktuelle Absatzdaten aller Übergabestationen.

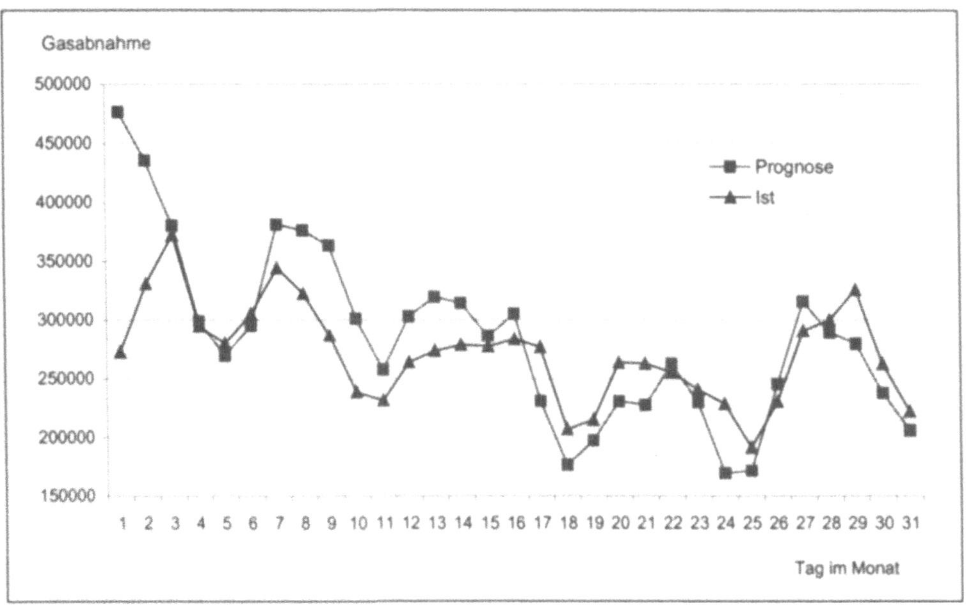

Abb. 11: Prognose und Ist der Gasabnahme am Beispiel von Station 1560 aus Klasse 22

Die prognostizierten Werte im Beispiel konnten anhand der im Anschluß verfügbaren Meßdaten verifiziert werden. Die Zeitreihen in Abbildung 11 bestätigen die grundsätzliche Eignung von SOM für derartige Aufgabenstellungen.

Eine mögliche Ursache für die Abweichungen der Werte dieses zufälligen Beispiels am ersten und zweiten Tag des Monats könnte der zeitweise Ausfall von Meßgeräten an dieser Station sein.

5 Zusammenfassung

In diesem Beitrag wurde gezeigt, wie die Nutzung von MIS zu neuen Anforderungen an die Informationsbereitstellung führt. Die hier vorgestellte Data Mining-Komponente bezieht einerseits ihre Daten aus der bisherigen Data Warehouse-Lösung, stellt andererseits eine Erweiterung dieser dar, indem durch Klassifikationsalgorithmen eine Basis für die Prognose fehlender Daten geschaffen wird.

Im vorgestellten Anwendungsfall wird der Zusammenhang zwischen Datenlogistik, Managementunterstützung und Data Mining-Komponenten deutlich. Wie in Abbildung 12 dargestellt, ist das Data Mining-Werkzeug Zielsystem der Datenbereitstellung aus den operativen Systemen und gleichzeitig Datenlieferant für das MIS und damit Grundlage der Informationsbereitstellung für Manager.

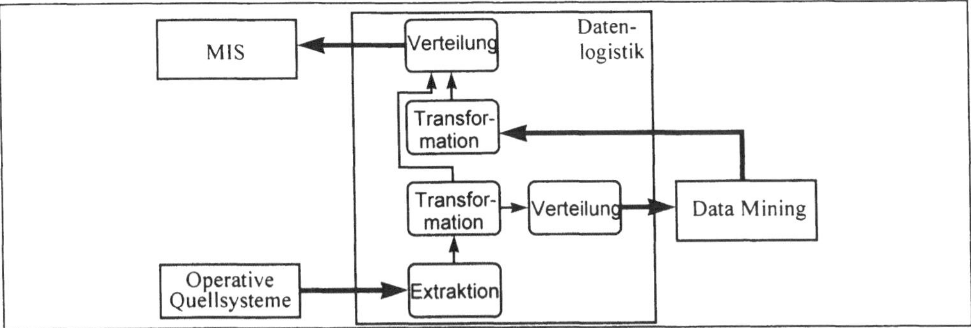

Abb. 12: Einordnung in den Datenbeschaffungsprozeß für das Data Warehouse

Mit der Anwendung von Data Mining-Methoden stehen zusätzliche Daten zur Verfügung,

- die Analysten und Managern im Unternehmen bereitgestellt werden können,
- die wiederum in die operativen Geschäftsprozesse einfließen und
- die Informationsdienstleistungen gegenüber Kunden ermöglichen.

Diese Anwendung stellt einen möglichen Ansatz für die Verbesserung der Versorgung mit Informationen zum Gasabnahmeverhalten für den praktischen Einsatz dar, muß jedoch noch Bestätigung finden. Außerdem sind für ein unternehmensweites Gesamtkonzept der Datenlogistik Funktionalitäten der Datengewinnung und Datenaufbereitung in existierenden und geplanten operativen Systemen, z.B. in einem Gasmanagementsystem (GMS), zu berücksichtigen.

Die hier beschriebene Vorgehensweise und verwendeten Algorithmen sind grundsätzlich für Klassifikations- und Prognoseprobleme geeignet und branchenübergreifend auf ähnliche Aufgabenstellungen, insbesondere für Analysen im Marketing, übertragbar.

Literatur

[BiHa93] BISSANTZ, N.; HAGEDORN, J.: Data Mining (Datenmustererkennung), in: *Wirtschaftsinformatik*, 35 (1993) 5, S. 481-487.

[Dill95] DILLY, R.: Data Mining - An Introduction, Student Notes, Version 2.0, The Queen's University of Belfast, December 1995 (http://www.pcc.qub.ac.uk/ tec/courses/datamining/stu_notes/; Okt.'97).

[EhHe98] EHRENBERG, D.; HEINE, P.: Konzept zur Datenintegration für Management Support Systeme auf der Basis uniformer Datenstrukturen, in: *Wirtschaftsinformatik* 40 (1998) 6 S. 503-512.

[EhPH98] EHRENBERG, D.; PETERSOHN, H.; HEINE, P.: Prozeßorientierte Datenlogistik für Managementinformationssysteme. In: HUMMELTENBERG, W. (Hrsg.): Information Management for Business and Competitive Intelligence and Excellence - Proceedings der Frühjahrstagung Wirtschaftsinformatik `98, Wiesbaden 1998, S. 163-178.

[FeSi94] FERSTL, O.; SINZ, E.: Grundlagen der Wirtschaftsinformatik, Band 1,2. Auflage, München 1994.

[FaPS96] FAYYAD, U.; PIATETSKY-SHAPIRO, G., SMYTH, P.: From Data Mining to Knowledge Diskovery: An Overview, in: FAYYAD, U., PIATETSKY-SHAPIRO, G., SMYTH, P., UTHURUSAMY, R.: Advances in Knowledge Discovery and Data Mining, AAAI/ MIT Press, Cambridge 1996.

[Hein99] HEINE, P.: Modular-integrierte Datenlogistik zwischen betrieblichen Anwendungssystemen, in: Proceedings des Doktorandenseminars zur WI `99, http:/wi99.iwi.uni-sb.de/de/Doktorandenseminar.html.

[HePe98] HEINE, P.; PETERSOHN, H.: Interdependenzen zwischen Data Warehouse, Managementinformationssystem und Geschäftsprozeßmodellen. In: *Information Management & Consulting* 13 (1998) 2, S. 78-82.

[Koho95] KOHONEN, T.: Self-Organizing Maps, Berlin Heidelberg 1995.

[Nimi96] NIMIS, J.: Einführung in die Methoden der Wissensgewinnung, in: BOL, G. et al. (Hrsg.): Wissensgewinnung aus großen Datenbasen, Seminar im Wintersemester 95/96, Universität Karlsruhe, Februar 1996, S. 1-18. (http://theseus.ubka.uni-karlsruhe.de/ira-techreport/1996/1996-08.html; Okt.'97).

[PeHe98] PETERSOHN, H.; HEINE, P.: Interdependencies between Data Warehouse Concept, Management Information System and Business Process Model, in: *Proceedings of the 6th European Conference on Information Systems*, 4.6. - 6.6. 1998, Aix-en-Provence, 1998, S. 1305-1319.

[Pete97a] PETERSOHN, H.: Vergleich von multivariaten statistischen Analyseverfahren und Künstlichen Neuronalen Netzen zur Klassifikation bei Entscheidungsproblemen in der Wirtschaft, Frankfurt am Main 1997.

[Pete97b] PETERSOHN, H.: Assesment of Clusteranalysis and Self-Organizing Maps, in: *International Journal of Uncertainty, Fuzziness and Knowledge-Based Systems*, 6 (1998) 2, S. 139-149.

[Sche98] SCHEER, A.-W.: ARIS-Modellierungsmethoden Metamodelle Anwendungen, 3. völlig neubearbeitete und erweiterte Auflage, Berlin/Heidelberg/New York 1998.

Anmerkungen

[1] Die betriebswirtschaftlichen Inhalte sind in [PeHe98] beschrieben

[2] Zur objektorientierten Modellierung betrieblicher Informationssysteme vgl. [FeSi98]. Zur prozeßorientierten Modellierung betrieblicher Informationssysteme vgl. [Sche98]

[3] Die Darstellungen wurden mit dem ARIS-Toolset der IDS Scheer AG erstellt.

[4] Aufgrund der Normierung der Eingabevektoren auf die Länge eins kann die Euklidische Distanz als Ähnlichkeitsmaß dienen.

Pharmaindustrie

Data-Warehousing im Pharma-Marketing

Jan Holthuis

Inhalt

1 Einleitung

Data Warehousing ist ein Thema, welches hauptsächlich durch die Anbieter von Informationssystemen und Informationstechnologie diskutiert und getrieben wird. Sicherlich ist leistungsfähige Informationstechnologie einer der kritischen Erfolgsfaktoren für Data Warehouse-Systeme, jedoch sind damit allein noch keine Informationen für Entscheidungsträger und Management generiert. Hierzu ist eine saubere konzeptionelle Vorarbeit zu leisten, was häufig unterschätzt wird.

Neben Daten, die in unternehmensinternen Informationssystemen entstehen (bspw. SAP-Systeme, Außendienstinformationssysteme, etc.), sind für viele Unternehmensbereiche Daten aus unternehmensexternen Quellen von Bedeutung. Diese heterogenen Daten zu harmonisieren und einander vergleichbar/verknüpfbar zu machen, ist eine wesentliche Aufgabe und auch eine Herausforderung beim Aufbau von Data Warehouse-Systemen.

In diesem Beitrag wird deshalb zunächst der Anwendungsbereich Pharma-Marketing mit seinen groben Anwendungsgebieten in den Kapiteln 2 und 3 näher beleuchtet. Aufgrund der Besonderheiten der Branche und der üblichen Vertriebswege werden im Pharma-Marketing in besonderem Maße externe Datenquellen genutzt. Eine Auswahl der wichtigsten Datenquellen wird daher im Kapitel 4 vorgestellt. Die konzeptionellen Aspekte und Problembereiche bei der Harmonisierung und Integration von Quelldaten in ein Data Warehouse sind in Kapitel 5 diskutiert. Der Beitrag endet mit Schlußbetrachtungen im Kapitel 6.

Die dargestellten Aspekte und Erfahrungen jenseits der Informationstechnologie entstanden während eines Data Warehouse-Projekts im Bereich Marketing / Vertrieb der Boehringer-Ingelheim Pharma KG. Das dadurch entstandene Data Warehouse-System arbeitet heute produktiv und enthält bereits einen Großteil der beschriebenen Datenquellen, wobei weitere Datenquellen zukünftig noch integriert werden. Es basiert auf einem relationalen Datenbanksystem, welches nach dem Star Schema modelliert ist. [Holt99, 196 ff.] Zur Abfrage und Auswertung der Daten kommt u.a. auch OLAP-Software zum Einsatz.

2 Der Pharmamarkt und seine Charakteristika

Der Markt für humanpharmazeutische Produkte besteht aus drei groben Marktsegmenten, in denen verschiedene Kunden durch völlig unterschiedliche Distributionskanäle versorgt werden. Somit ist auch das eingesetzte Marketing-Instrumentarium in diesen Marktsegmenten unterschiedlich ausgeprägt.

Ein Segment ist der Markt für rezeptpflichtige Pharmazeutika außerhalb von Kliniken. Hier ist nicht der Patient der Kunde, sondern der behandelnde niedergelassene Arzt trifft die Entscheidung über die Wahl des geeigneten Präparates. Nach den Kunden wird dieses Marktsegment - unspektakulär aber gängig - als „niedergelassener Bereich" bezeichnet. Die Distribution erfolgt vom Hersteller über den Pharmagroßhandel zur öffentlichen Apotheke und schließlich zum Patienten.

Ein anderes Segment ist demgegenüber der Markt für Pharmazeutika, die ein Verbraucher rezeptfrei in der Apotheke kaufen kann. Hier ist der Patient selbst Kunde. Man spricht auch vom Selbstmedikationsmarkt oder vom OTC[1]-Geschäft. Der Pharmahersteller beliefert die öffentliche Apotheke zum größten Teil direkt.

Das dritte Segment ist der Klinikmarkt. Hier ist neben den Ärzten auch der Apotheker einer klinikversorgenden Apotheke als Kunde zu verstehen, da dieser in der Regel die Verantwortung für die kostengünstige Beschaffung der Arzneimittel hat. Die Distribution erfolgt vom Hersteller über eine klinikversorgende Apotheke zur Klinik. Diese kann bei großen Kliniken direkt zu dieser gehören, bei kleineren Häusern kann die Versorgung über eine ortsansässige Apotheke, welche auch den öffentlichen Bereich versorgt, erfolgen.

Obwohl diese drei Marktsegmente gedanklich unterteilt sind, bestehen doch Schnittstellen und übergreifende Effekte. So werden immer wieder Präparate, die über längere Zeit rezeptpflichtig waren, und ausschließlich durch den niedergelassenen Arzt verordnet wurden, aus der Rezeptpflicht herausgenommen, weil weder Auffälligkeiten noch Risiken bei der Behandlung aufgetreten sind. Diese Präparate werden dann also zu OTC-Präparaten, was zur Folge hat, daß auch die Kundengruppe eine völlig andere wird.

Ein weiterer Effekt findet zwischen Klinikmarkt und dem niedergelassenen Bereich statt. Patienten werden in der Klinik mit einem bestimmten Präparat behandelt und

„eingestellt“. Nach der Entlassung aus der Klinik verordnet der weiterbehandelnde Hausarzt sehr oft das gleiche Präparat weiter.

Obwohl für die Bearbeitung dieser Marksegmente ein jeweils individueller Marketing-Mix zusammengestellt wird, spielt in allen drei Segmenten der Pharma-Außendienst eine besondere Rolle. Zum einen kommuniziert man so direkt mit dem Kunden und kann auf dessen Bedürfnisse und Fragen eingehen, zum anderen ist der Außendienst ein besonders kostenintensives Instrument, welches daher sehr gezielt eingesetzt werden muß. Darüber hinaus ist der Aktionsspielraum des Außendienstes in den drei Marktsegmenten sehr unterschiedlich. Während im Selbstmedikations- und im Klinikmarkt der Außendienst direkt verkaufen kann und somit konkrete Aufträge erwirkt, hat der Außendienst für den niedergelassenen Bereich nur eine beratende Funktion. Er soll die Ärzte mit hohem Potential für das eigene Produkt identifizieren, und diese dann von den Qualitäten des Produkts überzeugen. Der Außendienst kann hier jedoch noch keine Aufträge schreiben.

Dieses diffizile Umfeld erfordert, daß man den Pharmamarkt mit seinen Segmenten besonders differenziert betrachtet und bearbeitet.

Insgesamt kann der Markt für humanpharmazeutische Produkte aber auch als relativ transparent gewertet werden. Das gilt im niedergelassenen Bereich insbesondere für die Markt- und Wettbewerbersituation, wo Datenmaterial aus Vollerhebungen zur Verfügung steht und sehr detaillierte Analysen ermöglicht. Eingeschränkt wird dieses durch datenschutzrechtliche Regelungen. Dadurch ist die Analyse von einzelnen Subjekten, wie z.B. Ärzte oder Apotheken eingeschränkt.

Nachfolgend sind einige charakteristische Anwendungsfelder für das Pharma-Marketing dargestellt.

3 Marketing-Anwendungsfelder

3.1 Sekundärmarktforschung

Die Sekundärmarktforschung ist eine Form der Marktforschung, welche bereits vorhandenes Datenmaterial aufbereitet und auswertet. Der konkrete Untersuchungszweck kann dabei von der ursprünglichen Zielsetzung der Erhebung abweichen.

Im Pharma-Marketing wird oft unterschieden zwischen Marktforschung mit strategischer Ausrichtung und innerhalb von Indikationsgebieten / Teilmärkten. Bei der strategischen Marktforschung steht unter anderem die Entwicklung des Gesamtmarktes im Mittelpunkt der Betrachtung. Man analysiert beispielsweise die Ebene der Hersteller und Konzerne, den Generika-Markt oder den Markt für rezeptpflichtige und nicht-rezeptpflichtige Präparate.

Innerhalb der Indikationsgebiete stehen dann Analysen von Substanzgruppen, Wettbewerbspräparaten oder Darreichungsformen im Mittelpunkt der Betrachtung.

3.2 Kunden-Profiling und Targeting

Im Rahmen des Kunden-Profiling geht es darum, zu ermitteln, was einen niedergelassenen Arzt mit hohem Potential auszeichnet, welche Bedürfnisse und Erwartungen dieser an ein Pharma-Unternehmen hat und welchen Zusatznutzen neben dem Produkt selbst dem Arzt geboten werden kann und sollte.

Hierzu müssen möglichst viele Eigenschaften und Attribute eines Kunden zusammengetragen werden. Anschließend sind diese auszuwerten. Insbesondere die Bestimmung des Potentials eines Arztes ist schwierig, da in der Regel mehrere Attribute auf das Potential schließen lassen. Um dieses dennoch zumindest annähernd meßbar zu machen, ist es erforderlich, mit statistischen Methoden oder auch geeigneter Data Mining-Software den Erklärungsanteil der einzelnen Attribute zu bestimmen. Das Ergebnis sind dann gewichtete Arztattribute.

Das Umsatzpotential in einer Region ist ein erster Indikator, welcher auf das Potential der dort ansässigen Ärzte hinweist. Für kleinere bis mittlere Facharztgruppen ist das durchaus geeignet. In den größeren Facharztgruppen, wie z.B. Allgemeinmediziner oder Internisten, sind jedoch meistens zu viele Ärzte in einer Region lokalisiert, um eine ausreichende Wahrscheinlichkeit für das Potential der einzelnen Ärzte ableiten zu können. Dann sind weitere Datenquellen erforderlich, um regional eine weitere Eingrenzung zu erreichen. Dieses können weitere externe Datenquellen mit regionalem Aufbruch oder Panels mit Angaben von Einzelärzten sein. Darüber hinaus können verschiedene durch den Pharmaaußendienst erhobene Daten in das Profiling mit einbezogen werden. Diese Attribute sind frei wählbar und können durchaus einen Wettbewerbsvorteil ausmachen.

Damit sind die Voraussetzungen geschaffen, Ärzte mit einem bestimmten Profil mittels geeigneter Marketing-Instrumente zu bewerben.

3.3 Marketing- und Vertriebs-Controlling

Im Rahmen des Marketing- und Vertriebs-Controlling versucht man die eingesetzten Marketing-Instrumente im Hinblick auf ihre Effizienz und Wirksamkeit zu prüfen und zu beurteilen.

Im Pharma-Marketing werden neben dem Außendienst Mailings, Messepräsenz sowie Zeitschriftenwerbung eingesetzt. Insbesondere im Falle der Zeitschriftenwerbung läßt sich jedoch die Effizienz kaum messen, da sie in der Regel mit anderen Instrumenten kombiniert ist. Sie wird oftmals auch als Erinnerungswerbung plaziert.

Die Marketing-Instrumente, bei denen Ärzte direkt kontaktiert werden, lassen sich besser messen. Da der Außendienst mit seinen Maßnahmen besonders kostenintensiv ist, bedarf dieses Marketing-Instrument der sorgfältigen Planung und Effizienzmessung. Die Maßnahmen des Außendienstes sind klassischerweise das beratende Gespräch eines Präparates beim Arzt, die Abgabe von Musterpackungen, was gesetzlich auf eine Maximalmenge eingeschränkt ist, die Plazierung von Anwendungsbeobachtungen (AWB) sowie Fortbildungsveranstaltungen in einzelnen Praxen.

4 Marketingrelevante externe Pharmadaten

Für jedes der in Kapitel 2 genannten Marktsegmente gibt es eine Reihe an Marktforschungs-Panels und zum Teil auch Vollerhebungen zur Analyse von Markt, Wettbewerbsumfeld oder Kundenverhalten. Diese Datenquellen können und müssen zum Teil in Kombination eingesetzt werden, damit Ergebnisse abgeleitet werden können. Eine Auswahl der gängigsten und wichtigsten Datenquellen ist in den folgenden Abschnitten dargestellt.

4.1 Regionaler Pharmazeutischer Markt (RPM)

Der RPM ist eine quantitative Datenquelle über Arzneimittel des Apothekenmarktes mit regionalem Aufbruch dessen Zahlen in der Regel für Außendienststeuerungszwecke genutzt werden. Der RPM zeigt die Einkäufe von Human-Arzneimitteln der öffentlichen Apotheken beim vollsortierten Großhandel. Das Gebiet der Bundesrepublik Deutschland ist dabei in 1860 einzelne Regionen aufgebrochen.[2] Obwohl in jeder Region noch immer 11 bis 12 einzelne Apotheken enthalten sind, lassen sich die Umsätze für Arzneimittel regional relativ gut eingrenzen.

In den vergangenen Jahren wurde der RPM in der Pharmaindustrie auch für die Außendienststeuerung zur Identifizierung von verordnenden Ärzten eingesetzt, da man annahm, daß der verordnende Arzt i.d.R. nicht weit von der Apotheke, in der ein Rezept eingelöst wird, entfernt ist. Durch die immer feinere Regionalsierung des RPM und die zunehmende Mobilität der deutschen Bevölkerung sind immer mehr Rezeptwanderungen von einer Region in eine benachbarte / andere die Realität. Eine weitere Unschärfe im RPM sind Einkaufsringe unter den Apotheken. Hier kaufen Apotheken größere Warenmengen zu günstigen Konditionen ein und leiten diese dann an andere Apotheken weiter.

Das Maß der Unschärfe läßt sich relativ schwer und auch nur näherungsweise durch Zuhilfenahme weiterer regionaler Datenquellen ermitteln.

Der RPM existiert bereits seit über 25 Jahren und wurde bis 1999 ausschließlich durch die Firma *IMS-Health* in Frankfurt am Main angeboten. Regionale Daten aus dem gleichen Erhebungsgebiet werden nun auch durch die Wettbewerbsunternehmen *NDC-Health* in Bad Camberg und *Azyx* in Neu-Isenburg angeboten.

4.2 Xponent MicroMarketer (XMM)

Ebenfalls ein Produkt mit regionalem Charakter ist der Xponent MicroMarketer (XMM), der von der Firma *IMS-Health* in Frankfurt angeboten wird. Dieses noch sehr junge Produkt[3] erhebt die Verordnungen auf Rezepten der gesetzlichen Krankenversicherungen (GKV) bei über 90 % der Apothekenrechenzentren in Deutschland. Die Verordnungen werden dann nach Facharztgruppen differenziert ausgewiesen und auf regionale Segmente verdichtet, die eine Mindestanzahl von 8 Ärzten nicht unterschreitet. Dadurch sind auf regionaler Ebene differenziertere Betrachtungen möglich, als im RPM. Es fehlt jedoch der Anteil der Privatrezepte. Dieser macht auf Deutschlandebene im Durchschnitt ca. 10 % aus, kann aber in den kleinen regionalen Einheiten (Nano-Bricks) und über die einzelnen Indikationsgebiete deutlich variieren. Er stellt somit ein sehr umfangreiches und repräsentatives Panel dar.

Während der XMM für die Außendienststeuerung sehr gut eingesetzt werden kann, ist er für das Marketing- und Vertriebs-Controlling auf regionaler Ebene, aufgrund der fehlenden Privatverordnungen sowie der nicht 100% vollständigen Abdeckung der GKV-Verordnungen, nur bedingt geeignet.

4.3 Medimed Presciber

Die Daten des Medimed Presriber (Anbieter ist die Firma *medimed* in Heidelberg) sind nominative Verordnungen eines Arztes, die direkt durch eine Softwarekomponente im Praxisverwaltungssystem eines niedergelassenen Arztes erfaßt werden. Diese Daten stellen theoretisch das Optimum an Datenqualität dar. Jedoch hat diese Datenquelle Panel-Charakter, da im Herbst 2000 lediglich 7.000 Ärzte hieran teilnahmen. Die angestrebte Panel-Größe liegt mittelfristig bei 20.000 Ärzten. Dadurch läßt sich diese Datenquelle nicht allein für die Außendienststeuerung einsetzen. Medimed Presriber kann erst durch ergänzende Datenquellen wie z.B. den XMM sinnvoll eingesetzt werden.

Der größte Nachteil dieser Datenquelle sind die extrem hohen Kosten, welche die Abbildung eines Arztprofils durch den Bezug aller Präparategruppen (Indikationsgruppen) unmöglich macht. Der Kosten für diese Datenquelle werden in einigen Pharmaunternehmen als zu hoch empfunden.

4.4 Scriptrac

Scriptrac (Anbieter: Firma *PMSI-Medilog)* ist eine Datenquelle, die regelmäßig niedergelassene Fachärzte mit standardisierten Fragebögen befragt. Der Arzt wird in einem ca. 40 Fragen umfassenden Fragebogen zu Verschreibungsverhalten, Praxisausstattung, Innovationsfreudigkeit und Praxisumfeld befragt. Insgesamt sind fast 30.000 Ärzte namentlich in diesem System erfaßt, jedoch nehmen nur etwa ein Drittel der Ärzte regelmäßig an diesem Panel teil.

4.5 Der Pharmazeutische Markt (DPM)

Der DPM ist eine quantitative Datenquelle (Anbieter ist die Firma *IMS-Health* in Frankfurt) über Arzneimittel des Apothekenmarktes dessen Zahlen in der Regel für Marktforschungszwecke genutzt werden. Der DPM zeigt als Vollerhebung alle Einkäufe von Human-Arzneimitteln (zuzüglich Diagnostika, Anstaltspackungen, Beobachtungspräparate, Parallel- / Reimportarzneimittel sowie Medizinprodukte mit Arzneimittelcharakter) der öffentlichen Apotheken beim vollsortierten Großhandel sowie als hochgerechnete Panelerhebung die Direkteinkäufe der öffentlichen Apotheken bei den Herstellern.

Etwa 50.000 Handelsformen von Arzneimitteln werden z.B. in DM-Werten und in Packungseinheiten für den aktuellen Monat sowie mit einer Datenhistorie von 35 Monaten ausgewiesen.

4.6 Werbe-Daten

Die Möglichkeiten der Phamahersteller ihre Produkte zu bewerben sind vielfältig. Die am intensivsten eingesetzten Maßnahmen sind der beratende Außendienst, die Zeitschriftenwerbung sowie Mailings, wobei der Außendienst mit Abstand das kostenintensivste Instrument im Pharma-Marketing ist. Auch ordnet man dem Außendienst den größten Wirkungsgrad zu.

Durch die Mega-Fusionen in der Pharma-Branche veränderten sich auch die Größenverhältnisse des Außendienstes zwischen den Wettbewerbern und damit auch der sogenannte Share-Of-Voice. Die Beobachtung der Wettbewerbsaktivitäten im Außendienst ist daher wichtiger denn je geworden.

Für das Monitoring der Werbeaktivitäten und eine Schätzung der dadurch entstandenen Kosten bietet die Firma *GPI-Nürnberg* - ein Tochterunternehmen der GfK - Daten aus Panelerhebungen an. Diese sind ein Panel zu Besuchen von Pharmareferenten bei niedergelassenen Fachärzten, ein Panel zu Mailings sowie ein Panel zu Werbemaßnahmen in Fachzeitschriften und Magazinen. Faßt man die Aufwendungen für ein Präparat oder einen Hersteller aus allen Panels zusammen, so erhält man Einschätzungen über den Werbedruck und auch den Marketing-Mix.

Oft wird an den GPI-Panels deren Unschärfe kritisiert, insbesondere das Referenten-Panel. Beim Vergleich mit den Daten aus dem eigenen Außendienst treten oftmals erhebliche Abweichungen auf. Hierin zeigt sich, daß man quantitative Berechnungen mit diesen Daten nicht durchführen sollte. Dennoch haben diese Daten einen hohen Wert, wenn man diese für ein Monitoring der Wettbewerber im Zeitablauf einsetzt. Dann lassen sich die Strategien bei Produktneueinführungen, die Zusammensetzung des Marketing-Mix oder aber die Strategie im Außendienst gut verfolgen.

4.7 VIP

Der VIP (Verschreibungsindex für Pharmazeutika) (Anbieter ist die Firma *IMS-Health* in Frankfurt) analysiert das Diagnose- und Therapieverhalten niedergelassener Ärzte der zehn Fachgruppen (Praktiker, Internisten, Pädiater, Dermatologen, Gynäkologen, HNO-Ärzte, Urologen, Orthopäden, Pulmologen und Neurologen (Ophthalmologen werden in einer eigenen Studie betrachtet)). Die Erhebung basiert auf einem Panel von 2.220 Ärzten in West-Deutschland und 586 Ärzten in Ost-Deutschland.

Der VIP ermöglicht die Analyse und Beobachtung des Verordnungsverhaltens von niedergelassenen Ärzten auf Gesamtmarktbasis und mit regionalem Aufbruch (Nielsen-Gebiete). Die direkte Verknüpfung von Diagnose und Therapie läßt Entwicklungen von Krankheitsbildern und deren Behandlungsmuster erkennen.

Auf dieser Basis können neue Zielgruppen (Ärzte / Patienten) definiert und bestehende überprüft, neue Produkte und Therapien beobachtet oder Marketingaktivitäten kontrolliert werden.

5 Aspekte der Integration heterogener Datenquellen für ein Pharma-Data Warehouse

Die in Kapitel 3 aufgeführten Anwendungsgebiete erfordern Daten aus verschiedenen Quellen und auf unterschiedlichen Betrachtungsebenen. So werden beispielsweise im *Marketing- und Vertriebs-Controlling* die Marketing-Maßnahmen und deren Kosten den entsprechenden Erfolgsgrößen, wie z.B. die erzielte Umsatzveränderung, einander gegenübergestellt. Während die Marketing-Maßnahmen und die dadurch entstandenen Kosten einem konkreten Arzt sehr gut zugeordnet werden können (diese Daten können i.d.R. aus dem Außendienst-Informationssystem gewonnen werden), ist die Messung des Erfolgs nur bedingt möglich. Zwar gibt es Ärzte, die im Rahmen der Panels *Medimed-Prescriber* und *Scriptrac* ihr Verordnungsverhalten regelmäßig offenlegen, sie stellen aber nur einen geringen prozentualen Anteil der Grundgesamtheit der Ärzte dar. Für den größten Teil der Ärzte kann der Marketing-Erfolg nur regional über die Daten des RPM oder des XMM gemessen werden.

Da jeder Arzt direkt einem RPM-Segment oder einen XMM-Brick zugeordnet werden kann, ist die kleinste regionale Einheit, auf der Marketing-Kosten und Umsätze einander gegenüber gestellt werden können, das RPM-Segment bzw. das XMM-Brick.

Die Ergebnisse einer regionalen Erfolgsmessung geben auch Hinweise auf das Potential der Region und sollten somit bei der weiteren Außendienstplanung und beim Targeting berücksichtigt werden.

Demgegenüber erfordert der Bereich *Kunden-Profiling und Targeting* unter anderem die Betrachtung von Kundenstammdaten, Daten aus Panels und Marktumsatzdaten. Während Kundenstammdaten und Paneldaten auf der Arztebene selbst lokalisiert werden, ist die Zuordnung von Umsatzdaten erheblich schwieriger, da diese nur auf einem gewissen regionalen Level (RPM-Segment oder XMM-Nano-Brick) dargestellt werden können. Für den Bereich *Kunden-Profiling und Targeting* ist es dann sinnvoll, einem Arzt als Attribut das Umsatzpotential der Region anzuhängen.[4] Man kann dadurch zwar noch nicht mit Sicherheit ableiten, ob ein Arzt ein guter Verordner ist, jedoch läßt dieses Attribut auf die Wahrscheinlichkeit schließen. Für den Fall von umsatzschwachen Regionen können mit sehr hoher Wahrscheinlichkeit die Ärzte ohne Potential identifiziert und aus der Zielgruppe eliminiert werden.

In beiden dargestellten Anwendungsgebieten besteht das Problem unterschiedlicher Betrachtungs- bzw. Datenerfassungsebenen. Dieses ist keine Besonderheit im Pharma-Marketing, sondern tritt in bei fast allen Anwendungen auf, in denen Daten aus verschiedenen Quellen verknüpft werden müssen. Als Basis muß immer ein „kleinster gemeinsamer Nenner“ für die Verknüpfung der Datenquellen gefunden werden.

Bei der Vielzahl an Anwendungen im Pharma-Marketing und der Heterogenität der zur Verfügung stehenden Datenquellen, ist eine nach einheitlichen Kriterien gestaltete Datenbankumgebung für Analysezwecke erforderlich. Der Aufbau einer Infrastruktur nach dem Data Warehouse-Konzept ist somit nicht nur naheliegend, sondern zwingend notwendig!

Bei der Integration von Datenquellen in ein Data Warehouse wird immer auf die erforderliche Struktur- und Formatvereinheitlichung hingewiesen. [MuBe00, 11] Dieses ist eine notwendige Aufgabe um die heterogenen Datenstrukturen zu harmonisieren. Neben einheitlichen Zeitformaten, Währungen etc. sind insbesondere die Schlüsselbegriffe hiervon betroffen.

Welcher Aufwand hinter dieser schnell formulierten Aktivität steht, ist am Beispiel der Artikel / Produkte verdeutlicht, da dieses für die meisten DW-Anwendungen relevant ist:

Für alle Artikel des deutschen Pharma- / Apothekenmarktes gibt es als eindeutigen Schlüssel die Pharmazentralnummer (PZN). Dieser wird bei der Einführung eines Artikels durch das Institut für Arzneimittelspezialitäten (IFA) vergeben. Die PZN wird jedoch seitens der Anbieter von Pharma-Marktdaten nur zum Teil verwendet. Die PZN ist kein „sprechender“ Schlüssel und weist auch keine interne Organisation auf. Darüber hinaus kann es vorkommen, daß die IFA, nachdem ein Artikel nicht mehr im Handel ist, die alte PZN nach einer gewissen Zeit neu vergibt. Für historische Daten in einigen Datenquellen ist die PZN dann aber nicht mehr eindeutig.

Daher haben viele Datenquellen einen eigenen Schlüssel. Dieser ist in einigen Fällen nicht mehr als eine fortlaufende Nummer, in anderen kann aus dem Schlüssel die Zugehörigkeit eines Artikels zu einem Präparat oder einer Marke abgeleitet werden.

Bei der Harmonisierung von Artikel- und Präparateschlüsseln trifft man auch wieder auf das bereits zuvor geschilderte Problem der Ebene des Analysekriteriums. So werden beispielsweise Werbedaten nicht auf der Artikelebene (wie die Umsatzdaten), sondern auf der Präparateebene erfaßt. Eine Präparatedefinition ist nicht standardisiert, sie kann von Datenanbieter zu Datenanbieter und auch bei den einzelnen Pharmaunternehmen deutlich variieren.

Vor diesem Hintergrund ist eine einheitliche Präparatedefinition mit eindeutigem Primärschlüssel als DW-Standard erforderlich, was eine wirkliche Herausforderung darstellt. Das heißt aber nicht, daß zwangsläufig alle Präparate ihren ursprünglichen Schlüssel einbüßen müssen. Ein Attribut mit dem DW-Standardschlüssel an den entsprechenden Stammdaten kann diesen Zweck bereits gut erfüllen.

Für ein großes Pharmaunternehmen, welches Präparate aus mehreren Indikationsgebieten im Produktportfolio hat, kommen in einem Data Warehouse beachtliche Datenmengen zusammen. Insbesondere die regionalen Daten lassen das Volumen schnell „explodieren". Volumina von über 50 Gigabyte sind dann schnell erreicht. Das stellt neben einer leistungsfähigen Datenbanktechnologie auch hohe Anforderungen an die Auswertungs- und Analysesoftware. Diese muß für die Verarbeitung von Massendaten geeignet sein. Betrachtet man beipielsweise die Software-Anbieter von OLAP-Systemen (physisch multidimensionale Systeme), so gibt es hier deutliche Unterschiede. Einige Anbieter haben ihren Ursprung und die meisten Implementierungen im Bereich des Finanz-Controlling. Hier sind i.d.R. jedoch vergleichsweise geringe Datenmengen zu bewältigen. Wenn die Analysefunktionalität dieser Systeme auch durchaus geeignet erscheint, so ist oftmals das Speichermanagement völlig unzureichend für die Bewältigung von Massendaten.

6 Schlußbetrachtungen

Im vorliegenden Beitrag wird deutlich, daß der deutsche Pharmamarkt durch eine Vielzahl an Datenquellen aus Marktforschungsunternehmen und Instituten zwar außergewöhnlich transparent ist, jedoch aufgrund diffiziler Marktgegebenheiten und datenschutzrechtlicher Rahmenbedingungen das Identifizieren sogenannter Hochpotentialkunden (z.B. Fachärzte als Verordner) sehr schwer bleibt. Es wurde hergeleitet, daß für die Handhabung und Analyse der vielfältigen Daten eine Data Warehouse-Infastruktur zwingend notwendig ist. Hierzu bedarf es umfangreicher konzeptioneller Arbeit.

Ist ein Data Warehouse-System für das Pharma-Marketing fertiggestellt und produktiv im Einsatz, so ist nicht davon auszugehen, daß es von diesem Zeitpunkt an ein statisches Gebilde bleibt. Es wird immer wieder Änderungen im Unternehmensumfeld geben, die Adaptionen und zum Teil auch größere Änderungen in der Data Warehouse-Datenbasis erforderlich machen. Dieses können Veränderungen im pharmapolitischen Bereich oder der Gesundheitspolitik sein. Auch finden immer wieder Änderungen im Umfeld der Anbieter von Pharmadaten statt. Inbesondere im Bereich regionaler Daten und auf Einzelarztebene fällt derzeit die bisherige Monopolstellung der *IMS-Health*. In den kommenden Jahren sind in diesem Bereich sicherlich verschiedene Innovationen zu erwarten.

Data Warehousing führt somit zu keinem statischen Endprodukt. Es ist vielmehr als eine wichtige Funktion des Informationsmanagements zu verstehen, welches die Inhalte und Strukturen von Data Warehouse-Systemen an neue Anforderungen stets anpaßt. Data Warehousing ist im Sinne des vorliegenden Beitrages auch keine Funktion von Informationsverarbeitungs- / IT-Abteilungen sondern kann nur in der Fachabteilung selbst verantwortet werden.

Literatur

[MuBe00] Mucksch, H.; Behme, W.: Das Data Warehouse-Konzept als Basis einer unternehmensweiten Informationslogistik, in: Mucksch, H.; Behme, W. (Hrsg.): Das Data Warehouse-Konzept, Architektur – Datenmodelle – Anwendungen, 4., vollständig überarbeitete und erweiterte Auflage, Wiesbaden 2000, S. 3-80.

[Holt99] Holthuis, J.: Der Aufbau von Data Warehouse-Systemen, Konzeption - Datenmodellierung - Vorgehen, 2. Auflage, Wiesbaden 1999.

Anmerkungen

1 OTC steht für **O**ver **T**he **C**ounter.

2 Die Anbieter von regionalen Pharmagroßhandelsdaten bieten auch Strukturen mit ca. 3000 einzelnen Regionen an, was jedoch eine zunehmende Unschärfe der Daten, z.B. aufgrund von Rezeptwanderungen, zur Folge hat.

3 Der XMM wird seit Anfang 2000 zuverlässig produziert. Die Jahre 1998 und 1999 waren durch sehr viele Veränderungen der Regionalstruktur und rechtliche Unsicherheiten geprägt und können im Nachhinein als Prototypphase interpretiert werden.

4 Da in den meisten Pharmaunternehmen traditionell mit RPM-Daten gearbeitet wurde, ist der RPM-Umsatz in der Region ein erstes Attribut für ein höheres Arztpotential. Für kleinere bis mittlere Facharztgruppen ist das durchaus geeignet. Da für relativ große Facharztgruppen, wie z.B. Allgemeinmediziner oder Internisten, jedoch zu viele Ärzte in einem IMS-Segment lokalisiert sind, um eine ausreichende Wahrscheinlichkeit für das Potential des Arztes ableiten zu können, sind für die regionale Eingrenzung dieser Facharztgruppen die XMM-Daten besser geeignet. Diese bringen jedoch die Unschärfe der nicht enthaltenen Privatrezepte mit sich.

Chemische Industrie

Aufbau Analytischer Informationssysteme für die Chemische Industrie

Peter Gluchowski, Michael Hahne, Peter Neisius

Inhalt

1 Einleitung

Die RÜTGERS VFT AG ist als Unternehmen der Chemischen Industrie den starken Schwankungen der Rohstoffmärkte und der stärker werdenden Konkurrenz aus Osteuropa und Süd-Ost-Asien ausgesetzt. Um den gestiegenen Anforderungen des wirtschaftlichen Umfeldes und den Herausforderungen der Konkurrenz gerecht zu werden und Wettbewerbsvorteile zu schaffen, setzt die RÜTGERS VFT AG auch auf neue Wege in der Informationstechnologie.

Das Ziel war der Aufbau eines unternehmensweiten Datenpools zur Informationsversorgung und Entscheidungsunterstützung von Fach- und Führungskräften sowie der Unternehmensleitung. Auf Basis einer multidimensionalen Datenbank wurde ein Data Warehouse implementiert, das über entsprechende Tools definierte Analysen anbietet und darüber hinaus dem Power-User freien Gestaltungsspielraum für eigene Auswertungen läßt.

2 Rahmenbedingungen und Projektorganisation

Eine Zusammenführung von SAP R/2–Daten, EXCEL-Daten und Altdatenbeständen aus diversen Vorsystemen war die Grundvoraussetzung für den Aufbau des unternehmensweiten Datenpools. Daraus ergibt sich zwangsläufig ein unternehmenseinheitliches Verständnis der Daten und damit auch inhaltliche Konsistenz bei Analysen und Reports.

Mit der Bereitstellung von Standardberichten und der Möglichkeit, schnell Analysen von relevanten Daten zu erstellen, kann sich der Anwender auf die Interpretation der Ergebnisse konzentrieren und braucht keine Energie mehr in die Aufbereitung und Auswertung von Datenbeständen zu verschwenden. Die Nutzung von OLAP-Technologien hilft ihm dabei, schnelle, interaktive und vielfältige Zugriffe auf relevante Informationen durchzuführen [ChGl99, 18]. Die aufzubauende Business Intelligence-Lösung soll der Unternehmensführung darüber hinaus als strategisches Steuerungsinstrument dienen.

Um die o.g. Rahmenbedingungen erfüllen und die gewünschten Ziele erreichen zu können, war insbesondere die Mitarbeit der Fachabteilungen erforderlich. Das Kernteam des

Projektes wurde durch einen Mitarbeiter der IT-Abteilung, einen Mitarbeiter der Fachabteilung, die als Pilotanwender fungierten, und dem hauptverantwortlichen externen Berater gebildet. Im Bedarfsfall wurden weitere Personen einbezogen.

Die Aufgabe der internen Projektleitung bestand zu Beginn in der Analyse der Bedürfnisse und Notwendigkeiten auf der einen und in der Beschreibung und Bereitstellung der Datenquellen auf der anderen Seite. Die gründliche und exakte Bearbeitung der vorgenannten Aufgaben war die Grundvoraussetzung zur Erstellung des Datenmodells durch den Berater. Die Qualität des Datenmodells hängt damit unmittelbar von den eingebrachten Informationen der Vorarbeit ab. Im Rahmen der Prototypingphase sollte nach mehreren Durchläufen ein Prototyp erstellt werden, der die Basis für das gesamte Informationssystem sein sollte. Durch die Einbindung der Fachabteilungen nach festgelegten Projektschritten zur Kontrolle und Korrektur wurden die geplanten Projektziele schnell erreicht. Die sukzessive Erweiterung des Datenpools in Verbindung mit der Verfeinerung der Datenpumpen (= ETL-Programme; ETL steht für *extraction*, *transformation* und *loading*) sorgte für eine zügige Ausweitung des Systems auf alle geplanten Bereiche.

3 Datenstruktur und Implementierung

Als zentrales Erfolgskriterium bei der Gestaltung analytischer Anwendungen erweist sich der Aufbau eines für die Auswertungszwecke geeigneten multidimensionalen Datenmodells. Einerseits sollen sich hieraus die unterschiedlichen benötigten Berichte und Analysen mit wenig Mühe ableiten lassen, andererseits jedoch ist es Aufgabe des Modellierers, nicht zuviel Komplexität und Volumen abdecken zu wollen, um eine spätere Implementierung gewährleisten zu können.

Die folgenden Abschnitte beschreiben das gewählte Modell zunächst auf einer konzeptionell-abstrakten Ebene, bevor auf die konkrete informationstechnologische Umsetzung mit einer multidimensionalen Datenbank eingegangen wird.

3.1 Konzeptionelles Datenmodell

Der erste und häufig auch schwierigste Schritt beim Aufbau einer multidimensionalen Datenbank besteht darin, zusammen mit den zukünftigen Anwendern eine tragfähige und flexible Datenstruktur aufzubauen. Besonders die Anzahl und Dimensionalität der einzelnen Datenwürfel muß wohl durchdacht und im Hinblick auf die zukünftigen Auswertungen gewählt werden.

Im vorliegenden Anwendungsbeispiel werden insgesamt fünf Datenwürfel genutzt (vgl. Abbildung 1), die sich hinsichtlich des betrachteten Anwendungsbereichs und / oder bezüglich der Detaillierung voneinander unterscheiden.

Unterschiedliche Detaillierungsgrade weisen die Würfel mit den Vertriebszahlen auf, wobei nur für die letzten drei Jahre Monatsangaben (Würfel „Verkauf") gespeichert sind. Alle älteren Mengen- und Erlösgrößen liegen dagegen lediglich auf Jahresebene vor (Würfel „Historie"). Zusätzlich werden für den jeweils laufenden Monat auch Tageszahlen abgelegt (Würfel „Monverkauf").

Die RÜTGERS VFT AG verarbeitet Rohstoffe, die weltweit beschafft werden und deren Preisgestaltung im wesentlichen von öffentlichen Notierungen wie Heizöl usw. abhängig ist. Ebenso werden eigene Produkte verkauft, deren Preise sich an o.g. Notierungen orientieren. Die Notierungen für diese Rohstoffe und Produkte werden im Würfel „Notier" gespeichert.

Der Datenwürfel mit der Bezeichnung „Rohhilf" beinhaltet lieferantenbezogen relevante Einkaufsmengen und -werte, mit denen sich Analysen von Geschäftspartnern, Abhängigkeiten von Notierungen sowie Untersuchungen von Mengen- und Preisentwicklungen auf der Beschaffungsseite durchführen lassen.

Jeder Würfel wird durch eine Reihe unterschiedlicher Dimensionen sachlich beschrieben. Dabei müssen einzelne Dimensionen würfelspezifisch aufgebaut werden, wohingegen andere mehrfache Verwendung finden, wie Abbildung 1 zeigt.

Naturgemäß sind die Würfel „Historie", „Monverkauf" und „Verkauf" hinsichtlich des strukturellen Aufbaus sehr ähnlich. Gegenüber dem Verkaufswürfel weisen die Würfel mit den historischen und mit den monatlichen Verkaufszahlen allerdings lediglich Ist-Daten auf, wodurch auf eine Datenart-Dimension verzichtet werden kann. Hierbei muß allerdings bedacht werden, daß die einzelnen Würfel hinsichtlich der Zeitgranularität unterschiedliche Anforderungen aufweisen, die bei der späteren Implementierung zu berücksichtigen sind. Auch der Würfel mit den Mengen und Werten der eingekauften Roh- und Hilfsstoffe („Rohhilf") gleicht dem Verkaufswürfel sehr stark. Lediglich die Kunden- wird durch eine Lieferantendimension substituiert sowie die Produkt- durch eine Materialdimension. Demgegenüber weist der Notierungswürfel eine stark abweichende Dimensionalität auf. Mit nur fünf Dimensionen ausgestattet, enthält er mit „Stand" (für Tageshöchst- und -tiefststände) sowie „Währung" zwei Dimension, die nur in diesem Würfel Verwendung finden.

Zuordnungsdiagramm Dimensionen/Würfel			Würfel				
			HISTORIE	MONVERKAU	NOTIER	ROHHILF	VERKAUF
Dimension		Elemente ca.	01	02	03	04	05
01	DATENART	4				*	*
02	KENNZAHL	2	*	*		*	*
03	KUNDE	2200	*	*			*
04	LAND	100	*	*		*	*
05	LIEFERANT	100				*	
06	MATERIAL	150			*	*	
07	PRODUKT	1000	*	*			*
08	STAND	3			*		
09	WAEHRUNG	2			*		
10	WERK	11	*	*		*	*
11	ZEIT	300	*	*	*	*	*

Abb. 1: Zuordnungsdiagramm Dimensbnen / Würfel

Mit den dargestellten Dimensionen wird das gesamte Spektrum an abbildbaren Dimensionstypen und -strukturen abgedeckt. Die Palette reicht von einzelelementbestimmten Dimensionen (wie etwa „Datenart" und „Kennzahl") mit sehr wenigen Ausprägungen bis zu ebenenbestimmten Dimensionen (wie „Kunde" und „Produkt"), die sich aufgrund der Vielzahl einzelner Dimensionselemente auf einer konzeptionellen Ebene am besten über die einzelnen Aggregationsstufen bzw. Level abbilden und charakterisieren lassen.

Des weiteren treten Dimensionsanomalien auf, die sich sowohl als parallele Hierarchien als auch in Form unbalancierter Hierarchiebäume manifestieren (zu den Dimensionsanomalien vgl. [Holt98, 127 ff.]).

Einen Eindruck des zugrunde liegenden Datenmodells vermittelt Abbildung 2, die in einer leicht modifizierten ADAPT-Notation [Toto00, 133 ff.] vereinfacht den strukturellen Aufbau des Verkaufswürfels repräsentiert.

Kennzeichnend ist hier die Komplexität der Produktdimension mit insgesamt neun Ebenen, die je nach Hierarchieast nicht alle belegt sein müssen (unbalancierte Bäume), sowie die explizite Definition von Dimensionsausschnitten („EG“ in der Länderdimension). Berechnete Einzelelemente („Budget-Abweichung“) sind mit der Angabe der zugehörigen Berechnungsvorschrift ebenfalls ausgewiesen.

Verzichtet wurde in der Darstellung auf den Ausweis der den Dimensionen und Dimensionselementen zugeordneten Attribute. So beinhalteten beispielsweise die Branchen-, Produkt-, Kunden- und Länderdimension zusätzlich zu den gespeicherten Kürzeln, die gleichsam als Elementnamen dienen, für jedes einzelne Element zusätzlich eine Langbezeichnung, die später in Auswertungen und Berichten zur optisch ansprechenden Visualisierung genutzt wird.

Da sich die aufgezeigte Datenstruktur als nicht trivial erweist, erwuchsen im vorgestellten Projekt erhebliche Ansprüche sowohl an das eingesetzte Datenbanksystem als auch an die Transformations- und Präsentationskomponenten. Die Art der Umsetzung des Modells mit einem multidimensionalen Datenbanksystem wird im nächsten Abschnitt aufgezeigt.

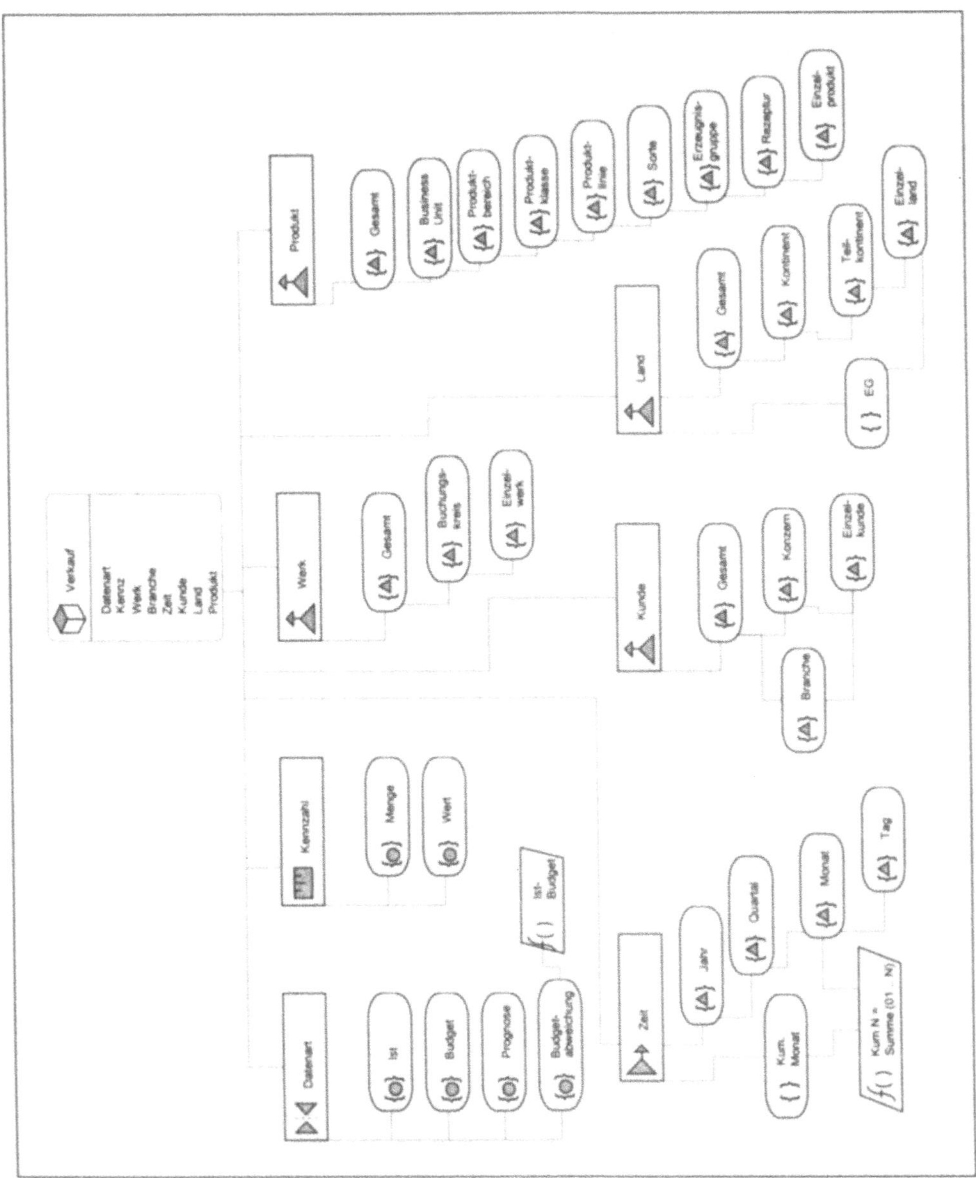

Abb. 2: ADAPT-Modell des Verkaufswürfels

3.2 Implementierung des Datenmodells

Aufgrund seiner ausgeprägten Fähigkeit zur Organisation und Verwaltung mehrdimensionaler Datenstrukturen in Verbindung mit hoher Flexibilität und relativ leichter Administrierbarkeit wurde als Datenhaltungskomponente das multidimensionale Datenbanksystem MIS ALEA der Firma MIS gewählt, das bis heute (Stand: November 2000) in der Version 3.7 im Einsatz ist. ALEA entfaltet seine volle Leistungsfähigkeit bei kleineren und mittleren Datenvolumina und erweist sich durch eine gelungene EXCEL-Integration als gut geeignet, um von Mitarbeitern aus den Fachabteilungen direkt genutzt zu werden.

Bei der Implementierung des Datenmodells mußten einige werkzeugbedingte Adaptionen vorgenommen werden. Beispielsweise erwies es sich als sinnvoll, die Zeitdimension in drei separate Dimensionen für „Jahr", „Monat" und „Tag" aufzusplitten, um zusätzliche Auswertungsflexibilität aktivieren und redundante Definition von Strukturen vermeiden zu können, zumal ALEA keine spezielle Zeitlogik aufweist. Des weiteren wurden aus darstellungstechnischen Gründen die Branchen aus der Kundendimension ausgeklammert und als separate Dimension angelegt.

Durch diese Maßnahmen konnte das Antwortzeitverhalten des Systems weiter verbessert werden, so daß auch die Mitarbeiter, die über Fernleitung mit dem zentralen ALEA-Server verbunden sind, im Regelfall innerhalb von 2 Sekunden mit einer Antwort des Systems rechnen können.

Der direkte Zugriff auf das System unter der EXCEL-Oberfläche erfolgt derzeit vornehmlich von Power Usern aus den Vertriebs-, Controlling- und Einkaufsbereichen. Hier bieten sich die maximalen Möglichkeiten zur interaktiven Navigation im Datenbestand. Operationen wie Drill Down und Roll Up sowie Rotationen der Datenwürfel können durch die Endbenutzer unmittelbar im EXCEL durchgeführt werden. Zudem besteht die Option zur Definition individueller Sichten auf den Datenbestand, die dann lokal oder zentral abgespeichert werden können. Abbildung 3 zeigt exemplarisch, wie sich die Systemoberfläche präsentiert.

Beim Aufbau der ALEA-Datenstrukturen ergaben sich keinerlei Probleme. Allerdings erwies sich vor allem die Produktdimension aufgrund der vielen Hierarchiestufen und Elemente als sperrig und unübersichtlich. Im Rahmen des Transformationsprozesses mußten deshalb vergleichsweise aufwendige Extraktions- und Laderoutinen programmiert werden. Glücklicherweise sind die Datenstrukturen derart stabil, daß auf eine spezielle Historienbehandlung mit der Beachtung auch historischer Dimensionsstrukturen verzichtet werden konnte.

Ausgehend von einem zentralen homogenisiert aufbereiteten Datenbestand in einem Data Warehouse sind verschiedene Benutzertypen Adressaten zur Analyse und Aufbereitung dieser Datenbestände. Fast alle Systemprodukte des Bereiches Business Intelligence bieten eine Integration in Microsoft EXCEL oder andere Tabellenkalkulationsprogramme. Zielgruppe ist dabei der Power User z.B. aus dem Controlling-Bereich, dessen tägliches Arbeitsmittel ein Tabellenkalkulationsprogramm ist. Diese Art des Zugriffs auf ein Data Warehouse ist fast schon klassisch zu nennen und wird auch von MIS ALEA zur Verfügung gestellt.

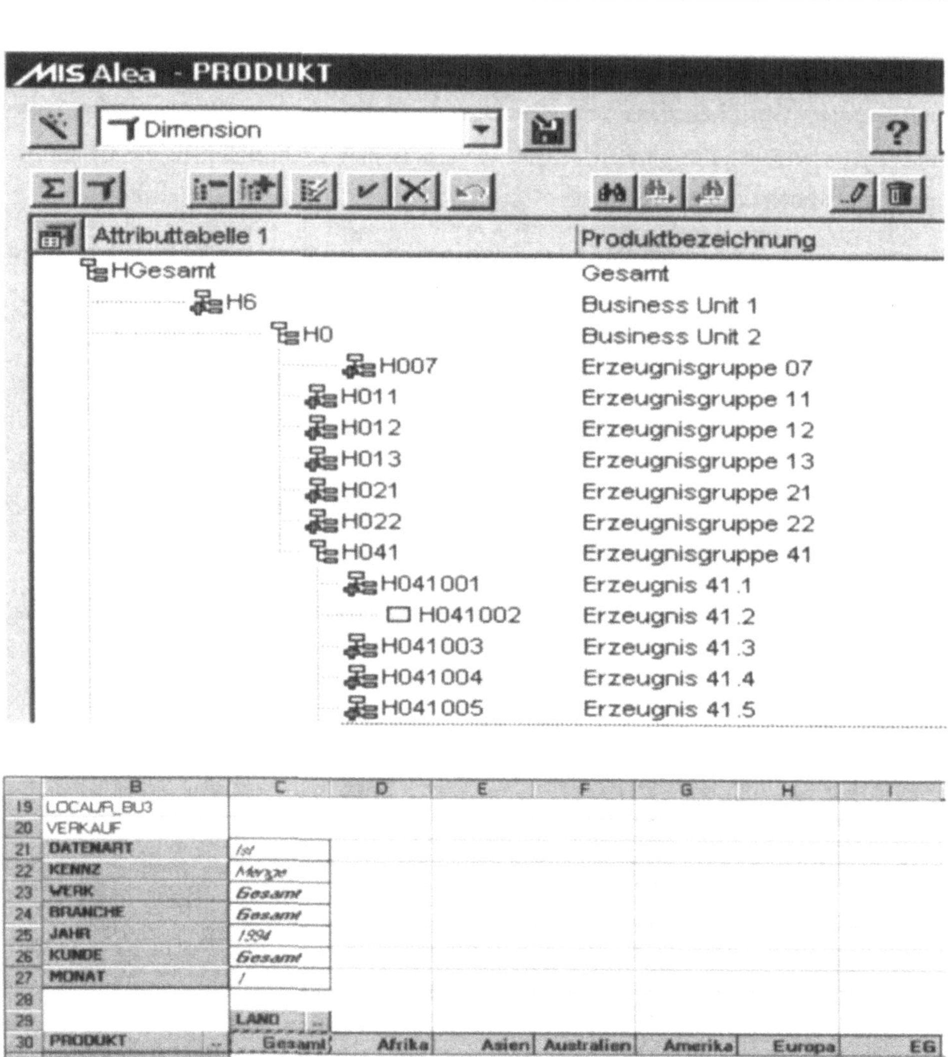

Abb. 3: Dimensionssicht auf die Produktdimension und exemplarischer Datenaufriß

Die Flexibilität zusammen mit der Funktionsfülle des „Wirts" der Tabellenkalkulation gehen mit einer höheren Komplexität einher, so daß diese Analyseplattform nicht für jeden Anwendertypus zumutbar ist. Zwar kann auch unter EXCEL eine geeignete Benutzerführung implementiert werden und die Darstellung von trockenem Zahlenmaterial als Geschäftsgrafik ist ebenfalls möglich, allerdings fällt es schwer, eine ansprechende Benutzeroberfläche zu designen, die auch für die sogenannten „Big-Button-User" geeignet ist und sich beispielsweise bei den Führungsinformationssystemen bzw. Executive Information Systems [GlGC97, 201 ff.] findet. Wie das Ergebnis bei Verwendung eines speziellen Software-Werkzeuges für diese Aufgabenstellung ausfallen kann, verdeutlicht das folgende Kapitel.

4 Datenaufbereitung und Visualisierung

Für Benutzer mit geringeren EDV-Erfahrungen sind Systeme zu entwickeln, die ähnlich der Struktur und Funktionalität von Management Information Systems (MIS) bzw. Executive Information Systems (EIS) eine leicht zugängliche und ergonomisch zu bedienende Oberfläche gepaart mit einer ansprechenden Visualisierung von Zahlen und Daten aus dem Data Warehouse aufweisen. Darüber hinaus soll diese Oberfläche dem Anwender die notwendige Flexibilität bieten und seine analytischen Prozesse optimal unterstützen. Derartige Lösungen zielen vor allem auf die Führungsebenen in einem Unternehmen bis hin zum Top-Management.

4.1 Analytische Oberflächen mit InSight

In dem beschriebenen Projekt entschied man sich für eine zweigleisige Auswertung der Analysedatenbestände des Data Warehouse auf Basis von MIS ALEA. Neben der EXCEL-Integration als Power Frontend setzte man auf eine individuell entwickelte analytische Applikation, die mit der Entwicklungsumgebung InSight der Firma Arcplan erstellt wurde. InSight ist eine visuelle Entwicklungsumgebung, die Techniken der Objektorientierung nutzt und sich durch eine Vielzahl adressierbarer Datenquellen auszeichnet. Die vielfältigen Möglichkeiten zur Datenaufbereitung und Visualisierung mit

InSight werden bei der näheren Beschreibung der entwickelten Applikation *Analytisches INformationssystem (ANI)* verdeutlicht.

Mit der Forderung leichter und intuitiver Bedienbarkeit der Anwendung auch für den ungeübten Benutzer, wurden hohe Ansprüche an das Informationssystem ANI gestellt. Die Navigation innerhalb der Applikation erfolgt durch Schaltflächen, die durchgängig einheitlich gestaltet sind und durch verständliche Begriffe oder Symbole einen direkten Aufschluß über ihre Funktion liefern. Die Anwendung gliedert sich dabei in die drei Hauptbereiche Vertrieb, Einkauf und Controlling. In der Applikation wurde das Benutzerkonzept des Datenbanksystems auf die Ebene der Anwendung übertragen. Benutzerabhängig sind Teilbereiche oder auch Teilsichten innerhalb der Anwendung ausgeblendet, wobei die Verwaltung der Berechtigungen für ANI und die Teilsichten ebenfalls im Data Warehouse in MIS ALEA gespeichert und verwaltet werden.

Nach der Selektion einer thematischen Sparte wie etwa dem Vertrieb gelangt der Benutzer zu einer weiteren Maske, in der sich der jeweilige Bericht bzw. Datenschnitt auswählen läßt. Für den Bereich der Vertriebsberichte sind dies die Sichten bezogen auf Kunden, Produkte, Regionen, Branchen und Perioden. Bei Selektion des Berichts „Absatz-Umsatz-Erlöse" in der Produktsicht etwa gelangt der Benutzer zu der in der Abbildung 4 dargestellten Sicht (Produktbezeichnungen sind modifiziert). Erster Einstiegspunkt in einen Bericht ist fast durchgängig eine zahlenförmige Darstellung. Im Beispiel werden die Kennzahlen Absatz, Umsatz und Stückerlös (in der RÜTGERS-Terminologie als Bruttoerlös bezeichnet) mit einem Vorjahresvergleich visualisiert. Die farbliche Kodierung der prozentualen Abweichung gegenüber dem Vorjahr mit einstellbaren Schwellwerten ist bei Bedarf deaktivierbar.

Innerhalb dieser Sicht kann der Benutzer die Dimensionsausprägungen frei verändern und seinen relevanten Analyseausschnitt selektieren. Standard-Schaltflächen gestatten durchgängig in der gesamten Applikation das Drucken der aktivierten Datensicht und das Generieren eines Abbildes für Präsentationsprogramme, wie z. B. Microsoft Powerpoint.

In der Abbildung wird eine grundsätzliche Methodik bei der Darstellung mehrdimensionaler Datenbestände deutlich: Die Vorgehensweise ist eher strukturgetrieben und nicht datengetrieben. Daher erscheinen auch viele Zeilen in der tabellarischen Zahlendarstellung, die keine Werte enthalten. Für diese Kombinationen von Dimensionsausprägungen existieren keine Werte in der Datenbank. Zur Unterdrückung dieser Nullzeilen ist ein spezieller datenbankabhängiger Mechanismus zu nutzen. In der speziellen Situation mit ALEA als Datenbasis muß diese Funktionalität in InSight entwickelt werden. Insofern gelangt der Benutzer bei Aktivierung der Schaltfläche zur Nullzeilenunterdrückung in eine weitere InSight-Sicht, in der die Zeilen ohne Werte nicht dargestellt sind.[1]

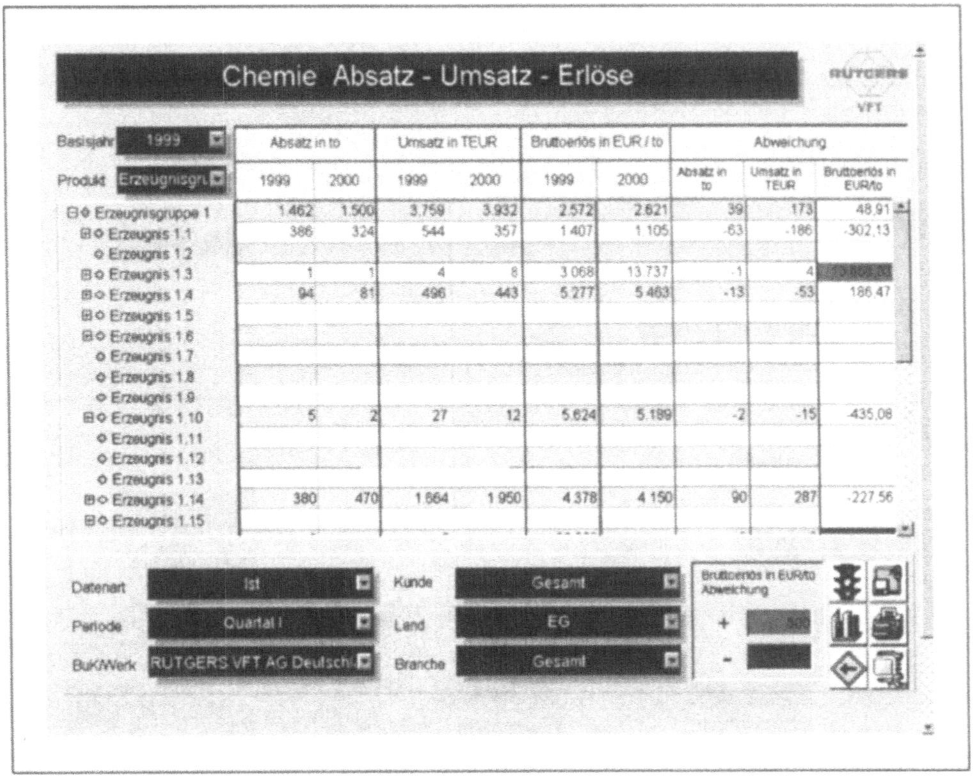

Chemie Absatz - Umsatz - Erlöse

RÜTGERS VFT

Basisjahr: 1999

Produkt: Erzeugnisgru

	Absatz in to		Umsatz in TEUR		Bruttoerlös in EUR / to		Abweichung		
	1999	2000	1999	2000	1999	2000	Absatz in to	Umsatz in TEUR	Bruttoerlös in EUR/to
Erzeugnisgruppe 1	1.462	1.500	3.759	3.932	2.572	2.621	39	173	48,91
Erzeugnis 1.1	386	324	544	357	1.407	1.105	-63	-186	-302,13
Erzeugnis 1.2									
Erzeugnis 1.3	1	1	4	8	3.068	13.737	-1	4	[illegible]
Erzeugnis 1.4	94	81	496	443	5.277	5.463	-13	-53	186,47
Erzeugnis 1.5									
Erzeugnis 1.6									
Erzeugnis 1.7									
Erzeugnis 1.8									
Erzeugnis 1.9									
Erzeugnis 1.10	5	2	27	12	5.624	5.189	-2	-15	-435,08
Erzeugnis 1.11									
Erzeugnis 1.12									
Erzeugnis 1.13									
Erzeugnis 1.14	380	470	1.664	1.950	4.378	4.150	90	287	-227,56
Erzeugnis 1.15									

Datenart: Ist — Kunde: Gesamt

Periode: Quartal I — Land: EG

BuK/Werk: RÜTGERS VFT AG Deutschl — Branche: Gesamt

Bruttoerlös in EUR/to Abweichung: + / -

Abb. 4: Absatz-Umsatz-Erlöse produktbezogen

Diese zahlenmäßige Darstellung ist gut geeignet, wenn detaillierte Werte benötigt werden. Zur Orientierung in Datenbeständen und für die Ableitung von Trends ist eine grafische Repräsentationsform dagegen geeigneter. Daher finden in der entwickelten Anwendung vielfältige grafische Darstellungen Gebrauch. Je nach Analyseziel kommen in den verschiedenen Berichten von ANI die unterschiedlichen grafischen Darstellungsmöglichkeiten einzeln oder kombiniert vor, die zum Teil durch tabellarische Wertdarstellungen ergänzt werden.

4.2 Grafiken als Visualisierungsmethode

Die Aktivierung der Schaltfläche für die grafische Darstellung führt die Navigation weg von der zahlenmäßigen hin zu einer grafischen Darstellung des selektierten Analysebereiches. Im Beispiel des oben dargestellten Berichtes erhält der Benutzer in dieser Ansicht das Ranking der obersten fünf, zehn bzw. fünfzehn Produkte im Vorjahresvergleich für die betrachtete Kennzahl. Dies ist in Abbildung 5 veranschaulicht.

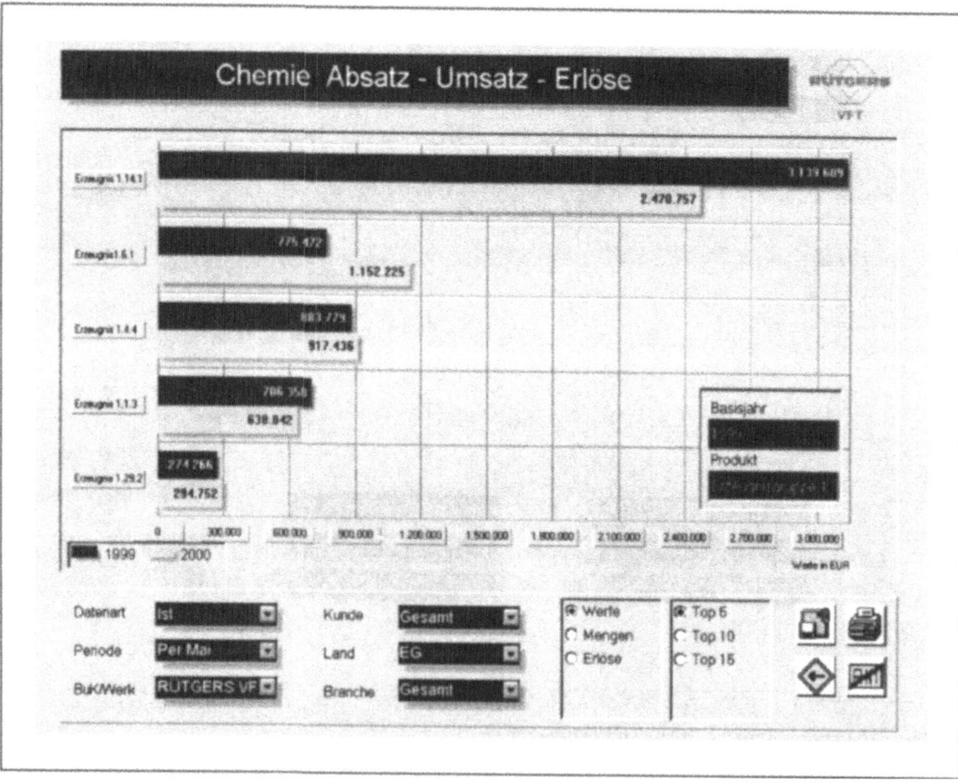

Abb. 5: Grafische Darstellung TopN

Die Stärke von Entwicklungsumgebungen wie InSight liegt nicht zuletzt in den vielfältigen Möglichkeiten zur grafischen Visualisierung von Zahlen. Die Vielzahl unterstützter Grafiktypen trägt damit den Anforderungen Rechnung, relevante Zahlen leicht zugänglich und schnell interpretierbar in ansprechender Weise darzustellen. Neben den üblichen Grafiktypen wird in analytischen Applikationen insbesondere auf Punktegrafiken, Portfoliografiken, Ampelgrafiken und Landkartengrafiken zurückgegriffen.

Auch in der Applikation ANI findet eine Vielzahl verschiedener Grafiktypen Anwendung, um wichtige Sachverhalte zielgerichtet zu visualisieren. Exemplarisch für die vielfältigen Möglichkeiten soll hier nur eine spezielle Sicht zum Branchenvergleich betrachtet werden, die in Abbildung 6 dargestellt ist. Die Kombination verschiedener Darstellungsvarianten erschließt dem Benutzer dabei einen komplexen Sachverhalt in einem Dokument.

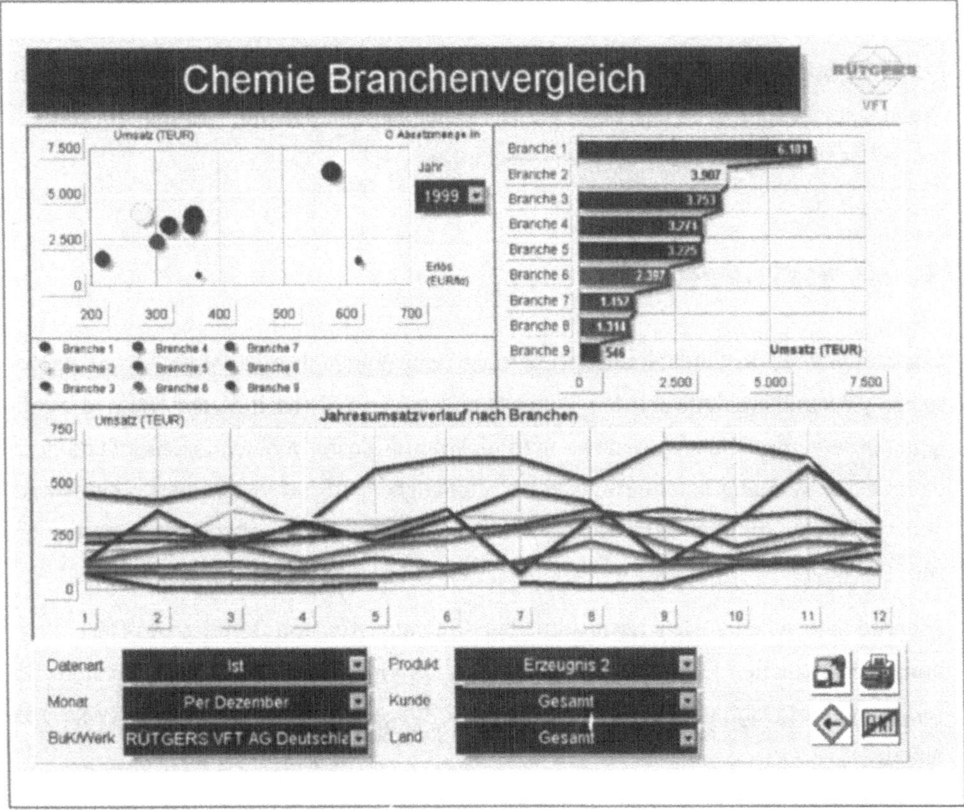

Abb. 6: Branchenvergleich

Innerhalb einer mit InSight entwickelten Anwendung stehen dem Benutzer alle Möglichkeiten der Navigation im Rahmen der zugrundeliegenden Datenstrukturen offen. Die generierten Berichte sind jedoch insofern statisch, als es keine Möglichkeit für den Endbenutzer gibt, beispielsweise Grafiktypen rasch zu ändern oder neue Datensichten zu implementieren. Dies fällt auf jeden Fall in die Kategorie der Anwendungsentwicklung und gehört nicht zur Parametrisierung der Oberfläche. Für den Kreis der Adressaten von ANI ist dies jedoch keine Anforderung, so daß diese Zielgruppe mit der entwickelten Applikation in ihren analytischen Prozessen sehr gut unterstützt wird.

In dieser Darstellung des „Outputs" am Ende des Prozesses der Informationsgewinnung und Darstellung in Form analytischer Oberflächen am Beispiel der InSight-Entwicklung bei RÜTGERS VFT wird deutlich, welchen Nutzen derartige Systemlösungen bieten können. Innerhalb des gesamten Informationsflusses wurde bisher ausgehend von der Datenmodellierung und dem Aufbau der Datenbank die Visualisierung aufbereiteter Daten in der Oberfläche dargestellt. Ein wichtiger Teilschritt beim Aufbau von Data Warehouse-Lösungen ist das Befüllen des Datenbankmodells mit Werten. Dieser Subprozeß ist Gegenstand des folgenden Abschnittes.

5 ETL-Prozeß

Unverzichtbarer Bestandteil eines stimmigen Data Warehouse-Konzeptes ist die zielgerichtete Datenübernahme aus den Vorsystemen zu verschiedenen Zeiten. Beim erstmaligen Aufbau eines Data Warehouse wird dieses mit einem initialen Datenbestand geladen. Dieser Vorgang ist aufgrund seiner Einmaligkeit oft mit vielen manuellen Aufgaben verbunden, da diese ja nicht regelmäßig wiederkehrend durchgeführt werden müssen.

Hiervon unterscheidet sich der regelmäßige Datentransfer zum Befüllen des Data Warehouse mit aktuellen Daten. Dieser Prozeß ist auf einen möglichst hohen Automatisierungsgrad ausgelegt, um den Aufwand für die Pflege des Systems möglichst niedrig zu halten.

Der Datenbeschaffung kommt aber noch eine weitere sehr zentrale Rolle im Rahmen des Gesamtkonzeptes eines Data Warehouse zu: Während des Prozesses des zyklischen Datenladens erfolgt die Transformation der Datenstrukturen aus den Quellsystemen in die auf die analytischen Sachverhalte ausgerichteten Datenstrukturen des Data Warehouse. Daher spricht man auch von dem ETL-Prozeß.

Im Rahmen der betrachteten Data Warehouse-Systemlösung bei RÜTGERS VFT sind diese Prozesse gleichermaßen notwendig. Zunächst sollen die Rahmenbedingungen des gesamten ETL-Prozesses dargestellt werden. Daran anknüpfend erfolgt die Darstellung des zyklischen Updates des Data Warehouse-Datenbestandes.

5.1 Rahmenbedingungen des ETL-Gesamtprozesses

Das führende System bei RÜTGERS VFT ist SAP R/2. Die dort hinterlegten Strukturen sind auch für das Data Warehouse zu berücksichtigen und zu übernehmen. Darüber hinaus gibt es diverse EXCEL-Sheets sowie historische Datenbestände aus Altsystemen die als Datenquellen für das Data Warehouse zu berücksichtigen sind.

Der Extraktionsprozeß aus dem operativen R/2-Vorsystem basiert auf eigenentwickelten ABAP-Programmen, die einen Datenextrakt in Form von ASCII-Dateien zur Verfügung stellen. Die derart generierten Datenbestände sind in dieser Form aufgrund abweichender Strukturen im Zielsystem jedoch nicht direkt weiterverwendbar und müssen daher zunächst transformiert werden. Die übrigen Datenbestände können ebenso nur über einen vorgeschalteten Transformationsprozeß dem Data Warehouse zugeführt werden.

Der Teilschritt zur Befüllung von ALEA mit Daten kann automatisiert auf zweierlei Arten erfolgen. Zum einen bietet die Firma MIS mit dem Produkt *ImportMaster* ein ETL-Werkzeug, welches die komplette Transformations- und Ladefunktionalität übernehmen kann. Zum anderen gibt es die Möglichkeit, mit Visual Basic bzw. VBA innerhalb der Office-Produkte eine Lösung selbst zu entwickeln, die auf dem ALEA Software Developement Kit for VB/VBA basiert und einen schreibenden Zugriff auf die ALEA-Datenbank erlaubt.

Aufgrund der Komplexität der Transformation und des vorhandenen Know Hows entschied man sich für den zweiten Weg einer VBA-Eigenentwicklung zur Realisierung der „Datenpumpe" für das Data Warehouse bei RÜTGERS VFT. Dieser Gesamtzusammenhang ist in Abbildung 7 dargestellt.

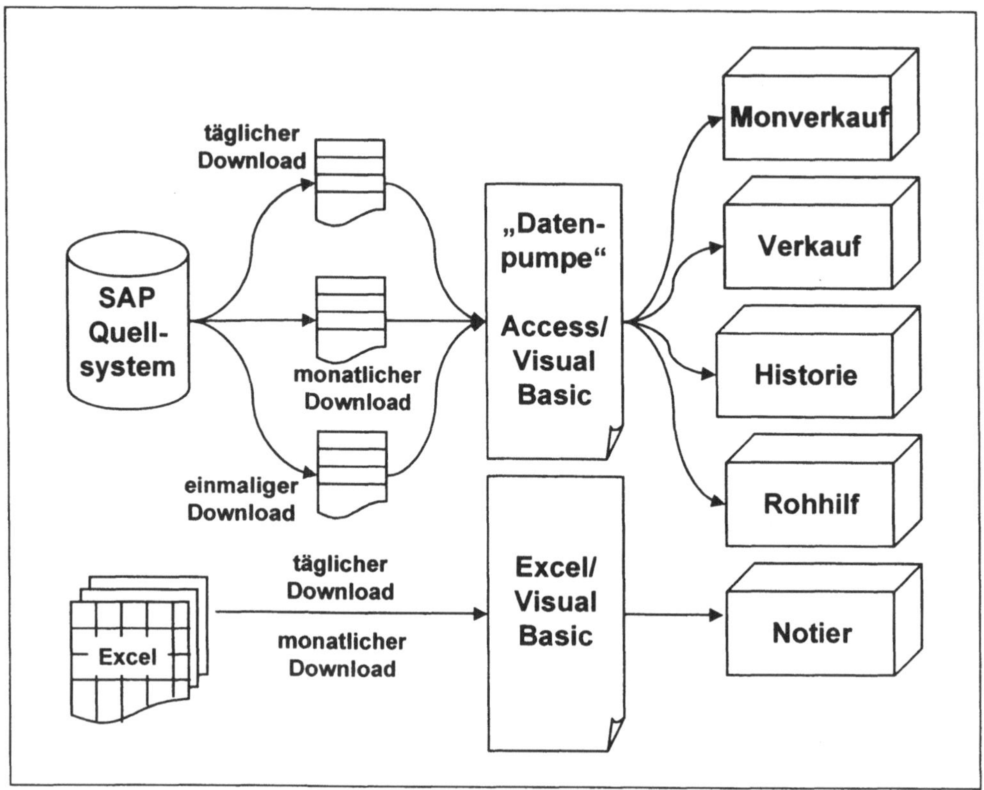

Abb. 7: ETL-Gesamtprozeß

5.2 Zyklische Data Warehouse-Aktualisierung

Der Ladeplan für das Data Warehouse bei RÜTGERS VFT sieht zwei Zeitzyklen zur Aktualisierung vor. Der Datenwürfel mit den Verkaufszahlen auf Monatsebene wird im monatlichen Zyklus aktualisiert. Daneben existiert ein Datenwürfel mit tagesgenauen Daten des aktuellen Monats, der täglich aktualisiert wird. Der gesamte ETL-Teilprozeß zur monatlichen Aktualisierung ist in Abbildung 8 im Überblick dargestellt.

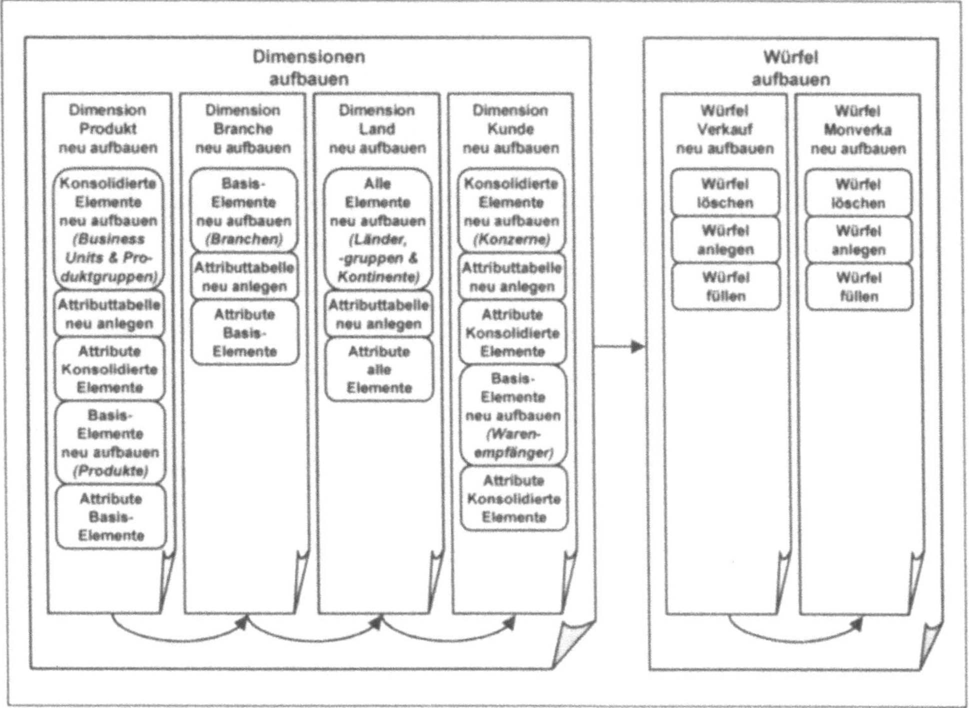

Abb. 8: Monatlicher ETL-Prozeß

Eine grundlegende Vorgehensweise beim Aktualisieren von Data Warehouse-Datenbeständen ist, daß erst Dimensionsstrukturen zu aktualisieren sind, bevor entsprechende Wertausprägungen hochgeladen werden können. Dies drückt sich in der Abbildung dadurch aus, daß der zuerst auszuführende Subprozeß des Aufbaus der Dimensionen in der Sequenz vor dem Subprozeß des Aufbaus der Würfel steht. In der realisierten Anwendung werden sowohl die sich ändernden Würfel als auch die veränderten Dimensionen bei jedem Aktualisierungs-Ladevorgang komplett neu aufgebaut.

Der Aufbau einer Dimension sei exemplarisch am Beispiel der Kundendimension illustriert. In einem ersten Teilschritt werden zunächst die konsolidierten Elemente (Konzerne) aufgebaut, wobei alle bisher vorhanden Dimensionselemente gelöscht werden, nicht jedoch die Dimension.

In den weiteren Schritten wird die Attributtabelle der Dimension gelöscht und neu angelegt. Dies ist erforderlich, um den von den bereits gelöschten Dimensionselementen belegten Speicher in der Attributtabelle freizugeben.[2] Mit den nächsten beiden Prozeßteilschritten werden die Basiselemente, die Kunden, und deren Attribute angelegt.

Nachdem alle Dimensionen neu aufgebaut sind, ist es möglich, die Datenwürfel zu füllen. Grundsätzlich bietet sich die Option, vorhandene Würfel lediglich mit den neu hinzugetretenen Werten zu aktualisieren (Delta Upload). Eine andere Möglichkeit ist der regelmäßige komplette Neuaufbau der Datenwürfel. Da sich das Datenvolumen im vorgestellten Anwendungsbeispiel als nicht zu groß erwies, entschied man sich hier für die zweite Vorgehensweise, da auf diese Art immer ein konsistenter Datenbestand in den Datenwürfeln gewährleistet ist. Dieser Teilprozeß schließt sich an den Schritt des Dimensionsaufbaus an.

Prinzipiell erweist sich die Realisierung des Schrittes zum wertmäßigen Befüllen der Würfel als eher unkritisch. Die Herausforderung liegt im Aufbau der Dimensionsstrukturen. Vielfach sind analytisch orientierte Hierarchien in Dimensionen nicht unmittelbar aus den vorhandenen Quelldaten zu entnehmen und müssen teilweise aus Schlüsselfeldern aufwendig abgeleitet werden.

In dem beschriebenen Projekt ergab sich eine derartige Problematik beim Aufbau der Produkthierarchie, die wie bereits in Abschnitt 3.1 dargelegt, eine vergleichsweise komplexe Hierarchie beinhaltet.

6 Zusammenfassung und Ausblick

Mit dem Schritt zum Aufbau des beschriebenen Analyse-Informationssystems ANI der RÜTGERS VFT AG haben sich viele Vorteile bereits nach kurzer Zeit eingestellt. Zu nennen sind insbesondere

- die höhere Produktivität der Abteilungen bzw. Mitarbeiter durch die Auseinandersetzung mit der Interpretation von Daten und nicht mit deren Zusammenstellung und Auswertung,
- die verbesserte Kommunikation durch die unternehmensweite Terminologie und Konsistenz der Daten sowie
- die Bedeutung als strategisches Steuerungsinstrument der Unternehmensleitung

Die Zufriedenheit des Anwenderkreises läßt sich auf den spürbaren Nutzen von ANI zurückführen. Nicht zuletzt durch die Integration in die gewohnte Office-Umgebung erlangen Analyseergebnisse, Reports und Darstellungen eine neue Qualität.

Die nächsten Schritte im weiteren Ausbau des Systems sind die Ausweitung auf den Personalbereich sowie auf die Bereiche Investitionen und Instandhaltung. Mit der geplanten Implementierung des Planungsmoduls von ALEA kann zudem die Erstellung von Budgets, Planungen und Prognosen anhand von Szenarien bis auf kleinste Stufen heruntergebrochen werden. Die Unternehmensplanung sowie das Durchspielen von Szenarien wird damit erheblich vereinfacht und wesentlich schneller zu erstellen sein.

Mit der Entscheidung der RÜTGERS VFT AG eine Migration von R/2 nach R/3 vorzunehmen, wird sich die Anbindung des Data Warehouses an die ERP-Welt zukünftig drastisch vereinfachen.

Literatur

[ChGl99] CHAMONI, P.; GLUCHOWSKI, P.: Analytische Informationssysteme – Einordnung und Überblick, in: CHAMONI, P.; GLUCHOWSKI, P. (Hrsg.): Analytische Informationssysteme, 2. Aufl., Berlin, Heidelberg, New York 1999, S. 3-25.

[GlGC97] GLUCHOWSKI, P.; GABRIEL, R.; CHAMONI, P.: Management Support Systeme, Computergestützte Informationssysteme für Führungskräfte und Entscheidungsträger, Berlin, Heidelberg, New York 1997.

[Holt98] HOLTHUIS, J.: Der Aufbau von Data Warehouse-Systemen, Wiesbaden 1998.

[Toto00] TOTOK, A.: Modellierung von OLAP- und Data Warehouse-Systemen, Wiesbaden 2000.

Anmerkungen

1 Durch den Begriff Nullzeilenunterdrückung wird fälschlicherweise suggeriert, daß hiermit auch Zeilen, die Werte mit „0" enthalten, unterdrückt werden. Tatsächlich jedoch sind nur die Zeilen betroffen, zu denen keine Werte existieren. Der Wert „0" wird somit sehr wohl von der Ausprägung „nicht vorhanden" abgegrenzt.

2 Das Löschen eines Dimensionselementes in ALEA gibt den belegten Speicher in Attributtabellen nicht frei, da die Elemente intern fortlaufend mit einem Index versehen werden.

Handel

Auswertungspotentiale einer Data Warehouse-gestützten Warenkorb- und Bondatenanalyse im Handel

Michael Städler, Joachim Fischer

Inhalt

1 Einleitung

Im filialisierten Lebensmittelhandel haben sich in den letzten Jahren Scannerkassen in großem Maße durchgesetzt. Als Vorteile werden neben den Rationalisierungsvorteilen im Kassiervorgang diverse Analyse- und Unterstützungsmöglichkeiten bei Sortiments-, Marketing-Mix, Verkaufsflächen-, Personaleinsatz - Entscheidungen propagiert. Diese Auswertungsmöglichkeiten von positions- und warenkorbgenauen Verkaufsdaten lassen sich in der Handelspraxis häufig nicht in der theoretisch versprochenen Weise realisieren, da eine Reihe technischer, organisatorischer und geschäftlicher Besonderheiten dies erschweren. Einige Beispiele:

- Verkaufspositionen werden im Kassiervorgang häufig nicht unterschieden (z.B. Schokoladenriegel unterschiedlicher Geschmacksrichtungen, aber gleicher Preise),
- Verkaufspositionen lassen sich bei loser Ware (häufig im Frischesortiment) nicht identifizieren, da die entsprechenden Zusatz-Einrichtungen (z.B. Scannerkassen-Waagenverbund) fehlen,
- die Fülle der Artikel in einem Supermarkt macht es schwierig, aussagefähige Verkaufskorrelationen zu bilden, da vieles nur wenige Male am Tag verkauft wird,
- die Kaufgewohnheiten der Kunden sind je nach Kaufanlaß heterogen; der gleiche Kunde z.B. ist morgens vom Typ „eiliger Kleinverbraucher“ und mittags vom Typ „Schnäppchenjäger“.

Studien zeigen daher auch die Grenzen ursprünglich vielversprechender theoretischer Ansätze auf ([Heid90], [Deck96]). Auf der anderen Seite eröffnen sich aber in der Praxis zusätzliche Möglichkeiten aus der Analyse der Kassentransaktionen (z.B. im Bereich der Revision), die Investitionen in Auswertungssysteme für positions- und warenkorbgenaue Abverkaufsdaten durchaus lohnend machen.

Entscheidend für den Nutzen einer Lösung zur Warenkorb- und Bondatenanalyse ist dabei nicht die zugrundegelegte DV-Technologie, sondern vielmehr die Erfassung des Geschäfts- und Organisationsmodells in den DV-Systemen.

2 Warenkorb- und Bondaten im Data Warehouse

Die durch Scannerkassen ermittelte Abverkaufsposition auf dem Bon wird als "Stimmzettel des Verbrauchers" [Witt97] bezeichnet; diese Analogie setzt allerdings voraus, daß der Artikel und der Verbraucher sich identifizieren lassen sowie seine Stimmentscheidung kausal begründbar ist.

Für die Geschäfts- und die Logistiksteuerung kann der Bon als eine wesentliche Datengrundlage dienen, da er hinsichtlich des Abverkaufes präzise Artikel, Menge, Ort, Preis, Zeit und den Kundenwarenkorb im Sinne eines Bedarfsbündels festhalten kann. Nutzbringende Analysen können sich beziehen

- auf die Ressourcen (z.B. Personal),
- auf die Vertriebslogistik (Sortiment),
- auf die Beschaffungslogistik (Warendisposition),
- auf den Marketing-Mix (Verkaufsflächen, Aktionen, Kundenverhalten).

Für umfassende, wirklich nutzbringende Analysen sind die Bondaten aus den Scannerkassen mit Daten aus anderen Quellen der Filiale oder der Handelszentrale zu kombinieren.

Um die Bon- und Warenkorbdaten sinnvoll nutzen zu können, müssen

- die Kassenscanner-Daten in kombinierbarer Struktur mit denen aus anderen Quellen gespeichert werden,
- geeignete Hypothesen zur Analyse der Zusammenhänge entwickelt und in Methoden implementiert werden,
- aus den Analysen über bisherige Zusammenhänge Prognosen über zukünftiges Verhalten abgeleitet werden.

Art der Basisdaten	**Erforderliche Datenquellen**	**mögliche Analysen**	**möglicher Nutzen**
Abverkaufsdaten • pro Filiale • pro Artikel • pro Tag	• Warenwirtschaft	• Abverkauf Trockensortiment • Renner-Penner	• Warendisposition
Scannerdaten • pro Kasse • pro Artikel • pro Stunde	• Kassenscanner • Personaldaten	• Kassenbelastung	• Personaleinsatz
	• Waagen-Scanner	• Abverkauf Frischewaren • Belastung Bedienabteilungen	• Sortimentsoptimierung • Frischwarendisposition
Bondaten • pro Kasse • Transaktionen pro Bon • Pro Sekunde	• Revisionsmuster	• Revisionsanalysen	• Automatische Revision
	• Filialtopografie	• Verkaufsflächen	• Verkaufsflächenoptimierung
	• Werbeträgerdaten • Aktionsdaten	• Marketing-Reaktionen	• Aktionsoptimierung
Warenkorb • pro Kunde • pro Warenkorb • pro Kaufakt	• Kundendaten	• Kundenverhalten • Verbundanalysen	• Kundenmarketing
	• Filial-Soziografie • Filial-Konkurrenzdaten	• Kaufverhalten	• Mikro-Marketing pro Filiale

Abb. 1: Stufen der Warenkorb- und Bondatenanalyse

Diese Analyse- und Prognosemethoden sollen unter dem Begriff Warenkorb- und Bondatenanalyse (WBA) zusammengefaßt werden. Eine WBA kann fallweise aufgrund ausgewählter Daten (dann meist durch spezialisierte Marktforschungsinstitute) oder kontinuierlich (dann meist im Handelsunternehmen intern) vorgenommen werden.

Ein Data Warehouse zur WBA sammelt alle Datenbestände eines Handelsunternehmens, die zur Analyse der Warenkorb- und Bondaten erforderlich sind, in einer integrierten (semantischen) Datenstruktur, die DV-technisch u. U. in mehreren (dezentralen) Datenbanksystemen realisiert werden kann.

Der Nutzen eines solchen Data Warehouse liegt in unterschiedlichen Aspekten:

- Integrationsbasis für heterogene DV-Systeme

Aufgrund der Konzentrationsprozesse und der Investitionszyklen existieren in den Handelsunternehmen heute heterogene Hard- und Softwaresysteme in den Filialen, Logistikeinheiten und in der Zentrale. So sind z.B. die Kassensysteme samt Schnittstellen unterschiedlich und deren Tastaturbelegung variiert von einem zum anderen Verkaufsbezirk.

Ein Data Warehouse kann als einheitlicher semantischer Bezugsrahmen für alle Schnittstellen sowie Bewegungs- und Bestandsdaten fungieren, ermöglicht dadurch eine schrittweise Integration und Modernisierung der DV-Systeme und vermeidet den zeit- und kostenaufwendigen „big bang".

- Rationalisierung von Dispositions- und Controllingprozessen

Im Zuge der Konzentration sind Handelskonzerne mit einer Zentrale entstanden, die administrative und dispositive Tätigkeiten des Gesamtunternehmens weitgehend an sich gezogen hat, um diese einheitlich mit qualifiziertem Personal durchzuführen. Dabei sind zum einen die Gemeinkostenblöcke auch aufgrund wachsender Controlling- und Revisionsaktivitäten überproportional gestiegen. Zum anderen sind Umsatzeinbußen entstanden, da z.B. im Frischebereich das Geschäftsgeschehen stark von lokalen Gegebenheiten beeinflußt wird. Ein Data Warehouse kann dabei helfen, diese zentralisierten Dispositions- und Controllingprozesse durch einheitliche und automatisierte Analysen zu rationalisieren und auf die Geschäftserfordernisse zu fokussieren.

- Dauerhafte Informationssammlung für mehrdimensionale Auswertungszwecke

Traditionelle betriebswirtschaftliche Informationssysteme sind am Rechnungswesen orientiert und erzeugen die dort üblichen periodisch verdichteten Auswertungen. In einem Data Warehouse werden sowohl aktuelle als auch historische Daten in unverdichteter Form für längere Zeiträume gespeichert. Dadurch wird es ermöglicht, dynamische bisher nicht erkannte Zusammenhänge z.B. für Logistik- und Marketingzwecke zu identifizieren. Sollen zum Beispiel in einer WBA Jahresvergleiche durchgeführt werden, sind aufgrund der Verschiebungen kirchlicher Feiertage und der Schulferien Daten für 18 Monate zumindestens repräsentativ zu speichern.

Aufgrund ihres Geschäftsinteresses betonen Softwareunternehmen die Mächtigkeit ihrer Datenspeicherungs-, Datenverarbeitungs- und Datenpräsentationstechniken, die sich je nach Technologiestand rasch wandeln. Für ein Handelsunternehmen sollte jedoch der Beitrag eines Data Warehouse zum jeweiligen Geschäftsmodell und dessen Erfolg entscheidend sein.

3 Architekturmerkmale einer Warenkorb- und Bondatenanalyse

Grundlage der integrierten semantischen Datenstruktur eines Data Warehouses sollte das Geschäfts- und Organisationsmodell des jeweiligen Handelsunternehmen sein. Da die Unternehmen unterschiedlich sind, muß zwangsläufig auch dieser Integrationsrahmen spezifisch sein.

3.1 Geschäftsmodell

Erfolgreiche Einzelhandelsunternehmen (z.B. TCHIBO, ALDI) arbeiten mit charakteristischen, sich von der Konkurrenz eindeutig unterscheidenden Geschäftsmodellen, auf die auch die Organisation und die Informationssysteme abgestellt sind.

Das Geschäftsmodell legt fest, mit welchen Strukturen ein Unternehmen auf dem Markt um Kunden kämpft:

- die Geschäftsobjekte, z.B. die Anzahl, Differenziertheit und Dynamik der Artikel und der Preise, die Sortimentsbereiche (z.B. Fleisch / Fisch / Käse);
- die Geschäftsprozesse im Verkauf (z.B. Bedientheken, Leergutabwicklung), in der Logistik (z.B. Regalbestückung) und im Einkauf;
- die Geschäftsklienten, z.B. die Größe und der Aufbau der Filialen, Dynamik der Regalbestückung, Shop in Shop-Konzepte;
- die Geschäftskanäle (z.B. die Art und der Aufbau der Werbung, der Aktionen, der Warenplazierung).

Elemente	Mögliche Ausprägungen	Discounter A	Kaffeefilialist T
Geschäftsobjekte (z.B. Artikel)	Anzahl Differenziertheit Dynamik Preise Warenkorbstruktur	Mittelgroß Klein Gering / hoch Sinkend heterogen	klein groß gering / hoch dynamisch homogen
Geschäftsprozesse	Bedientheken Leergut Beratung	nein nein nein	ja nein ja
Geschäftsklienten	Filialgröße Filialaufbau	mittel identisch	kein identisch
Geschäftskanäle	Werbefrequenz Werbeaufbau	wöchentlich identisch	wöchentlich wechselnd

Abb. 2: Elemente und Ausprägungen von Geschäftsmodellen

Kaffeefilialist T betreibt eine äußerst dynamische Preispolitik im gesamten Sortiment und eine dynamische Produktpolitik im Sondersortiment und zielt damit auf „Schnäppchenjäger", (und wer ist das nicht?), die, wenn sie einmal in der Filiale sind, nebenbei Spontankäufe tätigen; Ziel ist der schnelle Warenumschlag. Aufgrund der lokalen Abverkäufe im Sondersortiment werden ggf. die Preise angepaßt.

Discounter A verfolgt eine stetige Preisführerschaft im Kern- und Sondersortiment, das wöchentlich wechselt.

3.2 Organisationsmodell

Aus den Geschäftsmodellen ergeben sich die Organisationsmodelle, die im Handelsunternehmen das Zusammenspiel der internen und externen Logistikeinheiten im Güterfluß beschreiben. Das Organisationsmodell legt folgende Merkmale fest:

- die externen und internen Organisationsobjekte, z.B. die Anzahl, Differenziertheit und Dynamik der Verpackungs- und Logistikeinheiten;
- die externen und internen Organisationsprozesse im Verkauf (z.B. Bedientheken, Leergutabwicklung), in der Logistik (z.B. Regalbestückung) und im Einkauf;
- die externen und internen Organisationsklienten, z.B. die Verteilung der Verkaufs- und Logistikeinheiten sowie der Lieferanten;
- die Organisationskanäle (z.B. die Art der Filialbelieferung).

Unternehmen mit dynamischen Geschäftsmodellen nutzen eine WBA für die Optimierung ihres absatzpolitischen Instrumenteneinsatzes, also z.B. für die Preisaktions- und Sortimentsplanung. Unternehmen mit dynamischen Organisationsmodellen nutzen die WBA für die interne Struktur- und Prozeßeffizienz. Die meisten Handelsunternehmen fokussieren sich entweder auf das Geschäfts- oder das Organisationsmodell und sollten daher auch ihre WBA entsprechend ausrichten.

Das Organisationsmodell legt fest,

- welche Mitarbeiter welcher Funktion und Qualifikation
- mit welchen Instrumenten
- für welche Dispositions- oder Controllingprozesse
- in welcher Frequenz

durch die WBA unterstützt werden sollen. Fallen z.B. die Aktionsentscheidungen in einem Handelsunternehmen zentralisiert, so ist es sinnvoll, die Bondaten- und Warenkorbanalyse in der Zentrale durchzuführen und diesen Analysetyp dem Filialpersonal nur dann zur Verfügung zu stellen, wenn dieses die Verkaufsflächen optimieren soll. Durch die Verteilung von Analyse- und Entscheidungskompetenzen wirkt das Organisationsmodell direkt auf das Technologiemodell.

3.3 Technologiemodell

Für eine WBA werden Daten betriebs- und unternehmensübergreifend gesammelt, konsolidiert, modelliert, in einer oder mehreren Datenbanken gespeichert und schließlich ausgewertet und an die Akteure im Unternehmen verteilt [StFi98].

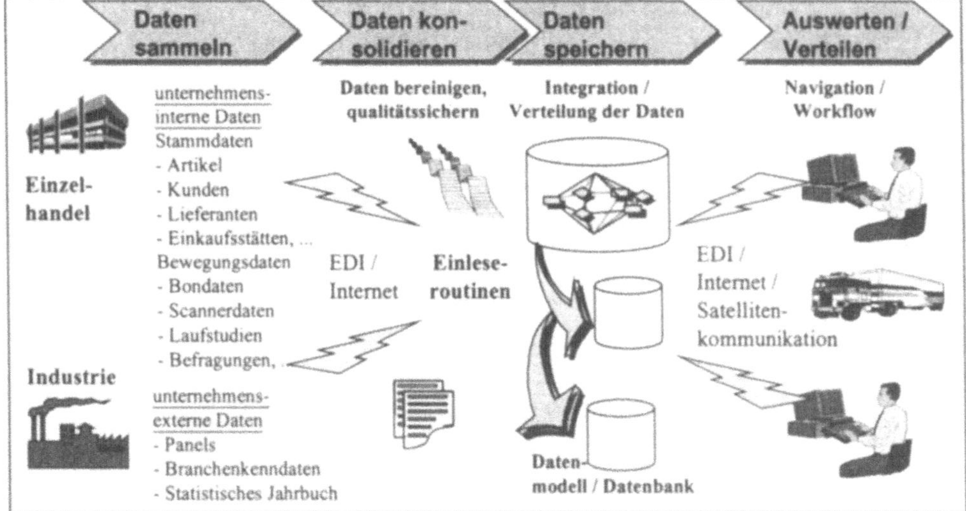

Abb. 3: Architektur eines Data Warehouse zur WBA in der Logistikkette

Die zu wählende Technologie ist vom Organisationsmodell abhängig. WBA in der Zentrale nutzt spezialisierte DV-Systeme und Mitarbeiter, WBA in der Filiale wird von deren Mitarbeitern auf leistungsfähigen PC's betrieben.

Aufgabe	Gestaltungs-element	WBA in der Zentrale	WBA in der Filiale
Datenver-sorgung	Konsolidierung	in Datenbank - Vorrechner	in Filial - PC
	Kommunikation	hohes Volumen • Mikro-WBA-Daten • WBA-Auswertungen	geringes Volumen • Stammdaten • WBA-Auswertungen
Speiche-rung	Hardware	Parallel-Datenbankrechner	PC
	Software	Relationale Datenbank	OLAP-Datenbank
	Verteilung	Zentral	dezentral
	Konzept	Data Warehouse	Data Marts
	Horizont	mehrere Monate	Wochen
Auswer-tung	Hardware	PC, Workstation	PC
	Mitarbeiter-qualifikation	Spezialisten	Filialmanagement
	Werkzeug	(R)OLAP-Werkzeuge	EXCEL
	Berichte	Standardberichte plus flexible Navigation	vorkonfigurierte Berichte

Abb. 4: Elemente des Technologiemodells

Für die **Datenversorgung** sind Schnittstellen zu Vorsystemen zu schaffen. Aus den Filialen sind aus den Scannerkassen Bondaten und ggf. spezifische Stammdaten abzugreifen. Der Großteil der Stammdaten (z.B. Artikel, Kunden [bei Kundenkarten], Lieferanten) wird aus den Warenwirtschaftsystemen der Handelszentrale übernommen. Optional können Produktstammdaten der Industrie (z.B. SINFOS) oder Panels (z.B. MADAKOM [Hall92]) übernommen werden.

Mit der Datenkonsolidierung ist die Datenqualität zu sichern. Aufgaben sind die Extraktion, Reinigung, ggf. Verdichtung und Denormalisierung der Daten. Dieser Prozeß umfaßt z.B. die Aufgaben Artikel-EAN versus Warengruppen-Buchungen (z.B. Frischesortiment), das "Milka-Problem" (Sortenbuchungen statt artikelgenauem Scanning),

Zuordnung von Verkaufs- zu Einkaufspreisen (z.B. Einzelflasche verkauft, Einkaufspreise im Artikelstamm je Kiste), Eliminieren von internen Bons (z.B. Konzessionärsabrechnung, Eigenverbrauch, Schulungsbons). Filialinterne Nummernkreise (z.B. wegen lokaler Lieferanten im Frischebereich) sind unternehmensweit zu konsolidieren und mit dem Warenwirtschaftssystem zu integrieren.

Für die Datenübertragung von den Filialen zur Zentrale sind Netze bereitzustellen und die Kommunikationssysteme (Protokolle, Dienste, Nachrichtenformate) zu wählen und zu organisieren. Das Bondatenvolumen schwankt zwischen 5-20 MB pro Tag und Filiale, so daß z.B. bei 30 Filialen mit je 10 MB in einem halben Jahr knapp 50 GB an Bewegungsdaten anfallen.

Für die **Datenspeicherung** können zwei Alternativen gewählt oder kombiniert werden, ein zentrales Data Warehouse oder (verteilte) Data Marts. Eine Kombination beider Ansätze ist in der Abbildung dargestellt. Übergreifender Integrationsrahmen sollte ein zentral konzipiertes und gepflegtes (semantisches) Datenmodell sein. Dieses wird i.d.R. vom Lieferanten der WBA-Software gestellt und ist unternehmensspezifisch anzupassen. Herkömmliche Datenmodelle sind für operative Anwendungen optimiert, solche für die WBA demgegenüber auswertungsoptimiert ("Data Warehouse"): Daten werden angesichts heutiger Speicherpreise redundant (z.B. Bon- und Scannerdaten) gehalten. Für eine WBA eignen sich alternative logische Datenmodelle, neben dem relationalen Modell das Online Analytical Processing"- (OLAP), Relationales OLAP (ROLAP) und Multidimensionales OLAP (MOLAP) [MuHR96].

Bei deren Einsatz sollte allerdings beachtet werden, daß diese aus Performancegründen auf feste Zugriffspfade hin optimiert sind. Größere WBA bauen daher auf relationalen Modellen auf. Hinsichtlich der **Auswertung** sind Analysewerkzeuge mit Oberfläche und Navigation auszuwählen.

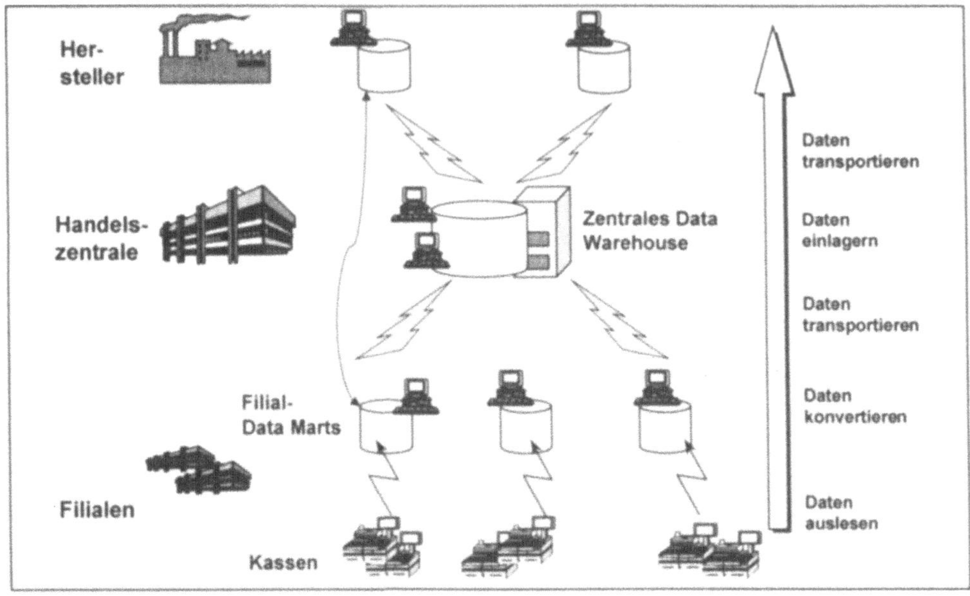

Abb. 5: Gestufte Architektur eines Data Warehouse

Adäquate Analysewerkzeuge sollten nicht nur periodisch vorgefertigte Berichte liefern, sondern auch ein aktives Navigieren zulassen. Für Filialmitarbeiter bieten sich Tabellenkalkulationswerkzeuge (z.B. MS-EXCEL) an, Spezialisten in der Zentrale können die Navigation mit OLAP-Methoden (u.a. Drill Down und Slice & Dice) nutzen. Data Mining [Mich95] konnte sich bisher nicht durchsetzen; viele Analysetypen sind auch mit herkömmlichen Datenbank-Abfragen möglich. Der Einsatz von Data Mining macht Sinn, wenn große Datenmengen auf Zusammenhänge oder Muster analysiert werden sollen, ohne im voraus solch "verdächtige" Muster zu kennen; erfahrene Analytiker im Handel sind bisher oft überlegen.

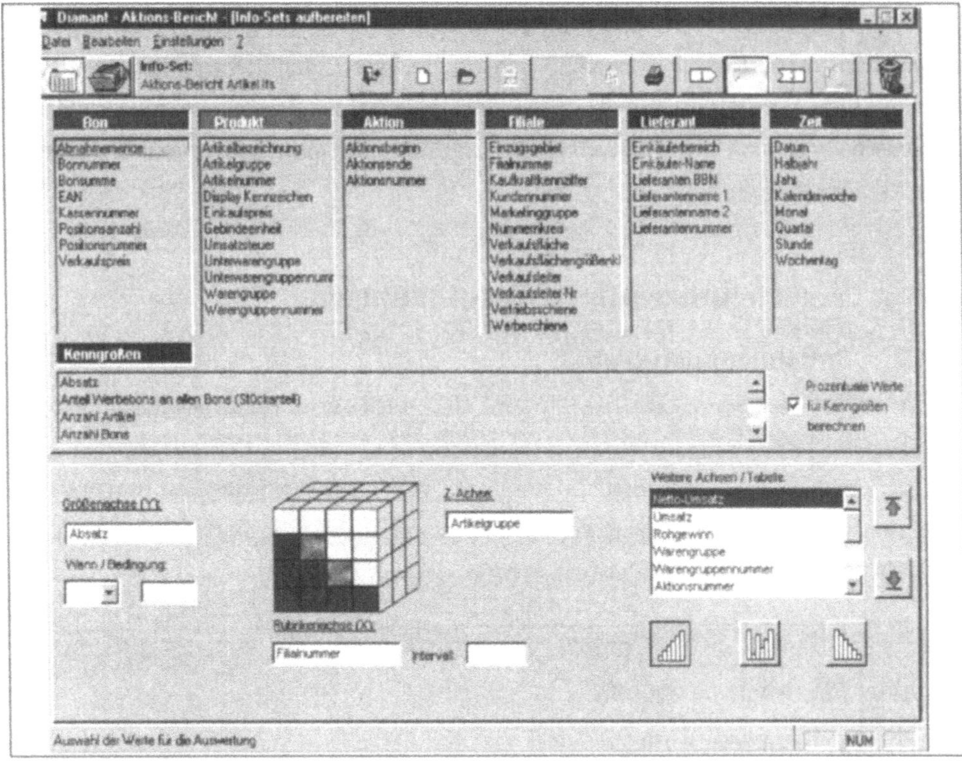

Abb. 6: Beispiel einer WBA-Oberfläche

4 Auswertungspotentiale

Die gezeigten Beispiele sind auf die Auswertung von (periodengenauen) Scanner- und (transaktionsgenauen) Bondaten ausgelegt. Das Vorhandensein kundenidentifizierender Informationen wird nicht vorausgesetzt, da Kundenkarten insbesondere in Lebensmittel führenden Handelshäusern noch selten eingesetzt werden.[1] Mittelbare Aussagen zu Kundenwarenkörben und damit Maßnahmen für eine verbesserte Kundenansprache können allerdings auch ohne solche identifizierenden Informationen abgeleitet werden.

Es werden beschaffungs-, prozeß- und vertriebsorientierte Auswertungen unterschieden. Beschaffungsorientierte Auswertungen geben Informationen für die Preis- und Mengenpolitik gegenüber den Lieferanten. Das Unterstützen der Beschaffungsdisposition ist ein weiteres Aufgabenfeld. Das unternehmensinterne Betriebsgebaren kann mittels prozeßorientierter Auswertungen beleuchtet werden. Beispiele sind Personaleinsatzplanung und Revision. Vertriebsorientierte Auswertungen betrachten die Schnittstelle des Handelsunternehmens mit dem Endverbraucher, z.B. in Form von Analysen zur Sortiment- oder Aktionsplanung.

4.1 Vertriebsorientierte Auswertungen

4.1.1 Sortimentanalysen

Primäres Ziel der Sortimentplanung ist es, eine verbesserte Kundenansprache und als Resultat eine höhere Kundenbindung zu erreichen. Dafür sind vielfältige Informationen in den Analysen zu verknüpfen. Lieferant, Kunde, Artikel, Filiale und deren Beziehungstypen sind die wesentlichen Analysedimensionen für die Sortimentplanung wie auch für alle weiteren hier vorgestellten Analysetypen.

Die Aufgabe der Sortimentplanung ist es, standortspezifisch über

- Aus- / Einlistung von Artikeln,
- Sortiment- und Preisstruktur,
- Plazierung und
- Regaloptimierung

zu entscheiden.

Die Analyse ist auf beliebigen Sortimentebenen mehrdimensional möglich: Warengruppen, Handels-/ Herstellermarken, einzelne Artikel sowie die im Category Management üblichen verwendungsorientierten Warenkategorien (z.B. "Alles für das Frühstück"). Beispielsweise kann eine Analyse über Bonreichweiten auf Warengruppenebene Hinweise für eine verbesserte Ladengestaltung geben. Zusammen mit Kundenlaufstudien können die Warengruppen innerhalb eines Marktes optimal plaziert werden. Die Verkaufsflächenplanung je Sortimentsbereich (Regaloptimierung) wird erleichtert.

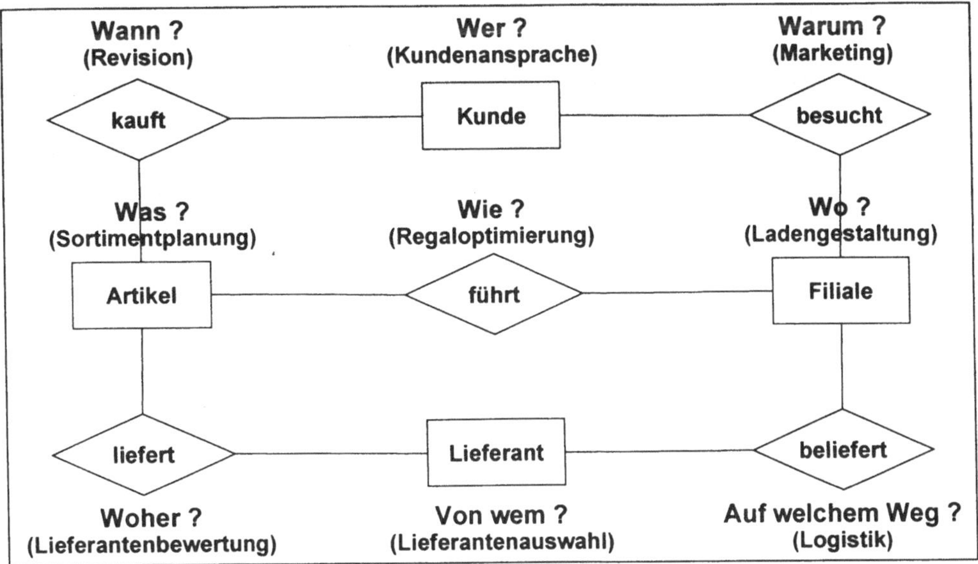

Abb. 7: Analysedimensionen der WBA

Um das Sortiment effizient zu gestalten und zu plazieren, ist zu analysieren, welche Kundentypen welche Filialtypen besuchen, abhängig von der Lage einer Filiale, und welche Waren sie dort kaufen. Die Filiallage läßt sich mit dem Umgebungstyp (z.B. Gewerbefläche Stadtrand, Einkaufszentrum, Bahnhofsviertel) und der Konkurrenzsituation (Entfernung konkurrierender Shops oder Filialen) beschreiben. Bei den *identifizierenden Kundenanalysen* ist der Kunde individuell bekannt, z.B. über Kundenkarte oder Einkaufsausweise. Typische Fragen sind: Wie oft bzw. wie regelmäßig kauft ein Kunde ein? Welche Artikel kauft er in welchen Verbünden (Warenkörbe)? Welcher Umsatz oder Rohgewinn wird je Einkaufsvorgang und Kunde realisiert? Die *anonymen Analysen* werden ohne namentliche Kenntnis des Kunden durchgeführt. Sie sind bei Unternehmen ohne Kundenkarte oder aus datenschutzrechtlichen Gründen von Interesse. Analysiert wird z.B., welche typischen Warenkörbe für ausgewählte Warengruppen identifiziert werden können (Referenz-Warengruppen: z.B. "Weiße Ware", Fisch, Tiernahrung, Babykost etc.)?

4.1.2 Aktionsanalysen

Aktionsanalysen sollen helfen, den Ertragsverlust durch Werbe- und Aktionsartikel aufgrund geringerer Margen so niedrig wie möglich zu halten. Betrachtet werden der Kaufverbund und die Kauffrequenz i. d. R. über einen gesamten Aktionszeitraum (z.B. Woche). Typische Fragen sind [Städ98]: Hat die Aktion eine ausreichende Zahl von Kunden angesprochen (Reichweite der Aktion)? Hat die Aktion Absätze und Umsätze wie erwartet erhöht? Treten "Kannibalisierungseffekte" auf (Umsatz der Warengruppe des Aktionsartikels bleibt konstant)? Wie hoch ist der Gesamt-Rohgewinn einer Aktion (ohne / mit Verbund) oder eines Aktionsartikels? Welche Artikel ziehen überdurchschnittlich viele Schnäppchenjäger an?

4.1.2.1 Reichweite der Aktionsartikel

Eine erste wichtige Detailkenntnis ist die Anzahl der mit einer Aktion erreichten Kunden. Beantworten kann diese Frage ein Bericht, der alle Aktionsartikel einer Werbewoche absteigend nach Bonreichweite (Anzahl Bons mit Aktionsartikeln) mit den Kennzahlen Umsatz, Rohgewinn, Spanne und Absatz listet. Hierbei wird die Kundenwirkung einer Werbeaktion untersucht. Es wird ermittelt, ob die "richtigen" Artikel, hier diejenigen, die Kunden zum Besuch der Verkaufsräume bewegt haben, beworben wurden. Der Analysezeitraum kann standardmäßig eine gesamte Werbewoche umfassen. Alternativ müssen auch einzelne Aktionstage betrachtbar sein.

Die Analyse sollte folgende Erkenntnisse liefern: Hat die Aktion eine ausreichende Zahl von Kunden angesprochen (Reichweite der Aktion)? Wie viele Kunden haben einen Aktionsartikel gekauft (Reichweite des Aktionsartikels)? Hat die Aktion unabhängig von ihrer Reichweitenwirkung die erwarteten Absatz- und Umsatzwirkungen bei den aktionierten Artikeln gebracht? Wie hoch ist der Rohgewinn einer Aktion (ohne Verbundbetrachtung)? Wie hoch je Aktionsartikel? Welche durchschnittliche Spanne (ohne Verbundbetrachtung) wurde mit der Aktion erzielt? Welche je Aktionsartikel?

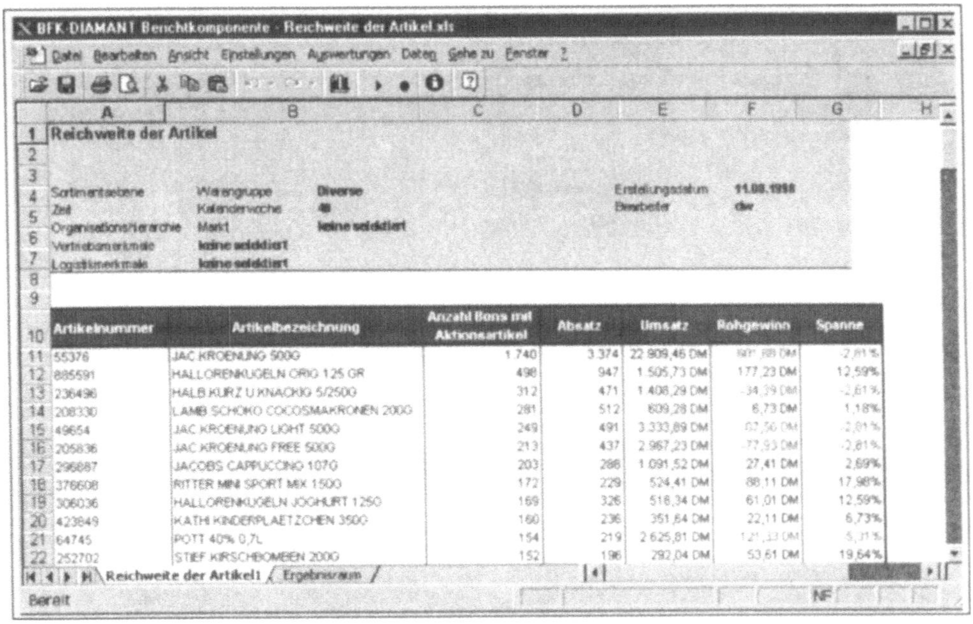
BFK-DIAMANT Berichtkomponente - Reichweite der Artikel.xls
Datei Bearbeiten Ansicht Einstellungen Auswertungen Daten Gehe zu Fenster ?
Reichweite der Artikel
Sortimentsebene Warengruppe Diverse
Zeit Kalenderwoche 48
Organisationshierarchie Markt keine selektiert
Vertriebsmerkmale keine selektiert
Logistikmerkmale keine selektiert
Erstellungsdatum 11.08.1998
Bearbeiter dw
Reichweite der Artikel1
Ergebnisraum
Bereit
NF

Artikelnummer	Artikelbezeichnung	Anzahl Bons mit Aktionsartikel	Absatz	Umsatz	Rohgewinn	Spanne
55376	JAC KROENUNG 500G	1.740	3.374	22.909,46 DM	[illegible]	-2,81%
885591	HALLORENKUGELN ORIG 125 GR	498	947	1.505,73 DM	177,23 DM	12,59%
236496	HALB KURZ U KNACKIG 5/250G	312	471	1.408,29 DM	-34,39 DM	-2,61%
208330	LAMB SCHOKO COCOSMAKRONEN 200G	281	512	609,28 DM	6,73 DM	1,18%
49654	JAC KROENUNG LIGHT 500G	249	491	3.333,89 DM	-[illegible],56 DM	-2,81%
205836	JAC KROENUNG FREE 500G	213	437	2.967,23 DM	-77,93 DM	-2,81%
296887	JACOBS CAPPUCCINO 107G	203	286	1.091,52 DM	27,41 DM	2,69%
376608	RITTER MINI SPORT MIX 150G	172	229	524,41 DM	88,11 DM	17,98%
306036	HALLORENKUGELN JOGHURT 125G	169	326	518,34 DM	61,01 DM	12,59%
423849	KATHI KINDERPLAETZCHEN 350G	160	236	351,64 DM	22,11 DM	6,73%
64745	POTT 40% 0,7L	154	219	2.625,81 DM	-121,33 DM	-5,31%
252702	STIEF KIRSCHBOMBEN 200G	152	196	292,04 DM	53,61 DM	19,64%

Abb. 8: Wieviele Kunden haben die Aktionsartikel gekauft?

4.1.2.2 Artikelverbünde

Eine weiterführende Frage ist die nach Verbundbeziehungen zwischen Artikeln und damit nach typischen Käufer-Warenkörben. Gerade im Aktionsgeschäft ist die Kenntnis dieser Beziehungen wichtig, um die richtigen Artikel veraktionieren zu können.

Rein mengenmäßig ausgewiesene Artikelverbünde sind betriebswirtschaftlich gesehen nicht ausreichend. Wesentlich ist eine wertorientierte Betrachtung. Damit wird der Gesamtrohgewinn (Verbundrohgewinn) zur entscheidungsrelevanten Größe, der die in DM bzw. Euro bewerteten Verbundwirkungen aller Aktionsartikel des Analysezeitraums widerspiegelt. Dabei müssen alle Bons in die Analyse einbezogen werden, auf denen Aktionsartikel enthalten sind (Aktionsbons).

Neben einer Gesamtdarstellung aller Aktionsartikel sollte auch eine Renner-/ Penner-Liste der Aktionsartikel zur Verfügung stehen, um schnell kritische bzw. erfolgreiche Kandidaten zu erkennen.

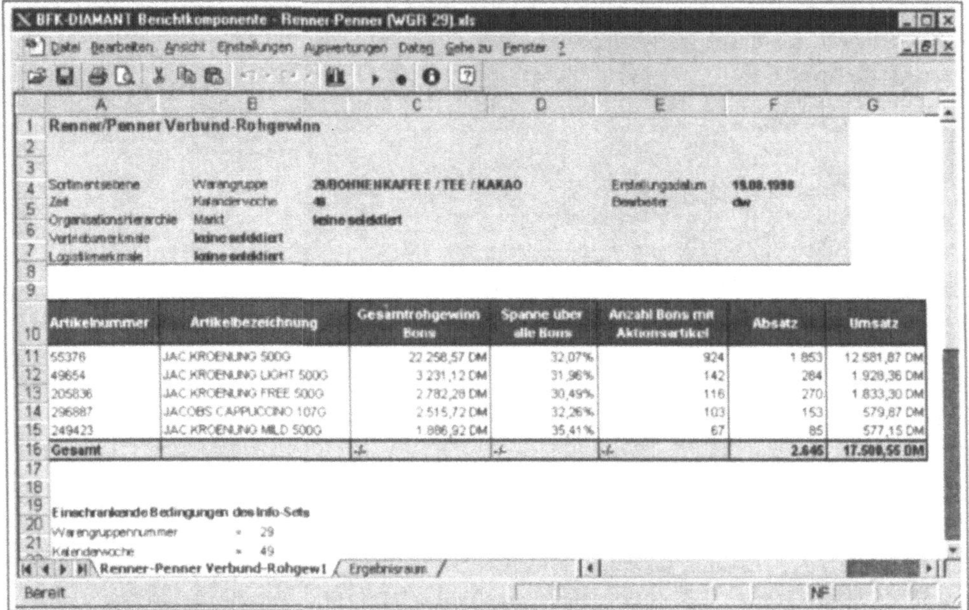

BFK-DIAMANT Berichtkomponente - Renner-Penner (WGR 29).xls

Renner/Penner Verbund-Rohgewinn

Sortimentsebene	Warengruppe	**29/BOHNENKAFFEE / TEE / KAKAO**	Erstellungsdatum	**15.08.1998**
Zeit	Kalenderwoche	**49**	Bearbeiter	**dw**
Organisationshierarchie	Markt	**keine selektiert**		
Vertriebsmerkmale	**keine selektiert**			
Logistikmerkmale	**keine selektiert**			

Artikelnummer	Artikelbezeichnung	Gesamtrohgewinn Bons	Spanne über alle Bons	Anzahl Bons mit Aktionsartikel	Absatz	Umsatz
55376	JAC KROENUNG 500G	22 258,57 DM	32,07%	924	1 853	12 581,87 DM
49654	JAC KROENUNG LIGHT 500G	3 231,12 DM	31,96%	142	284	1 928,36 DM
205836	JAC KROENUNG FREE 500G	2 782,28 DM	30,49%	116	270	1 833,30 DM
296887	JACOBS CAPPUCCINO 107G	2 515,72 DM	32,26%	103	153	579,87 DM
249423	JAC KROENUNG MILD 500G	1 886,92 DM	35,41%	67	85	577,15 DM
Gesamt		-/-	-/-	-/-	**2.645**	**17.500,55 DM**

Einschränkende Bedingungen des Info-Sets
Warengruppennummer = 29
Kalenderwoche = 49

Renner-Penner Verbund-Rohgew1 / Ergebnisraum

Abb. 9: Welche Verbundeffekte konnten in der Aktion erzielt werden?

Aus dem Ergebnis der Analyse können folgende Erkenntnisse gezogen werden: Welche Aktionsartikel sind die „Penner" bezüglich ihrer in DM bewerteten Verbundwirkung? Die "Penner", hier also die Aktionsartikel mit niedrigen Verbunderträgen, sollten unter gleichen Umständen in Zukunft nicht weiter aktioniert werden. Welche Reichweite (Anzahl Werbebons) haben die betrachteten Aktionsartikel erzielt? Ist diese hoch, kann der Artikel durchaus weiter beworben werden. Allerdings sollten ggf. Einkaufspreise reduziert werden bzw. der Aktionsverkaufspreis höher angesetzt werden.

4.1.2.3 Schnäppchenjäger

Schnäppchenjäger sind Kunden, die nur Aktionsartikel kaufen. Im Extremfall können dies mehrere unterschiedliche Aktionsartikel gleichzeitig sein, im abgeschwächten Fall wird nur ein Aktionsartikel - in beliebiger Menge - gekauft.

Es ist zu untersuchen, wieviele (absolut und anteilig) Käufe lediglich aus beworbenen Artikeln bestehen. Es handelt sich dabei um gezielte Aktionskäufe. Käufe dieser Art sind betriebswirtschaftlich unerwünscht, da Aktionsartikel einen geringeren Ertrag erwirtschaften und im Falle der Schnäppchenjäger ihre gewünschte Verbundwirkung nicht erzielen.

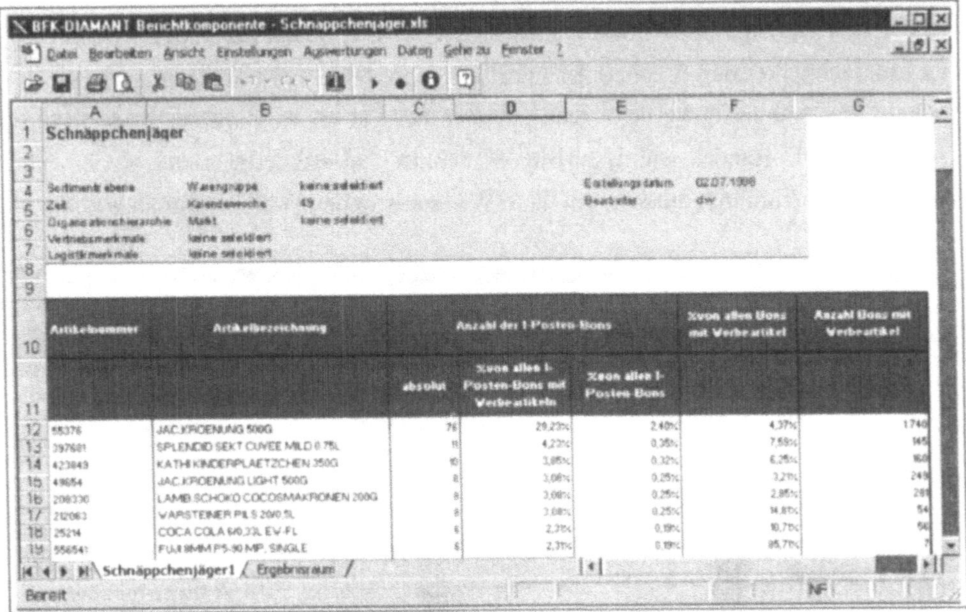

Abb. 10: Welche Artikel bevorzugen Schnäppchenjäger?

Aus dem Ergebnis der Analyse sollten folgende Erkenntnisse gezogen werden können: Hat das Bewerben eines Artikels zu den gewünschten Verbundwirkungen (Anzahl Bons mit Werbeartikel) geführt? Wie viele Schnäppchenjäger gab es je Aktionsartikel? Welche Aktionsartikel ziehen Schnäppchenjäger besonders an? Besitzt ein Aktionsartikel überdurchschnittlich viele Schnäppchenjäger im Vergleich zu anderen Aktionsartikeln? Wie ist die Relation von Schnäppchenjägern innerhalb der Aktion zu allen Schnäppchenjägern? Wie hoch ist der Anteil der Schnäppchenjäger innerhalb aller Aktionskunden?

4.1.2.4 Verdrängungseffekte und Vorratskäufe

Ein Beispiel zur Analyse von Kannibalisierungseffekten: Zwei Artikel einer Warengruppe werden abwechselnd aktioniert. Für beide Aktionen wird eine Analyse erarbeitet, die jeweils drei Wochen umfaßt, die Vorwoche, die Aktionswoche und die Nachwoche. Während in der Vorwoche und Nachwoche beide Aktionsartikel den gleichen Umsatz erzielen, erzielt in der Aktionswoche der Aktionsartikel A einen höheren Umsatz. Ihn deshalb als besseren Aktionsartikel zu bewerten wäre jedoch verfrüht. Eine Analyse des zugehörigen Warengruppenumsatzes ergibt nämlich, daß Aktionsartikel B in der Nachwoche den Warengruppen-Umsatz nachhaltig erhöht, A genau gegenteilig gewirkt hat. Es ist zu schließen, daß A höhere Kannibalisierungseffekte in der Warengruppe und eine höhere Bevorratungsquote beim Konsumenten bewirkt als B. Daher ist B der bessere Aktionsartikel. Handel wie Industrie werden in Zukunft gemeinsam solche Auswertungen durchführen müssen, um ihren Werbemix optimal aufeinander abzustimmen.

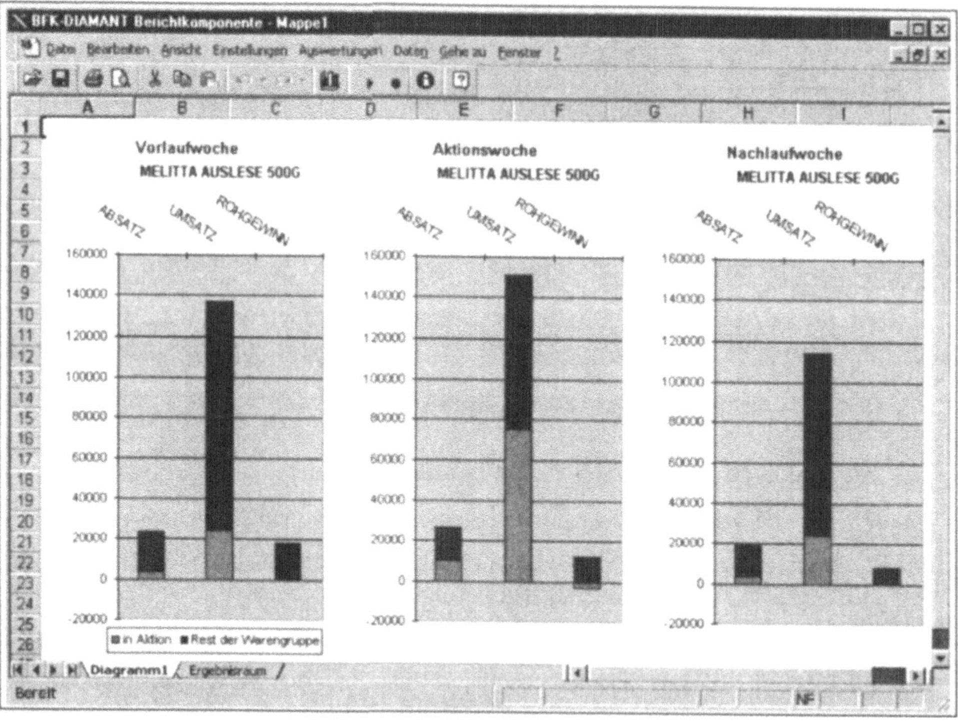

Abb. 11: Welche Kannibalisierungseffekte und Hamsterkäufe gab es?

Die Analyse sollte für einzelne, besonders absatzstarke und kostenträchtige Aktionsartikel durch den Vergleich Vorwoche - Aktionswoche - Nachwoche durchgeführt werden. Aus dem Ergebnis der Analyse können folgende Erkenntnisse gezogen werden: Hat die Werbeaktion auch in den Folgewochen Auswirkungen auf den Absatz des beworbenen Artikels? Entstehen durch die Werbeaktion Verdrängungseffekte („Kannibalisierung") in der Warengruppe im gesamten betrachteten Zeitraum? Aktionsartikel mit starken

Verdrängungseffekten innerhalb der eigenen Warengruppe sind nur dann zu rechtfertigen, wenn sie z.B. eine hohe Bonreichweite aufweisen. Sinkt der Absatz des Artikels nach der Werbeaktion unter das bisherige Niveau ab? Dies deutet auf verstärkte Vorratskäufe (Hamsterkäufe) der Kunden während der Aktion hin. Führt das Bewerben eines Artikels nach Aktionsende zu einem Umsatzrückgang?

4.1.2.5 Werbemedium

In der Werbemediumanalyse sind wichtige Kennzahlen für alle Artikel zusammengestellt, die z.B. auf einem Handzettel beworben sind. Es wird der Aufbau des eingesetzten Werbemediums untersucht. Standardmäßig ist der gesamte Werbezeitraum zu analysieren. Alternativ können einzelne Aktionstage betrachtet werden.

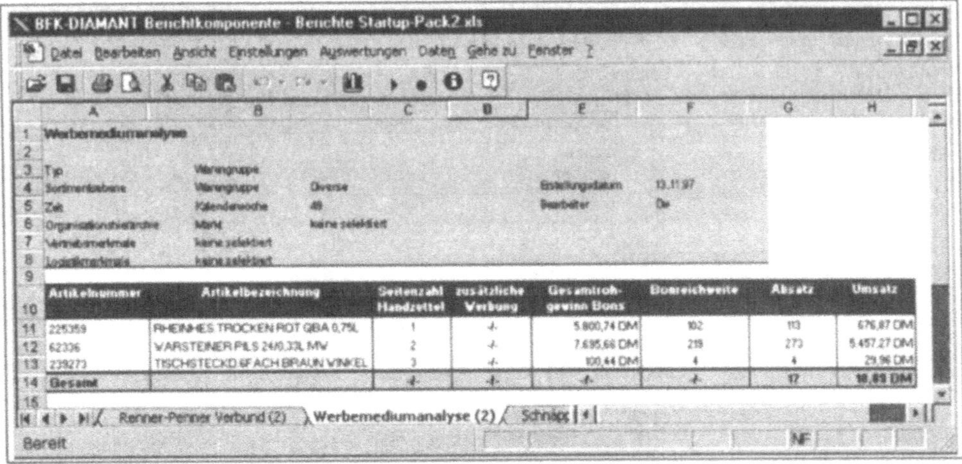

Artikelnummer	Artikelbezeichnung	Seitenzahl Handzettel	zusätzliche Verbung	Gesamtrohgewinn Bons	Bonreichweite	Absatz	Umsatz
225359	RHEINHES TROCKEN ROT QBA 0,75L	1	-/-	5.800,74 DM	102	113	676,87 DM
62336	VARSTEINER PILS 24/0,33L MW	2	-/-	7.695,66 DM	219	273	5.457,27 DM
239273	TISCHSTECKD 6FACH BRAUN WINKEL	3	-/-	100,44 DM	4	4	29,96 DM
Gesamt		-/-	-/-	-/-	-/-	17	[illegible]

Abb. 12: Wurde der Handzettel sinnvoll aufgebaut?

Aus dem Ergebnis einer solchen Analyse sollten folgende Erkenntnisse gezogen werden können: Welche Reichweite erzielten die einzelnen Aktionsartikel? Werden Artikel, die auf der ersten Seite eines Handzettels plaziert sind, häufiger als die übrigen Aktionsartikel gekauft? Wie viele Kunden haben einen Aktionsartikel gekauft? Welchen Gesamtrohgewinn (= Verbundrohgewinn) erzielt jeder Aktionsartikel? Sind Maßnahmen zur Umstrukturierung der Prospekte notwendig? Entscheidungshilfen hierbei können die Reichweitenwirkung oder die Verbunderfolgswirkung der Aktionsartikel sein. In welchem Maße sind die Kenngrößen (Absatz, Umsatz, Rohgewinn etc.) vom gewählten

Werbemedium abhängig? Lohnt sich der Einsatz zusätzlicher Werbemedien (z.B. Radio, Fernsehen)?

4.1.3 Out-of-stock-Analyse

Die resultierende Liste enthält alle Artikel eines Marktes, die zu den Top-Artikeln aus dem Kernsortiment („Out-of-stock"-Artikel) gehören oder in Aktion sind und die einen Nullverkauf aufweisen. Die Out-of-stock-Auswertung sollte täglich je Markt erzeugt werden. Sinnvollerweise kann die Liste morgens per Fax an die betroffenen Marktleiter gesendet werden.

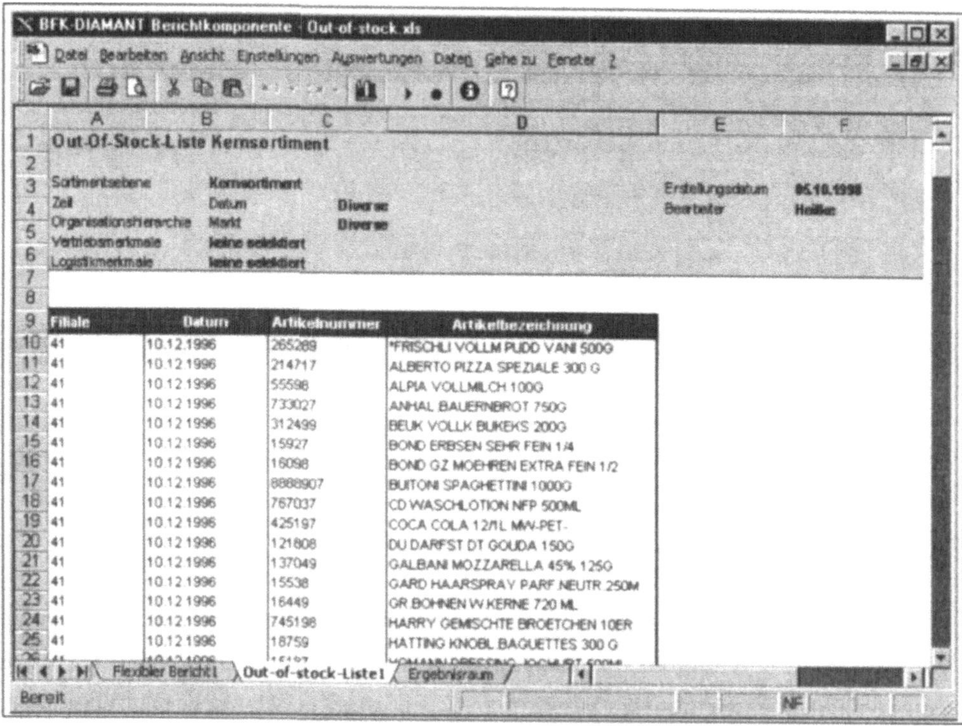

Filiale	Datum	Artikelnummer	Artikelbezeichnung
41	10.12.1996	265289	*FRISCHLI VOLLM PUDD VANI 500G
41	10.12.1996	214717	ALBERTO PIZZA SPEZIALE 300 G
41	10.12.1996	55598	ALPIA VOLLMILCH 100G
41	10.12.1996	733027	ANHAL BAUERNBROT 750G
41	10.12.1996	312499	BEUK VOLLK BUKEKS 200G
41	10.12.1996	15927	BOND ERBSEN SEHR FEIN 1/4
41	10.12.1996	16098	BOND GZ MOEHREN EXTRA FEIN 1/2
41	10.12.1996	8888907	BUITONI SPAGHETTINI 1000G
41	10.12.1996	767037	CD WASCHLOTION NFP 500ML
41	10.12.1996	425197	COCA COLA 12/1L MW-PET-
41	10.12.1996	121808	DU DARFST DT GOUDA 150G
41	10.12.1996	137049	GALBANI MOZZARELLA 45% 125G
41	10.12.1996	15538	GARD HAARSPRAY PARF NEUTR 250M
41	10.12.1996	16449	GR BOHNEN W KERNE 720 ML
41	10.12.1996	745198	HARRY GEMISCHTE BROETCHEN 10ER
41	10.12.1996	18759	HATTING KNOBL BAGUETTES 300 G

Abb. 13: Beispiel einer Out-of-Stock-Analyse

Die Interpretationsmöglichkeiten bei Out-of-Stock-Situationen sind vielfältig. Obwohl Nullbestände auf seiten des Vertriebs (in der Filiale) erkannt werden, können deren Ursachen sowohl im Vertrieb, im Einkauf oder in betriebsinternen Prozessen liegen. Bei immer wiederkehrenden Nullverkäufen eines Artikels in einzelnen Filialen wird dieser evtl. unzureichend disponiert. Wird ein Artikel in einer Filiale mehrere Tage lang hintereinander nicht verkauft, obwohl er in anderen verkauft wurde, ist er evtl. nicht im Markt plaziert worden. Wird ein Artikel in mehreren Filialen mehrere Tage lang hintereinander nicht verkauft, kann ein Problem bei der Lieferantenlogistik vorliegen. Ist die Liste relativ lang, kann auch mangelnde Datenqualität vorliegen, z.B. nicht übereinstimmende Artikelnummern zwischen Filiale und Zentrale. Dies ist stichprobenartig zu überprüfen.

4.2 Prozeßorientierte Auswertungen

4.2.1 Revisionsanalysen

Durch Revisionsanalysen können Unregelmäßigkeiten bei Kassiervorgängen aufgedeckt werden. Ziele sind das Verhindern von Manipulationen durch Kassierer oder Kunden sowie das Erkennen von Schulungsbedarf. Direkte Einsparungen ergeben sich durch den Wegfall von Reisekosten der Revisoren, die vom Büro aus per PC auf die Bondaten der Filialen zugreifen können.

Anders als bei den oben beschriebenen Analysetypen ist es für Revisionsanalysen wesentlich, den Zugriff auf das vollständige elektronische Journal mit allen seinen Informationselementen, insbesondere den Vorgangsarten zu besitzen. Als Analyseeinstieg kann eine nach Vorgangsarten sortierte Liste je Markt und Kassenplatz dienen.

	Vorgangsart	Kasse	Datum	Uhrzeit	Bon-Nr.	Pos-Nr.	Positions-Summe	Bonsumme
Buchung 1	Pfennigbon	2	3.5.99	12:03:42	1045	1	0,03	0,03
Buchung 2	Pfennigbon	2	4.5.99	12:01:12	3086	1	0,02	0,02
...								

Abb. 14: Einstiegsliste Revision (Beispiel)

Entweder aufgrund erkannter Auffälligkeiten in der Einstiegsliste oder direkt als erster Schritt sind spezifische Listen wertvoll, deren Einträge bestimmte Kriterien erfüllen. Erfahrene Revisionsmitarbeiter kennen verfolgungswerte Vorgänge. Beispiele sind Pfennigbons, die als „Kassenöffner" dienen oder im Kassierervergleich gesehen überdurchschnittliche Pfandauszahlungen.

Für einen Einstieg in die revisionstechnische Arbeit ebenfalls geeignet sind Übersichten, die verschiedene Struktur- und Kenngrößen vergleichend darstellen. Zielführend ist es, sich auf erfahrungsgemäß gefährdete Abteilungen wie z.B. Leergut oder Obst und Gemüse zu konzentrieren.

1	2	3	4	5	6	7	8	9	10
		Alle Bons aus dem Getränkebereich							Leergut ...
Filial-nummer	Kassierer-nummer	Summe Leergut	Summe Vollgut	Summe Bons (3+4)	Anzahl Bons	DM Vollgut je DM Leergut (4/3)	Voll-Leer, Abw. vom Ø in Filiale	Voll-Leer, Abw. vom Ø gesamt	...
1	1	-13.803,92	2.511,15	-11.292,77	342	0,18	-57%	-69%	
	2	-15.391,24	8.499,22	- 6.892,02	123	0,55	31%	-6%	
	3	-10.927,83	5.811,42	- 5.116,41	102	0,53	26%	-10%	
	Gesamt	-40.122,99	16.821,79	-23.301,20	567	0,42	30%	28%	
2	1								

Abb. 15: Auszug einer Revisionsanalyse im Getränkebereich

Natürlich können solche Analysen nur den Einstieg in die Revisionsarbeit effizienter gestalten. Die Verfolgung der Vorgänge erfordert eine Beobachtung vor Ort in den Filialen. Die Kosteneinsparungen sind dennoch enorm, da nicht mehr nach der sprichwörtlichen „Stecknadel im Heuhaufen" gesucht werden muß. Die sich anschließende personal- und damit kostenintensive Verifizierung der Tatbestände wird damit auf ein Minimum beschränkt.

4.2.2 Personaleinsatzbezogene Analysen

Die Personaleinsatzplanung z.B. an Bedientheken und im Leergutbereich wird durch Frequenzanalysen (Abverkauf je Zeiteinheit) unterstützt, vgl. für ein Beispiel auch die dispositionsunterstützenden Analysen in diesem Beitrag. Wesentliches Ziel ist es, den Personaleinsatz an die Kundenfrequenz, näherungsweise über die Kenngröße „Anzahl Bons" repräsentiert, fortlaufend anzupassen. Auch das Bereitstellen besonderer Serviceleistungen z.B. für beratungsintensive Produkte, kann in Abhängigkeit der Tageszeit und / oder des Wochentages erfolgen.

Neben diesen kurzfristig ausgelegten Analysen zur operativen Personaleinsatzplanung können Analysen über längere Zeiträume mit Vorjahresvergleichen wertvolle Erkenntnisse für die langfristige Personalplanung bringen.

Markt	Shop	HWG	Anzahl Bons			Anzahl Positionen			Positionen je Bon		
			Jahr	Vorjahr	Änderung	Jahr	Vorjahr	Änderung	Jahr	Vorjahr	Änderung
Markt 1											
	LBM	FF	360 000	315 360	14%	1 126.800	917 698	23%	3,13	2,91	8%
		Käse	252 000	187 236	35%	750 960	466 218	61%	2,98	2,49	20%
	Drogerie										
Markt 2											

HWG = Hauptwarengruppe LBM = Lebensmittel FF = Frischfleisch

Abb. 16: Langfristanalyse Bedienabteilungen (Beispiel)

Die Kenntnis der Entwicklung der Bon- und Positionszahlen mit Artikeln aus Bedienabteilungen bzw. von Kassenplätzen erleichtert die langfristige Planung der Personalkapazitäten. Die durchschnittliche Zahl Bonpositionen je Abteilung kann Aufschluß darüber geben, in welchen Filialen die Kundenansprache verbessert werden sollte.

4.3 Beschaffungsorientierte Auswertungen

4.3.1 Dispositionsanalysen

Tagesgenaue oder besser untertägige Informationen über Abverkäufe können, wenn sie zeitnah erhoben und ausgewertet werden, die handelsseitige Disposition wesentlich präziser gestalten. Ist eine Integration der handelsseitigen Dispositionssysteme mit denen der Industrie angestrebt, ergeben sich weitere Erfolgspotentiale [Städ99]. Dazu können Frequenzanalysen dienen, bei denen Abverkäufe auf Stunden- oder gar auf Minutenbasis artikelgenau zusammengefaßt und ggf. der Industrie zur Verfügung gestellt werden können.

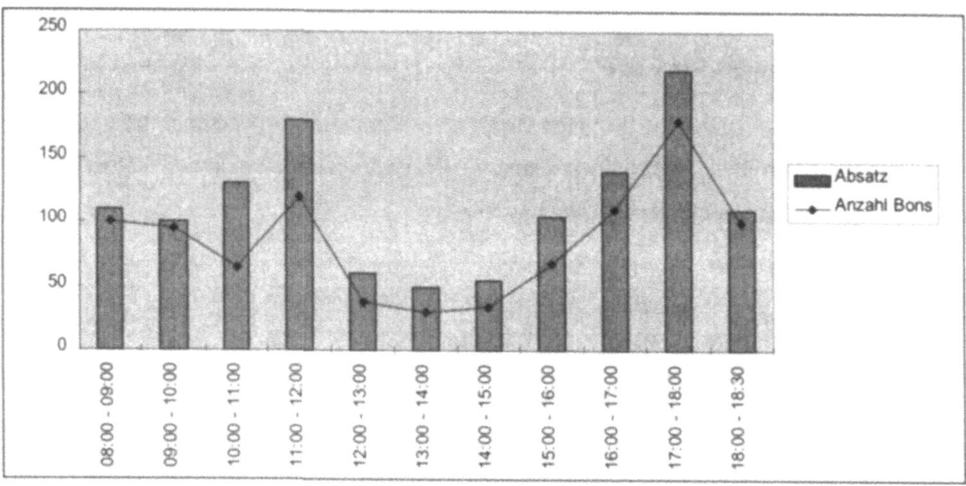

Abb. 17: Beispiel einer Frequenzanalyse auf Stundenbasis (je Artikel)

Auf solchen Abverkaufsinformationen aufbauende, zur Disposition notwendige Prognoseverfahren werden in der Praxis unter dem Thema "Automatische Disposition" diskutiert [EHI97].

4.3.2 Lieferantenanalysen

Lieferantenanalysen dienen der Lieferantenbewertung. Es können einzelne Lieferanten betrachtet oder mehrere Lieferanten miteinander verglichen werden. Varianten hierbei sind artikel-, warengruppen- oder einkäuferbezogene Berichte. Wesentliche mit einer Bonanalyse beantwortbare Fragestellungen sind: Welche Gesamtleistung (Verbundumsatz, -ertrag, -spanne) erzielten ein Lieferant bzw. einzelne Artikel? Welche Bedeutung hat ein Lieferant hinsichtlich der Kundenfrequenz? Welche durchschnittlichen Leistungen wurden je Bon erzielt? Welchen Anteil daran hatte der Lieferant? Werden Artikel eines Lieferanten überdurchschnittlich oft gehortet?

Pos.	Lieferant 1	Lieferant 2	Lieferant 3	ø
Gesamtleistung Lieferant				
1 Umsatz über alle Bons in TDM	223.235	931.928	183.747	446.303
2 Ertrag über alle Bons in TDM	32.960	70.155	41.842	48.319
3 Spanne über alle Bons in % (2/1)	15%	8%	23%	15%
Frequenzbringer?				
4 Anzahl Lieferantenartikel	51	22	11	28
5 Verbundumsatz pro Lieferantenartikel in TDM (1/4)	4.377	42.360	16.704	21 147
6 Bonreichweite (Anzahl)	6 740 195	17 942 387	4.587.931	9.756 838
7 Bonreichweite (%)	18%	47%	12%	26%
Was bringt ein Bon durchschnittlich?				
8 Umsatz pro Bon	33,12 DM	51,94 DM	40,05 DM	41,70 DM
9 Ertrag pro Bon	4,89 DM	3,91 DM	9,12 DM	5,97 DM
10 Spanne pro Bon in % (9/8)	15%	8%	23%	15%
Bonbeitrag des Lieferanten?				
11 Umsatz pro Bon	13,22 DM	23,32 DM	15,01 DM	17,18 DM
12 Ertrag pro Bon	2,40 DM	1,11 DM	3,71 DM	2,41 DM
13 Spanne pro Bon in % (12/11)	18%	5%	25%	16%
Wird gehortet?				
14 Anzahl Positionen/Bon (alle)	15,0	9,9	12,1	12,3
15 Anzahl Positionen/Bon (Lieferant)	1,9	3,3	1,2	2,1
16 Positionsanteil Lieferant (15/14)	13%	33%	10%	19%
17 Stuck pro Position (alle)	1,3	1,5	1,1	1,3
18 Stück pro Position (Lieferant)	1,1	2,1	1,3	1,5
19 Abweichung Lieferant vom ø (18-17)	-0,2	0,6	0,2	0,2

Abb. 18: Berichtsbeispiel Lieferantenbewertung

5 Fazit

Die häufig softwaregetriebene und damit techniklastige Diskussion bei Data Warehouse-Projekten darf nicht darüber hinwegtäuschen, daß der wesentliche Faktor für den betriebswirtschaftlichen Erfolg eines solchen Projektes die problem- und adressatengerechte Versorgung mit Informationen ist. Die Informationserfordernisse eines Handelsunternehmens lassen sich aus dessen Geschäftsmodell ableiten. Grundlage der integrierten semantischen Datenstruktur eines Data Warehouses sollte daher das Geschäfts- und Organisationsmodell des jeweiligen Handelsunternehmens sein. Da die Unternehmen unterschiedlich sind, muß zwangsläufig auch dieser Integrationsrahmen spezifisch sein. Solchermaßen geplant und eingesetzt, bewirken Data Warehouses deutliche Kosteneinsparungen und Umsatzsteigerungen. Die Amortisationszeit den Autoren bekannter Data Warehouse-Projekte beträgt häufig weniger als ein Jahr.

Literatur

[BeSc96] BECKER, J.; SCHÜTTE, R.: Handelsinformationssysteme, München, 1996.

[CCRR94] Coca Cola Retailing Research Group (Hrsg.): Kooperation zwischen Industrie und Handel im Supply Chain Management, Essen, 1994.

[Deck96] DECKER, R.: Quantitative Entscheidungsunterstützung im Einzelhandelsmarketing auf der Basis von POS-Scannerdaten, Karlsruhe, Univ., Habil., 1996.

[EHI97] EuroHandelsinstitut (Hrsg.): Automatische Disposition – Bestandsaufnahme und Perspektiven, Enzyklopädie des Handels, Köln, 1997.

[FiSt98] FISCHER, J.; STÄDLER, M.: Zeitorientierte Aspekte in einem Data Warehouse zur Bondatenanalyse im Handel, in: GI Fachausschuß 5.2 (Hrsg.): Informationssystemarchitekturen, 5. Jg., 1998, Heft 1, S. 41-45.

[FiSt98] FISCHER, J.; STÄDLER, M.: Efficient Consumer Response und zwischenbetriebliche Integration, in: HIPPNER, H.; MEYER, M.; WILDE, K. (Hrsg.): Computer Based Marketing – Das Handbuch zur Marketinginformatik, Braunschweig, Wiesbaden, 1998, S. 349-356.

[Fisc93] FISCHER, T.: Computergestützte Warenkorbanalyse, Frankfurt, 1993.

[FMI93] FOOD MARKETING INSTITUTE (Hrsg.): Efficient Consumer Response - Enhancing Consumer Value in the Grocery Industry, Washington, 1993.

[GlGC97] GLUCHOWSKI, P.; GABRIEL, R.; CHAMONI, P.: Management Support Systeme, Berlin/Heidelberg/New York, 1997.

[Hall92] HALLIER, B.: Kommunikationstechnologie zwischen Handel und Industrie, in: HEILMANN, H. (Hrsg.): HMD, 29. Jg., H. 165, Wiesbaden 1992, S. 108-116.

[Heid90] HEIDEL, B. Scannerdaten im Einzelhandelsmarketing, Wiesbaden, 1990.

[Mich95] MICHELS, E.: Datenanalyse mit Data Mining. Kassenbons - die analysierbaren Stimmzettel der Konsumenten, in: Dynamik im Handel, H. 11, 1995, S.37-43.

[MuHR96] MUCKSCH, H.; HOLTHUIS, J.; REISER, M.: Das Data Warehouse-Konzept - ein Überblick, in: Wirtschaftsinformatik, 38. Jg., H. 4, 1996, S. 421-433.

[Olbr93] OLBRICH, R.: Marketing-Controlling auf der Basis von Scanning-Daten, in: Marketing- und Vertriebscontrolling, 16. Nachlieferung 11, 1993, Kap. II.5.

[Städ98] STÄDLER, M.: Einsatz der Bondatenanalyse für Werbe- und Aktionsplanung, in: EuroHandelsinstitut e.V. (Hrsg.): Enzyklopädie des Handels: Data Warehouse – Bestandsaufnahme und Perspektiven, 1998, S. 74-77.

[Städ99] STÄDLER, M.: Reorganisation zwischenbetrieblicher Geschäftsprozesse durch Bondatenanalyse mit MOVE, in: Objektorientierte Modelle und Werkzeuge für unternehmensübergreifende Informationssysteme im Rahmen des Electronic Commerce, Köln: Deutsches Handelsinstitut, 1999, S. 57-92.

[StFi98] STÄDLER, M.; FISCHER, J.: Warenkorb- und Bondatenanalyse im Computer Integrated Trading, in: HIPPNER, H.; MEYER, M.; WILDE, K. (Hrsg.): Computer Based Marketing – Das Handbuch zur Marketinginformatik, Braunschweig/Wiesbaden 1998, S. 339-348.

[Witt97] WITTMANN, N.: Bon- und Scannerdatenanalyse - Neue Wege zur Filialsteuerung und Category Management, Vortrag SNI-Retail Topics, Paderborn, Februar 1997.

[Zent92] ZENTES, J.: Euro - Logistik des Handels, in: Betriebswirtschaftliche Forschung und Praxis, H. 3, 1992, S. 215-226.

Anmerkungen

[1] Eine ersatzweise Identifikation des Kunden kann aber auch über unbare Zahlungsformen (z.B. EC-Cash oder Kreditkarte) erreicht werden. Hier liegt eine für die Bondatenanalyse vielversprechende Alternative zur Kundenkarte, da der unbare Umsatzanteil im Einzelhandel stetig zunimmt.

Finanzwirtschaft

Analyse- und Steuerungsmöglichkeiten in Kreditinstituten auf der Basis von Data Warehouse-Lösungen

Johannes Schwanitz

Inhalt

1 Einleitung

Bankenfusionen, Filialzusammenlegungen, Direct-Banking und neue Betreuungskonzepte sind augenfällige Symptome für einen alle Bereiche umfassenden Strukturwandel in der Bankenlandschaft. Treibende Kräfte sind einerseits die horizontale und vertikale Öffnung der Finanzdienstleistungsmärkte mit dem Eindringen von bis dahin nicht oder nur wenig präsentern Wettbewerbern. Diese reichen von den Near-Banks, wie Versicherungen, Leasinggesellschaften oder Finanzmakler, bis hin zu Non-Banks, wie Handelskonzernen oder Automobilherstellern. Andererseits nimmt die technologische Entwicklung mit der Verbreitung des Internet in hohem Maße Einfluß auf die traditionellen Vertriebswege, wie z.B. Filialen. Insbesondere die attraktiven Kundensegmente fühlen sich von den Angeboten des Direct-Banking angesprochen und verlangen eine mehrkanalige Bankeninteraktion.

Diesen Herausforderungen müssen die Banken mit häufig veralteten IT-Architekturen begegnen, die auf Transaktionsperformance und Sicherheit hin entwickelt wurden, jedoch auf der analytisch-dispositiven Seite die heute notwendige Flexibilität nicht vorweisen. Hier können Data Warehouse-Konzepte (DW-Konzepte) nicht nur bestehende Schwächen der operativen Systeme ausgleichen, sondern auch neue Impulse für die Unternehmenssteuerung geben.

Mit den folgenden Ausführungen sollen daher die Nutzenpotentiale eines Data-Warehouses für dispositive Aufgaben im Bankgeschäft aufgezeigt und grundlegende Architekturmerkmale einer DW-Infrastruktur beschrieben werden.

2 Implikationen des Data Warehouse-Konzepts für die Informationsverarbeitung

2.1 Rahmenbedingungen

Noch bis zu Beginn der 80er Jahre waren die Geschäftsbereiche durch das klassische Bankgeschäft, wie Geldanlage, Kreditgeschäft und Zahlungsverkehr, gekennzeichnet. Die Organisation richtete sich nach Produkten oder Geschäftssparten aus. Dieses hatte zwar den Vorteil, Leistungen hochspezialisiert und kostengünstig anzubieten, aus Kundensicht konnte diese Ausrichtung jedoch nicht überzeugen, da wechselnde Ansprechpartner und Betreuer die Folge waren. [Büsc98, 499 ff.] Das heute vorherrschende Organisationskonzept sieht eine Ausrichtung nach Kundenzielgruppen, wie beispielsweise Privatkunden, Firmenkunden und Institutionelle Kunden, vor (vgl. Abbildung 1). Danach erörtert der Kunde seine finanziellen Bedürfnisse nicht mehr mit Produktspezialisten, sondern ihn langfristig betreuenden Mitarbeitern.

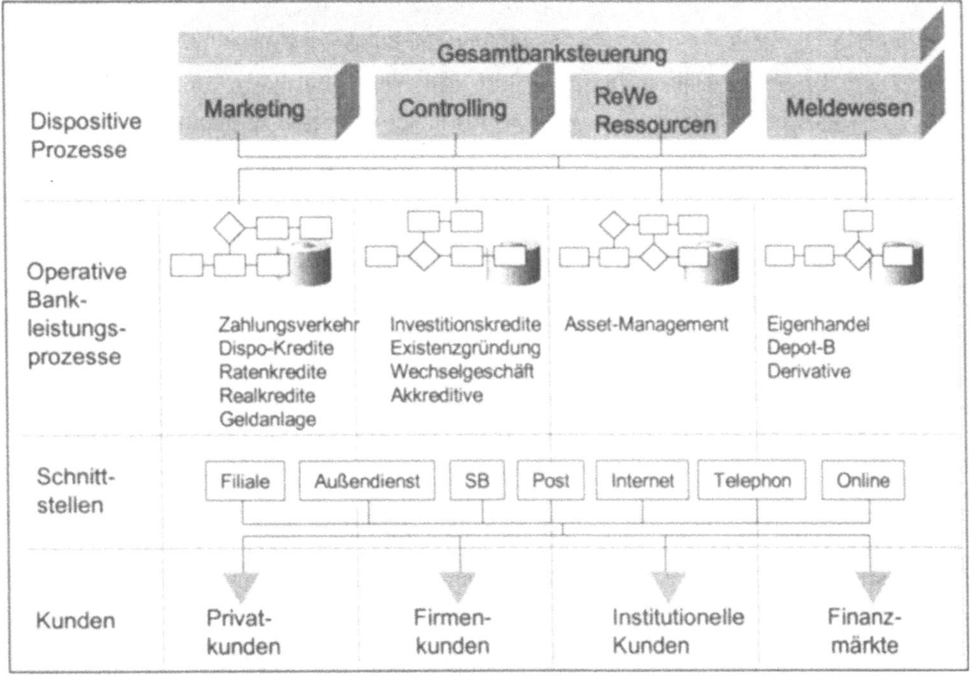

Abb. 1: Operative und dispositive Bereiche im Bankbetrieb

Die Neuausrichtung hin zu einer marktorientierten Organisationsstruktur ist mit den operativen Systemen nur mit erheblichen Schwierigkeiten vollzogen worden. Schließlich stammen die Kernanwendungen als „vererbte Altsysteme" (Legacy Systems) zum großen Teil noch aus den 60er und 70er Jahren. So bereitet beispielsweise die Abbildung eines Kunden mit all seinen Geschäften für viele Banken durch verschiedene Produkt-Nummernkreise nach wie vor Probleme.

Mit der Marktausrichtung und der damit verbundenen Allfinanzstrategie wuchsen die Banken in diagonaler Richtung. Die Produktpalette wurde erweitert und durch Bausparen, Versicherungen, Kreditkarten, Investmentbanking und Beratungsleistungen, wie dem Informationsbroking, ergänzt. Abbildung 1 gibt einen Überblick über die wichtigsten Standardprodukte und -dienstleistungen, die von den operativen Systemen abgewickelt werden. Die Kundenschnittstellen sind in der jüngsten Zeit sowohl bei der persönlichen Kommunikation, wie Außendienstbesuche außerhalb der regulären Öffnungszeit, als auch bei der technischen Interaktion (SB, Internet) wesentlich vielfältiger geworden.

Dispositive Prozesse dienen der Führungsunterstützung und bestehen im wesentlichen in der Aufbereitung und Bereitstellung entscheidungsrelevanter Informationen. Die wichtigste Informationsbasis für dispositive Aufgaben sind die operativen Daten, die aus den verschiedenen fachlichen Perspektiven unterschiedlich aufbereitet werden müssen. Vereinfacht lassen sich fünf dispositive Bereiche mit dem entsprechenden Informationsbedarf abgrenzen (vgl. Abbildung 1):

1. Das *Marketing* benötigt Informationen für die Kundengewinnung (Akquisition zur Erreichung von Wachstumszielen) und für den Ausbau der Kundenbeziehung durch Kundenbindungsmaßnahmen.

2. Das *Controlling* setzt bei den Einzelgeschäften an und stellt mit Hilfe betriebswirtschaftlicher Methoden die Rentabilität des Abschlusses in den Mittelpunkt. Die erforderliche mehrdimensionale Aggregation dieser Informationen bis auf Gesamtbankebene lassen diesen Bereich prädestiniert für DW-Lösungen erscheinen.

3. Dem *Rechnungswesen* ist die Finanz- und die Bilanzbuchhaltung zuzuordnen. Den *Ressourceneinsatz* administrieren und steuern Systeme für das Material- und Personalwesen. In diesen eher branchenneutralen Anwendungsgebieten ist der Einsatz von Standardsoftware relativ weit verbreitet.

4. Die herausragende Stellung des Bankensystems in einer Volkswirtschaft hat den Gesetzgeber veranlaßt, umfangreiche Informationen über Art und Umfang der Bankgeschäfte einzufordern. Adressaten des *Externen Meldewesens* sind u.a. die Bundesbank, das Bundesaufsichtsamt für das Kreditwesen (BAKred) sowie die den Banken zugehörigen Verbände.

5. Die *Gesamtbanksteuerung* benötigt vorwiegend konsolidierte Informationen aus den Bereichen zur Geschäftsfeldsteuerung und bei Großinvestitionen.

Die Breite der dispositiven Prozesse, die in einer Bank zu verarbeitenden Datenmengen und die erforderliche Geschwindigkeit, mit der Daten ausgewertet und Entscheidungen getroffen werden müssen, sprechen für die Einrichtung eines Data Warehouse. Für DW-Lösungen mit ihren integrativen Funktionen ergibt sich somit ein breites Anwendungsspektrum, wobei Banken in vielen Bereichen bereits einer Vorreiter-Position eingenommen haben.

2.2 Hauptaufgaben von Data Warehouses im Bankbetrieb

Die wichtigsten Zielsetzungen für den Einsatz von Data Warehouses in Kreditinstituten lassen sich in drei Anforderungskategorien gliedern:

1. Physische Daten-Integration
2. Fachliche Integration
3. Historienkonzept

Zu 1.: Physische Daten-Integration

Die vielfältigen dispositiven Informationsprozesse erfordern eine vollständige, konsistente und zeitnahe Extraktion, Zusammenführung und Bereitstellung von Daten. Gerade in Kreditinstituten ist die Notwendigkeit einer physischen Integration besonders gegeben:

- Die Anzahl der Betriebssysteme ist historisch bedingt unverhältnismäßig hoch. Acht und mehr Plattformen in jeweils unterschiedlichen Versionen sind keine Seltenheit.
- Eine einheitliche Sicht auf operative Datenbestände ist in der Regel nicht möglich, da die Transaktionen in unterschiedlichen Bankanwendungen für den Giro-, Kredit- und Sparbereich vorgenommen werden. Zudem ist die Datenhaltung auf den Host-Systemen vorwiegend hierarchisch organisiert, die Anwendungen im Handelsbereich oder auf der dispositiven Ebene dagegen meistens in relationaler Form auf Standard-Datenbanken.
- Durch die Systemvielfalt ergeben sich zahlreiche Schnittstellen mit Unterschieden in den Formaten, in den Bereitstellungszeitpunkten und in den Medien (Datenträger, Online- und Printmedien).

Angesichts der gewachsenen und komplexen IT-Landschaft in Banken stellt die physische Integration beim Aufbau von DW-Systemen die größte Herausforderung dar und erweist sich immer wieder als erfolgskritischer Faktor.

Zu 2.: Fachliche Integration

Unter der fachlichen Integration von Daten als zweiter Hauptaufgabe von Data Warehouses soll eine Einordnung von Geschäftsdaten und Ereignissen in einen fachlichen Kontext (Dimensionen) verstanden werden. Kennzeichnend für diesen Prozeß ist, daß diese Anreicherung der Daten mit Informationen erstens nur einmal -und damit redundanzfrei- im Unternehmen vorgenommen wird und daß die Informationen zweitens für alle relevanten dispositiven Bereiche zentral zur Verfügung gestellt werden. Damit erhält die fachliche Integration einen ausgeprägt interdisziplinären Charakter, bei der die Fachbereiche sich auf gemeinsame Definitionen von Begriffen und Kenngrößen verständigen.

An einem Beispiel soll die fachliche Integration für die beiden dispositiven Bereiche Marketing und Controlling veranschaulicht werden. Ausgangspunkt ist der Abschluß eines Ratenkredites mit einem Neukunden (vgl. Abbildung 2).

Mit dem Anlegen des Kontos werden neben den finanziellen Eckdaten des Geschäftes (Auszahlungsbetrag, Laufzeit, Zinssatz) auch personenbezogene Stammdaten erhoben, die neben demographischen Angaben (Geschlecht, Adresse, Familienstand, Alter) auch Daten für die Einschätzung des Potentials (Beruf / Einkommenssituation) enthalten. Die wesentliche Information, daß der Kunde für die Bank ein Neukunde ist, wird nicht als spezifisches Datum in den operativen Anwendungen abgespeichert. Gleichwohl ist diese Information für das Marketing *und* das Controlling von Relevanz: Für das Marketing gibt sie möglicherweise Rückschlüsse auf den Erfolg einer vorangegangenen Werbeaktion, oder sie wird zur Beurteilung der Akquiseleistung einer Filiale herangezogen (vgl. Abbildung 2). Das Controlling wird diese Information bspw. zur Beurteilung des Ergebnisbeitrags von Vertriebseinheiten oder -wegen nutzen. Ohne den Integrationsan-

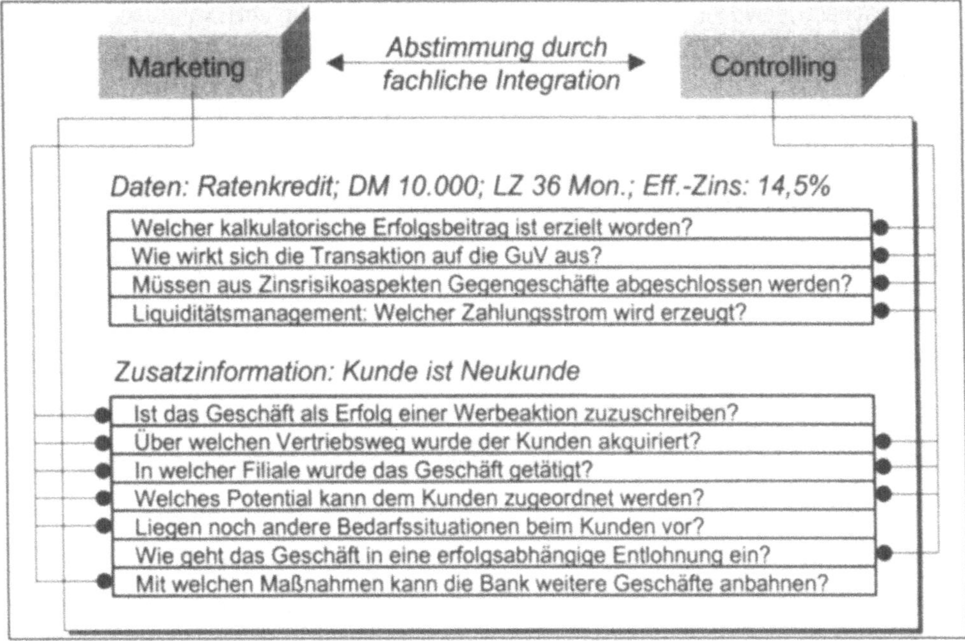

Abb. 2: Fachliche Integration des Geschäftsvorfalls "Ratenkredit" für Marketing und Controlling

spruch im Rahmen einer DW-Lösung hätten sowohl Marketing als auch Controlling redundant, nach eigenen Regeln und damit aus Unternehmenssicht inkonsistent das Merkmal "Neukunde" ermittelt. Die fachliche Integration sieht jedoch vor, daß solche Informationen nach bankweit einheitlichen Maßstäben definiert und im Data Warehouse einmalig und eindeutig abgespeichert werden.

Zu 3.: Historienführung

Als dritte Hauptaufgabe fällt dem Data Warehouse die Speicherung von Vergangenheitsdaten zu. Die Anforderung ergibt sich aus der Tatsache, daß operative Systeme der Bestandsführung dienen und nicht-aktuelle Daten regelmäßig überschrieben werden. Aus gesetzlichen Anforderungen ergibt sich zwar eine Aufbewahrungpflicht - z.B. sechs bis zehn Jahre für Ermittlungen bei Steuervergehen -, eine Speicherung und Pflege der Daten für dispositive Zwecke ist normalerweise jedoch nicht vorgesehen.

Vergangenheitsdaten sind jedoch für fast alle dispositiven Aufgaben von fundamentaler Bedeutung. Ohne sie sind keine rationalen Prognosen möglich und ist der gesamte Planungsprozeß in Frage gestellt. [Schw96, 11 ff.] Je detaillierter und langfristiger Datenhistorisierungen vorgenommen werden, desto größer sind die Chancen, Entwicklungen und Trends zu erkennen und, wenn notwendig, rechtzeitig gegenzusteuern.

Ein möglichst umfassendes Historienkonzept ist auch wichtige Grundlage des derzeit in Banken viel diskutierten Managementkonzepts der Balanced Scorecard. Ein wesentliches Merkmal dieser Innovation ist der Versuch, Zusammenhänge zwischen Indikatoren und Unternehmenserfolg herzustellen. [KaNo97, 28 f.] Voraussetzung für die Messung eines solchen Ursache-Wirkungszusammenhangs ist allerdings die Beobachtung dieser Größen über die Zeit. Da die Kenngrößen vor Beginn der Messung nur bedingt bekannt sind, kann nur empfohlen werden, alle potentiell relevanten Informationen zunächst im Data Warehouse historisch abzuspeichern, um sie dann auf gegenseitige Korrelationen und Kausalzusamenhänge zu untersuchen.

3 Einsatzfelder im bankbetrieblichen Marketing und Controlling

3.1 Customer Relationship Banking

Die zunehmende Wettbewerbsintensität im Finanzdienstleistungssektor trifft auf einen weithin gesättigten Markt. Die Gewinnung von Kunden mit einer neuen Hauptbankverbindung wird immer schwieriger. Angesichts der mit der Kundenakquise verbundenen hohen Kosten setzt sich zunehmend die Erkenntnis durch, daß die Intensivierung einer bestehenden Kundenverbindung höhere Grenzerträge einbringt. [Bern98, 4] Der Schwerpunkt für das Bankmarketing wird daher zukünftig weniger in der Akquise, sondern eher in einem ertragsorientierten Ausbau der Kundenbeziehung durch Kundenbindung liegen.

Die Aufgaben dieses auch als Customer Relationship Banking bezeichneten Marketingkonzeptes lassen sich unterteilen in

- der Planung, Steuerung und Überwachung der Kundenzufriedenheit,
- Stabilisierung der Kundenbeziehung bzw. Erhöhung der Bankloyalität und dem
- ertragsorientierten Ausbau der Kundenverbindung. [Bern98, 11]

Damit steigen zwangsläufig die Anforderungen an die Informationsversorgung: Die Marketingmaßnahmen müssen sich näher am einzelnen Kunden orientieren und zielgerichteter sein als früher. Hier könnnen DW-Konzepte in vielen Bereichen einen wesentlichen Beitrag liefern. Zielsetzungen und Funktionen dieser Ansätze sollen im folgenden kurz skizziert werden.

- Data Mining zur Hypothesenverifikation und -generierung

Die stärkere Fokussierung auf einzelne Kundensegmente erfordert eine Beobachtung des Kundenverhaltens und - darauf aufbauend - die Bildung von Kundenmodellen. Prinzipiell kann die Ableitung und Messung von Merkmalen erfolgen, indem Hypothesen über ihre Zusammenhänge aufgestellt und anschließend mit statistischen Verfahren überprüft werden (deduktive Vorgehensweise). Wird beispielsweise vermutet, daß sich Kundentreue in Form einer größeren Wertigkeit der Geschäfte niederschlägt, sind zunächst Kriterien zu bestimmen, anhand derer die Hypothese überprüft werden kann. Ein mögliches Indiz für Kundentreue ist z.B. die Dauer, in der ein Kunde eine Geschäftsverbindung zur Bank unterhält.

Deckungsbeiträge (DB) oder Margen, wie sie im Controlling definiert und berechnet werden, sind hierbei als Meßgröße reinen Volumenzahlen vorzuziehen, da nur sie den tatsächlichen Erfolg eines Geschäftes abbilden können. Abbildung 3 zeigt als Praxisbeispiel die Margenhöhe von Einzelgeschäften in Abhängigkeit von der Dauer der Kundenzugehörigkeit, wobei jeder Punkt in der Grafik ein solches Einzelgeschäft präsentiert. Deutlich erkennbar ist, daß unterdurchschnittliche Margen ausschließlich mit solchen Personen vereinbart wurden, die erst in jüngerer Zeit (bis ca. ein Jahr) Kunden des Institutes wurden. Die Hypothese eines positiven Zusammenhangs zwischen Rentabilität von Geschäften und Kundentreue kann somit tendenziell bestätigt werden.

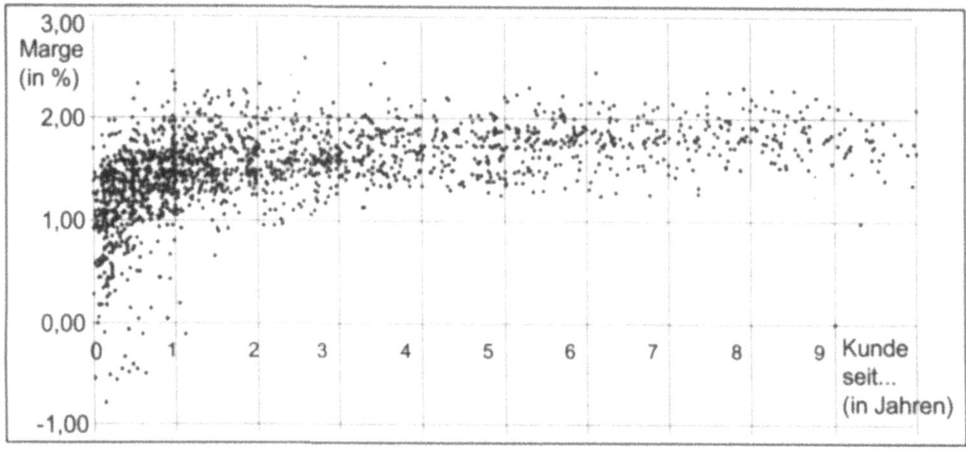

Abb. 3: Abhängigkeit der Margenhöhe eines Einzelgeschäfts von der Dauer der Kundenzugehörigkeit

- Segmentierung von Kundengruppen zur Einordnung in ein Betreuungskonzept (ABC-Analyse)

Auch hier sind vor dem Analyseprozeß zunächst Maßzahlen, wie z.B. Deckungsbeiträge, festzulegen, nach denen eine Segmentierung erfolgen soll. Als nächstes werden Merkmale (z.B. Einkommen, Beruf, Dauer der Kundenbindung) identifiziert, mit denen die Höhe der DB erklärt werden soll. Die gefundenen Merkmalskombinationen für die attraktivsten Kunden lassen einerseits konkrete Einordnungen für die Betreuung zu (Anwendung auf den Bestand). Andererseits ist man in der Lage, auf zukünftiges Potential bei Neukunden mit gleichen Attributen zu schließen (Anwendung auf Interessenten bzw. Neukunden).

- Entwicklung von Indikatoren zum Aufbau eines Frühwarnsystems für wechselgefährdete Kunden [Stei99, 323 ff.]

In einem ersten Schritt werden diejenigen Kunden identifiziert, die das Institut bereits verlassen haben. Anschließend werden die Kundentransaktionen eines mehrere Monate umfassenden Zeitraums ausgewertet und auf gemeinsame Anzeichen für ein bevorstehendes Abwandern untersucht. Das daraus abgeleitete statistische Modell enthält Aussagen über die Bleibe- bzw. Wechselwahrscheinlichkeit und kann auf den bestehenden Kundenbestand angewendet werden. Einer drohenden Migration läßt sich mit diesem Frühwarnsystem durch aktive Kundenansprache der Marktmitarbeiter häufig präventiv begegnen.

- Analyse der Auswirkungen einer Gebührenerhöhung im Kontoführungsbereich

Stellvertretend für eine typische Ursache-Wirkungsanalyse von geschäftspolitischen Maßnahmen soll untersucht werden, wie sich Gebührenerhöhungen in einer mittelfristigen Kosten- / Nutzen-Analyse auf das Institut auswirken. Dazu werden zunächst die erwarteten Mehreinnahmen durch Multiplikation der relevanten Transaktionsmengen mit den neuen Preisen berechnet. Diesem erwünschten Zusatzertrag sind diejenigen (Opportunitäts-)Kosten gegenüberzustellen, die durch Änderungen des Kundenverhaltens entstehen. Diese können von der Reduzierung des Zahlungsverkehrs bis hin zur Kündigung reichen und stellen aus Sicht der Bank entgangene potentielle Erträge dar. Das Data Warehouse liefert mit historisierten Daten nicht nur Hinweise auf Verhaltensänderungen, sondern gibt auch Auskunft darüber, welches Ertragspotential denjenigen Kunden zuzuordnen ist, die ihre Geschäftsbeziehung reduzieren bzw. aufgeben. Erst mit diesen Informationen kann der Erfolg der Maßnahme abschließend beurteilt werden.

3.2 Ertragscontrolling

Seit Mitte der 80er Jahre hat sich in den Banken im Controlling die Marktzinsmethode als das überlegene Kalkulationsverfahren für die Bewertung von Einzelgeschäften durchgesetzt. [Schi97] Dieses Konzept geht davon aus, daß jedes Kundengeschäft im Zinsergebnis einen im Vergleich zu einem fristengleichen Opportunitätsgeschäft am Geld- und Kapitalmarkt höheren Ergebnisbeitrag liefern muß. Andernfalls ist das Alternativgeschäft vorzuziehen, da es mit geringeren Risiken und Betriebskosten verbunden ist. In einem Deckungsbeitragsschema wird dieser auch als Konditionsbeitrag bezeichnete Wert noch mit Risikokosten, (Standard-) Betriebskosten und Provisionen / Gebühren rechnerisch verknüpft (vgl. Abbildung 4). Als letztliche Bewertungsgröße des getätigten Geschäftes dient das Marktergebnis. Das DB-Schema bildet einen einheitlichen Bewertungsrahmen für das gesamte Kundengeschäft, unabhängig davon, ob es sich um ein Aktivgeschäft (Kredite, Darlehen) oder Passivgeschäft (Spareinlagen, Termineinlagen etc.) handelt.

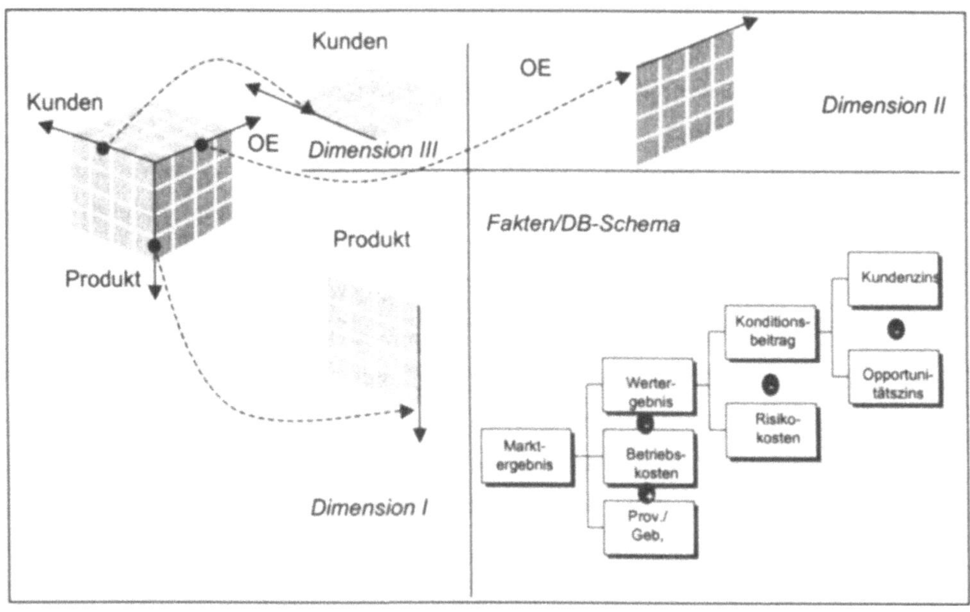

Abb. 4: Dreidimensionaler Ergebnisausweis im Controlling

Bei vielen Banken werden die Deckungsbeitragskomponenten bereits bei Geschäftsabschluß von den operativen Systemen berechnet und den Einzelgeschäftsdaten hinzugefügt. Von dort werden die Daten in das Data Warehouse geladen und aufbereitet. Im Mittelpunkt der Analysen im *Ergebniscontrolling* stehen die drei Hauptdimensionen Kunde, Produkt und Region / Organisationseinheiten (vgl. Abbildung 4). Dabei werden bei den Auswertungen zwei der Dimensionen als Zeilen- bzw. Spaltenwerte in einer Tabelle gegenübergestellt, die verbleibende dritte repräsentiert den Auswertungszweck. [Stem94, 493 ff.] In diesem Beispiel werden Einzelkunden oder Kundengruppen mit ihren Produkten (Dimension I) nach Organisationseinheiten (Dimension II) untersucht.

DW-Systeme für das Ergebniscontrolling werden mittlerweile als Standard-Lösungen angeboten und zeichnen sich neben der implementierten betriebswirtschaftlichen Logik durch bereits vorhandene Schnittstellen zu den gängigen operativen Systemen aus.[1] Der Transfer der Einzelgeschäftsdaten in das Data Warehouse kann bei den meisten Banken nur als vollständiger Download aller Daten mit entsprechend langen Tranferzeiten und nur selten als Delta-Abgleich vorgenommen werden. Der Grund dafür ist, daß die operativen Systeme mit Datensatzvergleichen zeitlich überfordert wären. Für das Data

Warehouse bedeutet dies - zumindest temporär - erhebliche Redundanz und zusätzliche Anforderungen an die Abstimm- und Ladeprozeduren.

Das Ergebniscontrolling mißt ausschließlich bereits abgeschlossene Geschäfte und ist damit vergangenheitsorientiert. Ein wesentlicher Vorzug der Marktzinsmethode liegt jedoch darin, in einer Ex-Ante-Kalkulation bereits vor Abschluß des Geschäftes seine Vorteilhaftigkeit zu ermitteln und damit Verhandlungsspielräume für den Kundenbetreuer aufzuzeigen. Insbesondere im Individualkundengeschäft sind diese Informationen eine notwendige Bedingung für eine Entscheidung über Annahme oder Ablehnung des Kundengeschäftes. Eine vollständige Entscheidungsgrundlage ist allerdings erst dann gegeben, wenn die gesamte Kundenbeziehung mitbetrachtet wird. Beispielsweise wäre die Bank eher zu Preiszugeständnissen bei Einlagenkonditionen bereit, wenn der Kunde umfangreiche Wertpapiergeschäfte tätigt und damit hohe Provisionserträge beisteuert. Die Herausforderung für die Informationssysteme liegt darin, dem Betreuer zum Zeitpunkt der Kundenansprache die vollständige Kundenbewertung aus dem Data Warehouse zeitnah zur Verfügung zu stellen (Ex-Post-Kalkulation / Ertragscontrolling) und gleichzeitig eine aktuelle Bewertung des Geschäftes mit Hilfe der Ex-Ante-Kalkulation vornehmen zu können. Damit wachsen vertriebsunterstützende Lösungen und Controlling-Informationssysteme zusammen.

3.3 Risikomanagement

„The rawmaterial of banks is not money, it´s risk!" Diese alte Erkenntnis unter Bankern unterstreicht die Bedeutung eines effektiven Risikomanagements. Die Übernahme von Risiken entsteht bereits aus den aktivischen und passivischen Grundgeschäften: Das von Anlegern anvertraute Geld wird ausgeliehen mit dem Risiko, den Kreditbetrag einschließlich Zinsen nicht oder nicht vollständig zurückzubekommen. Diese auch als *Ausfallrisiko* bezeichnete Gefahr führt immer dann zu Schlagzeilen, wenn große Forderungsausfälle, z.B. im Immobilienbereich, ganze Institute in eine kritische Ertragslage bringen. Von den breiten Einsatzmöglichkeiten von Data Warehouses sollen hier zwei Beispiele vorgestellt werden:

- Kreditwürdigkeitsprüfung auf der Basis von Jahresabschlüssen

Im Firmenkundengeschäft spielt die Beurteilung der Bonität des Kreditnehmers eine zentrale Rolle. Ziel der Analysen ist das möglichst frühe Erkennen einer drohenden Insolvenz, um noch rechtzeitig agieren zu können. Die Banken verfügen hier über vielfältige externe und interne Informationen. So geben Jahresabschlüsse, die nach § 18 KWG bei einem Kreditvolumen von über DM 250.000 den Banken vorgelegt werden müssen, durch historische Betrachtung von Kennzahlen Auskunft über die wirtschaftliche Entwicklung des Kunden. In einem Data Warehouse werden diese Daten physisch und fachlich integriert und mit statistischen Methoden oder Verfahren der künstlichen Intelligenz ausgewertet. [Baet98, 138 ff.]

- DW-Einsatz bei der Verwaltung von Kreditsicherheiten

Nach dem Bankenaufsichtsrecht sind Kreditrisiken in zwei Analysedimensionen zu betrachten:

1. bezogen auf den Kreditnehmer und
2. in einer gesamtbankbezogenen Sichtweise.

Da Sicherheiten das Ausfallrisiko aus Sicht der Bank vollständig reduzieren können, kommt ihnen für die Meldung des tatsächlichen Risikopotentials eine besondere Bedeutung zu. Eine in einem Data Warehouse unter analytischen Aspekten aufgebaute Sicherungsdatenbank bietet eine Reihe von Vorteilen [Wurt99, 209 ff.]:

- Die Beleihungswertermittlung kann bei Änderungen zentral vorgenommen werden und den zuständigen Beratern zugeleitet werden,
- die Bewertung der Sicherheiten können in ein Scoring-Modell zur Beurteilung von Kreditnehmer-Bonitäten eingehen,
- Aggregationen in den jeweiligen Engagement-Segmenten sind bis auf Gesamtbankebene problemlos möglich,
- die Daten können für das Marketing wichtige Informationen für die Kundenbetreuung enthalten.

Neben dem oben beschriebenen Ausfallrisiko gibt es eine Vielzahl von *Marktrisiken*, die in einem globalen Markt zunehmend schwieriger zu steuern sind. Sie entstehen immer dann, wenn an Märkten, wie dem Geld- und Kapitalmarkt, dem Devisen-, Aktien-

oder Edelmetallmarkt, von der Bank nicht erwartete Entwicklungen eintreten und dadurch die Ertragssituation negativ beeinflußt wird. Aufgabe des Risikomanagements ist es, solche Risiken zu identifizieren, in ihren möglichen Auswirkung zu quantifizieren und ggf. zu begrenzen. Mit dem Bundesaufsichtsamt für Kreditwesen fordert auch der Gesetzgeber als Reaktion auf gestiegene Risiken ein möglichst alle Geschäftsbereiche der Bank umfassendes Konzept zur Risikoüberwachung und -steuerung. Die konkreten Anforderungen sind in der 6. KWG-Novelle formuliert und stellen für Banken erhebliche Anforderungen an Organisation und Systeme dar [GoWo99, 348f.]:

- Jede Position (Rentenpapiere, Aktien, Optionen) muß täglich einzeln mit den aktuellen Marktpreisen bewertet werden und das Verlustpotential bei einer vorgegebenen Wahrscheinlichkeit berechnet werden.
- Durch (Teil-) Aggregation der Einzelwerte erhält man Risikokennziffern für die operativ Verantwortlichen in den Handelsbereichen, der Kreditabteilung und der Aktiv- / Passiv-Steuerung. Die Nähe zum Tagesgeschäft erfordert eine hohe Aktualität der Daten, um zeitnah noch vor Abschluß eines Geschäftes das Erreichen von Limiten auszuloten.
- Erstmals ist auch die Unternehmensleitung (Vorstand) verpflichtet, täglich eine Übersicht über die Auslastung der vorgeschriebenen Obergrenzen gegenzuzeichnen. Eine Meldung an die Aufsichtsbehörden erfolgt in regelmäßigen Abständen.
- Das Risikocontrolling ist als unabhängige Instanz Lieferant von erweiterten Ergebnisanalysen und zuständig für die Verifizierung der eingesetzten Modelle und Verfahren. Als Datenbasis werden auch hier Einzelgeschäftsdaten benötigt, die mit alternativen Bewertungsverfahren, wie Historische Simulation, Varianz-/ Kovarianz-Modelle oder Monte-Carlo-Simulation, auf ihren kumulativen Risikoeffekt hin analysiert werden.

Zur Realisierung dieser hohen physischen und fachlichen Integrationsanforderungen werden DW-Lösungen in unterschiedlich komplexen Architekturen eingesetzt. Diese reichen von relativ einfachen zentralen Geschäftsdaten-Servern bis hin zu Middelware-Architekturen, die mittels Bus-Technologien einen bi-direktionalen Datenaustausch zwischen den angeschlossenen Komponenten ermöglichen. [Zimm99, 358 ff.] Viele Datenbankanbieter und Systemhäuser offerieren dazu mittlerweile DW-Systeme mit Schnittstellen zu den gängigen operativen Systemen und Handelsanwendungen.

4 Skizzierung einer Data Warehouse-Architektur

Der an dieser Stelle vorgeschlagene DW-Entwurf legt den Schwerpunkt auf die Abbildung von Kundengeschäften und ist daher besonders auf die Bedürfnisse des bankbetrieblichen Marketing und Controlling zugeschnitten.

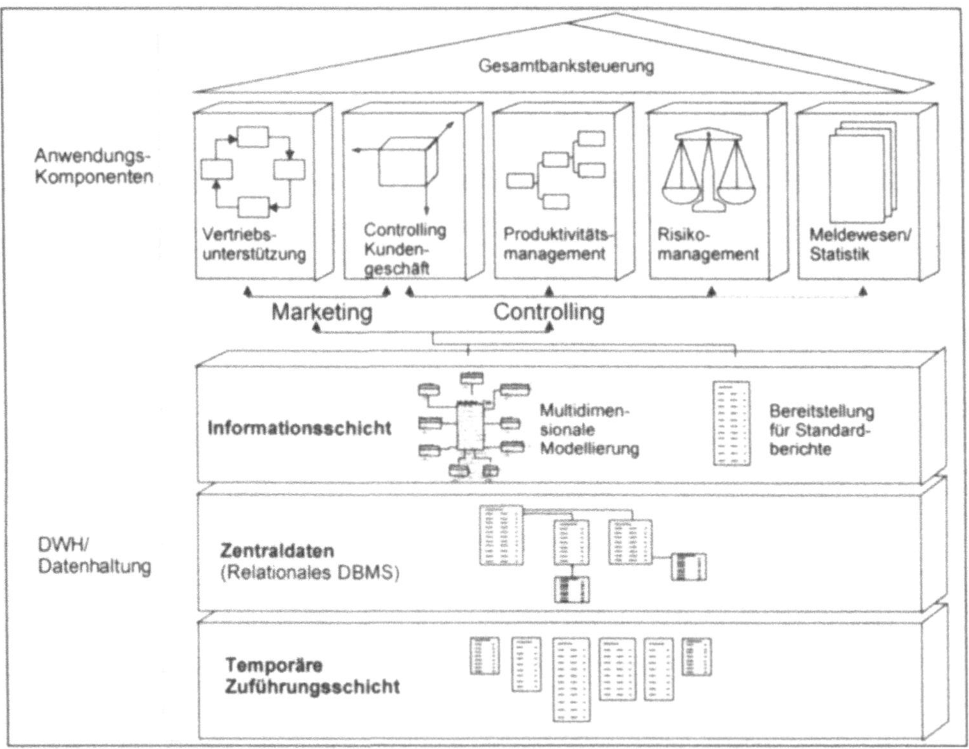

Abb. 5: Vorschlag einer allgemeinen DW-Architektur in Kreditinstituten

Die Data Warehouse-Architektur ist durch einen dreischichtigen Aufbau gekennzeichnet:

Temporäre Zuführungsschicht

Mit Hilfe von Ladeprozeduren werden Transaktionsdaten aus den operativen Systemen in das Data Warehouse übertragen. Es erfolgt eine Prüfung auf Vollständigkeit und syntaktische Konsistenz der übertragenen Daten mit entsprechenden Fehlerbehandlungsprozessen. Daneben werden optional Datenformate konvertiert und den Datensätzen Zeitstempel hinzugefügt. Charakteristisch für die zum Transport in die nächste Schicht bereitstehenden Datensatztabellen ist die fehlende semantische Abhängigkeit untereinander.

Zentraldaten

Die relationale Verknüpfung der Einzeltabellen und die damit einhergehende Abbildung einer sachlogischen Abhängigkeit stellt das Kernstück des Data Warehouse dar. In dieser Schicht bildet sich über die Zeit ein unternehmensweit gültiges Datenmodell heraus, das in seiner End-Ausbaustufe sämtliche dispositiv relevanten Daten aktuell und historisch vorhält. Ein wesentliches Merkmal ist die anwendungsneutrale Datenmodellierung, d.h., in dieser Schicht werden noch keine Star- oder Snowflake-Schemata für die spezifische Fachanwendung erzeugt. Die Tabellen- und Feldnamen sollten sich an die Bezeichnungen der operativen Systeme eng anlehnen bzw. sie übernehmen. Dies gewährleistet eine eindeutige und sichere Zuordnung der Felder zu den Herkunftsdaten und reduziert den Aufwand für die Metadatenhaltung.

Informationsschicht

Der Zugriff der Anwendungskomponenten auf das Data Warehouse erfolgt ausschließlich in der dritten Datenschicht. In diese werden die aus den Zentraldaten benötigten Datensätze transformiert und nach Bedarf der Fachanwendungen aufbereitet und veredelt. Die Informationsschicht (IS) übernimmt damit fachliche und organisatorische Funktionen:

Erstens: Die in der IS gespeicherten Daten weisen ausschließlich mit den Endanwendern abgestimmte Begriffe und Feldbezeichnungen auf. Damit ist sichergestellt, daß unter den in den operativen Systemen und den Zentraldaten häufig dutzendfach vorhandenen, ähnlich klingenden Feldbezeichnungen - wie beispielsweise Zins- oder Datumsfelder - genau die Daten extrahiert werden, die der Fachanwender in seiner Begriffswelt auch tatsächlich meint.

Zweitens: Der organisatorische Aspekt ist dadurch gekennzeichnet, daß der Zugriff von Endanwendern sich auf einen Teil der Informationsschicht beschränkt. In Ausnahmen sollte ein freier Durchgriff auf die Zentraldaten nur solchen Nutzern gestattet sein, die entweder das Zentraldatenmodell oder die Datenstruktur in den liefernden Systemen so gut kennen, daß eine eindeutige Identifikation in den Zentraldaten gewährleistet ist. Damit sind wesentliche Vorgaben für das Benutzerkonzept bereits umrissen.

Der inhaltliche Aufbau der IS wird im Rahmen der fachlichen Integration festgelegt. Die beteiligten dispositiven Bereiche definieren dabei Dimensionen, mit denen Geschäftsereignisse (z.B. Abschluß eines Ratenkredites, s.o.) in einen fachlichen Kontext gestellt werden.

Im folgenden soll der Aufbau eines Datensatzes vorgestellt werden, der als Basis für viele Analyseanforderungen von Marketing und Controlling dienen kann. Mit Dimensionen, Attributen und Elementen wird der fachliche Rahmen beschrieben, Fakten bzw. Variablen bilden die eigentlichen Meßgrößen (vgl. Abbildung 6):

- Insgesamt zeigen fünf Hauptdimensionen einschließlich der Zeit den gesamtbankbezogenen Analyserahmen auf. Die klassische Würfelsicht aus Kunde, Produkt und Region / OE wird um die künftig an Bedeutung gewinnende Dimension Vertriebsweg erweitert.

- Die Hauptdimensionen allein reichen für eine eindeutige Beschreibung der Analysekriterien nicht aus. Mit Hilfe von Attributen werden Eigenschaften der Dimensionen weiter konkretisiert. Ein Kunde als Hauptdimension wird so beispielsweise durch Attribute wie Alter, Beruf oder Bonität charakterisiert.

- Weiterhin kennzeichnen Elemente die konkrete Ausprägung der Attribute. Das Kundenattribut 'Beruf' wird im Musterdatensatz über die Elemente 'Angestellter', 'Beamter' o.ä. klassifiziert, gleichzeitig aber auch mit den Elementen 'selbständig' und 'abhängig beschäftigt'. Häufig ist es daher sinnvoll, einfache oder parallele Hierarchien aufzubauen, um so Klassen- oder Gruppenbildungen zu definieren.

- Die Meß- bzw. Reportinggrößen werden als Fakten oder Variablen definiert. Sie sind numerisch und werden von Einzelsatzdaten ausgehend entlang der Hierarchiepfade rechnerisch verknüpft.

Dimensionen	Attribute	Elemente	Fakten / Variablen
Zeit	Kalenderdatum	Tag, Woche, Monat, Jahr	Anzahl
	Geschäftsjahr	Tag, Woche, Monat, Jahr	Marktergebnis
Kunde	Alter	0-10, 11-16, 17-21; ...	Betriebskosten
	Rechtliches Alter	volljährig, minderjährig	Provision
	Geschlecht	weiblich, männlich	Wertergebnis
	Nationalität	Inländer, Ausländer	Risikokosten
	Wohnung	Ort, PLZ, Straße	Konditionsbeitrag
		Mietwohnung, Eigentum	Kundenzins
	Beruf	Angestellter, Beamter...	Opportunitätszins
		abhängig besch., selbständig	Saldo
	Kunde seit...	1M, 3M, 6M...	Durchschnittssaldo
	Familienstand	ledig, verheiratet	...
	Haushaltgröße	Kinderzahl, sonst. Mitgl.	
	Bonität	bedenkenfrei, vertretbar ...	
	...	...	
Region	Organisations-Einheit	Filiale A, B, Hauptstelle	
		Außendienst	
	Soz. Umfeld	schwach, mittel, gehoben	
	Stadt/Land	zentral, Vorstadt, Land	
	Postbezirk	PLZ	
	Konkurrenz	niedrig, mittel, hoch	
	...	...	
Produkt	Aktivprodukte	Hypo-Darlehen, KKK	
	Passivprodukte	Spareinlagen, Termin	
	Dienstleistung	Aktien, Vermittlung	
	Laufzeit	kurz, mittel, lang	
	Größenkl. §18	klein-, groß-, Millionenkredite	
	Zinsbindung	fest, variabel	
	...	...	
Vertriebsweg	persönlich	Filiale, Telefon	
	Medieneinsatz	Internet, Telefon, SB	
	direkt/indirekt	Filiale/Verbund	

Abb. 6: Aufbau eines Datensatzes mit fünf Hauptdimensionen

5 Ausblick

Die zukünftige Rolle von Data Warehouses in Kreditinstituten soll abschließend an ihren drei bereits vorgestellten Hauptfunktionen "Physikalische Integration", "Fachliche Integration" und "Historienkonzept" skizziert werden. Die Aufgaben der *Physikalischen Integration* werden auch zukünftig von der Anzahl der anzubindenden operativen Systeme bestimmt. Hier sind zwar bei den Legacy-Systemen Funktionszusammenlegungen und damit eine Reduktion der Systemzahl zu erwarten, gleichzeitig werden jedoch weitere zu integrierende Bankanwendungen, z.B. im Handelsbereich, im Internetbanking oder durch Bankfusionen, hinzukommen. In Summe wird Data Warehouses daher unter dem Aspekt der physischen Datenzusammenführung weiterhin eine große Bedeutung zukommen.

Nach Einführung des ersten Data Warehouse mit bereichsübergreifender Bedeutung wird sich der Aufwand der *Fachlichen Integration* durch positive Lerneffekte zwischen den beteiligten Bereichen verlagern in Richtung steigender Ansprüche an die fachliche Aufbereitung und Veredelung der Daten. Neue Analysepotentiale entstehen beispielsweise durch das Vorhalten von Geschäftsereignissen im Rahmen des *Historienkonzepts*. Insgesamt wird sich das DataWarehouse als eine selbstverständliche Ressource für den täglichen Informationsbedarf etablieren und bei entsprechender Pflege als "single point of truth" unternehmensweit akzeptiert werden.

Literatur

[Baet98] BAETGE, J.: Aktuelle Entwicklungen bei der Bonitätsbeurteilung mit Hilfe Neuronaler Netze, in: ROLFES, B.; SCHIERENBECK, H., SCHÜLLER, S. (Hrsg.): Gesamtbankmanagement, Integrierte Risiko-/Ertragssteuerung in Kreditinstituten, Schriftenreihe des ZEB, Band 18, Frankfurt; 1998.

[Bern98] BERNET, B.: Konzeptionelle Grundlagen des modernen Relationship Banking, in: BERNET, B.; HELD, P. (Hrsg.): Relationship Banking: Kundenbeziehungen profitabler gestalten; Wiesbaden 1998.

[Büsc98] BÜSCHGEN, H.E.: Bankbetriebslehre: Bankgeschäfte und Bankmanagement; 5., vollständig überarbeitete und erweiterte Auflage; Wiesbaden 1998.

[GoWo99] GOTHEIN, W.; WOHLENBERG, K.: IT für das Risikomanagement in der Gesamtbank; in: MOORMANN, J., FISCHER, T. (Hrsg.): Handbuch Informationstechnologie in Banken; Wiesbaden 1999.

[KaNo97] KAPLAN, R.S.; NORTON, D.P.: Balanced scorecard: Strategien erfolgreich umsetzen. Aus dem Amerikan. von Horváth, P., Stuttgart; 1997.

[Schi97] SCHIERENBECK, H.: Ertragsorientiertes Bankmanagement; Band 1: Grundlagen, Marktzinsmethode und Rentabilitäts-Controlling; 5., vollst. überarb. u. erw. Auflage; Wiesbaden 1997.

[Schw96] SCHWANITZ, J.: Elastizitätsorientierte Risikosteuerung in Kreditinstituten; Schriftenreihe des Zentrums für Ertragsorientiertes Bankmanagement, Münster, Bd. 7, Frankfurt a. M., 1996.

[Stei99] STEINER, A.: Data Warehouse und Data Mining, in: MOORMANN, J., FISCHER, T. (Hrsg.): Handbuch Informationstechnologie in Banken; Wiesbaden 1999.

[Stem94] STEINMANN, H.: Der dreidimensionale Ergebnisausweis als Grundlage für Controllingfunktionen, in: SCHIERENBECK, H., MOSER, H.: Handbuch Bankcontrolling; Wiesbaden; 1994.

[Wurt99] WURTSER, H.: IT-gestützte Verwaltung von Sicherheiten, in: MOORMANN, J., FISCHER, T. (Hrsg.): Handbuch Informationstechnologie in Banken; Wiesbaden 1999.

[Zimm99] ZIMMERMANN, J.: Informationstechnologie für das Bankcontrolling, in: MOORMANN, J., FISCHER, T. (Hrsg.): Handbuch Informationstechnologie in Banken; Wiesbaden 1999.

Anmerkungen

1 So bietet die SAP AG mit dem Modul ISB eine mit dem R/3-System integrierte Standard-Plattform für die Ergebnisrechnung und das Risikocontrolling. [Zimm99, 339 ff.]

Versicherungswirtschaft

Data Warehousing: Ausgewählte Business Intelligence-Lösungen für die Versicherungswirtschaft

Dietmar H. Becker, Dirk U. Proff

Inhalt

1 Data Warehousing in der Versicherungswirtschaft

1.1 Aktuelle Perspektiven und Herausforderungen

Versicherungsunternehmen sehen sich heutzutage großen Herausforderungen gegenüber. Durch die Deregulierung des Versicherungsmarktes sind die Unternehmen gefordert, sich in einer immer dynamischer werdenden Umwelt zu behaupten. Nach der Liberalisierung drängen nicht nur ausländische Versicherer auf den deutschen Markt, sondern die Unternehmen sind nun auch frei in der Gestaltung zielgruppengerechter Tarife.

Deshalb ist es nicht verwunderlich, daß Prämien- und Serviceunterschiede zu den häufigsten Ursachen für einen Unternehmenswechsel auf Seiten des Versicherungsnehmers zählen; steigender Preisdruck und abnehmende Kundenbindung sind die Folge. Die Kundenbindung wiederum hängt davon ab, wieviel Verträge unterschiedlicher Sparten ein Kunde beim Versicherer abgeschlossen hat. Aus der Höhe der Spartenanzahl läßt sich dann eine mögliche Kennzahl *Kundenbindung* generieren (je mehr Sparten desto höher die Kundenbindung).

Durch eine höhere Qualität der Datenbestände und der Möglichkeit, diese auszuwerten und als Grundlage für Entscheidungen heranzuziehen, ergeben sich somit klare Wettbewerbsvorteile. Ursachen für Vertragskündigungen, Stornoquoten, Bonitätsdetails oder Kündigungsrisiken können ermittelt, die Kunden dadurch besser klassifiziert und typisiert werden.

Insgesamt ist der Markt für Versicherungen vor allem durch folgende Aspekte gekennzeichnet:

- Verstärkte Internationalisierung
- Wachsende Bedeutung des Internets als Vertriebs- und Servicemedium
- Verschärfte Wettbewerbssituation
- Zunehmende technologisch bedingte Markttransparenz
- Kritischere und preisbewußtere Kunden
- Forderung nach verbesserten Service- und Assistanceleistungen
- Kundenorientierung statt Produktorientierung

Aufgrund der veränderten Marktsituation wird die konsequente Ausrichtung auf die Bedürfnisse der Kunden in den nächsten Jahren der wichtigste Wettbewerbsfaktor der Versicherungsbranche sein. Über 90% der Versicherungsunternehmen sehen in der Informationstechnologie ein wichtiges Instrument zur Sicherstellung einer effektiven Kundenorientierung. [Prof98] Speziell im Vertriebsbereich sind die zukünftigen Anforderungen an Informationssysteme besonders hoch, damit eine bessere Nutzung des Informationspotentials der bereits vorhandenen Daten- und Informationsbestände erreicht und konsequent in Vertriebsaktionen umgesetzt werden kann. Data Warehousing ist eine Möglichkeit für Unternehmen der Versicherungsbranche, mit der diese sich im globalen Markt ihre Wettbewerbsposition sichern und ausbauen können.

1.2 Nutzenpotentiale durch ein Data Warehouse

In einer Marktstudie führte das *Institut für Management & Consulting (IM&C)* Interviews mit Banken, Bausparkassen und Versicherungen in Deutschland zum Thema Data Warehousing durch. [IMC98] Laut *IM&C* sieht die Mehrheit der befragten Versicherungen vor allem drei wesentliche Hauptgründe für den Einsatz eines Data Warehouse:

- Erkennen von Entscheidungserfordernissen / Trends
- Qualitativ bessere Entscheidungen
- Effizientere Nutzung vorhandener Daten und Systeme

Als spezifische Anwendungsfelder für bereits im Einsatz oder in der Planung befindlichen Data Warehouse-Lösungen überwiegt nach *IM&C* bei Versicherungen ganz klar Vertriebscontrolling mit gut 30 Prozent und Marketing mit etwa 25 Prozent, dicht gefolgt von Markt- und Wettbewerbsanalyse mit rund 19 Prozent. Der Schwerpunkt liegt nicht ohne Grund auf dem Vertriebscontrolling, da insbesondere die effiziente Steuerung des Vertriebs und präzise Kenntnisse über die einzelnen Vertriebswege und Sparten in der gegenwärtigen Marktsituation für Versicherungsunternehmen eine entscheidende Bedeutung haben. Dazu gehören aktuelle Informationen zu Versicherungsanträgen sowie zu Bestandsdaten, die die Anzahl von laufenden, stornierten und abgelaufenen Versicherungsverträgen wiedergeben.

Weiterhin auffallend ist nach der Marktstudie die Anforderung von Seiten der Versicherungen, daß mit dem Einsatz eines Data Warehouse in erster Hinsicht kundenorientierte und wertschöpfende Prozesse unterstützt werden sollen. Bei Betrachtung der standardisierten Nutzung von Data Warehouse-Lösungen geht weiter aus der Untersuchung hervor, daß sie bei Versicherungen in der Hauptsache für das Berichtswesen und für die Analyse eingesetzt werden.

Versicherungsunternehmen sind in den letzten Jahren immer mehr bereit, höhere Beträge für Data Warehousing zur Verfügung zu stellen. Das fand eine aktuelle Studie der *META Group* heraus. [MeGr99] Im Jahre 1998 wurde im Vergleich zum Vorjahr fast das Fünffache für entsprechende Software, Hardware und für Consulting ausgegeben. Das durchschnittliche Datenvolumen bei Data Warehouse-Lösungen ist in der Versicherungswirtschaft in den letzten Jahren kontinuierlich gestiegen. Im Gegensatz dazu entwickelte sich die Anzahl der Implementierungen mit mehr als 500 Benutzern gemäß *META Group* rückläufig.

Betrachtet man die Größe von Data Warehouse-Implementierungen in Versicherungsunternehmen, so bewegen sich laut *META Group* ungefähr 20 Prozent bereits über 1 Tera-Byte. Während 1998 noch über die Hälfte der aktuellen Data Warehouse-Lösungen zwischen 10 und 250 GByte lagen, waren für 1999 schon bereits etwa 65 Prozent über 250 GB geplant.

Zusammenfassend kann gesagt werden, daß die strategischen Ziele einer Data Warehouse-Lösung in einem Versicherungsunternehmen u.a. die folgenden sind:

- Bestandssicherung und Neugeschäftsteigerung
- Gewinnung von Wettbewerbsvorteilen
- Sicherstellung der Transparenz von Geschäftsprozessen durch Kennzahlen
- Schnelle Bereitstellung der entscheidungsrelevanten Unternehmensdaten
- Zeitnahe Analyse der Kunden- und Marktdaten
- Einführung von Intranet-/ Extranet-Lösungen

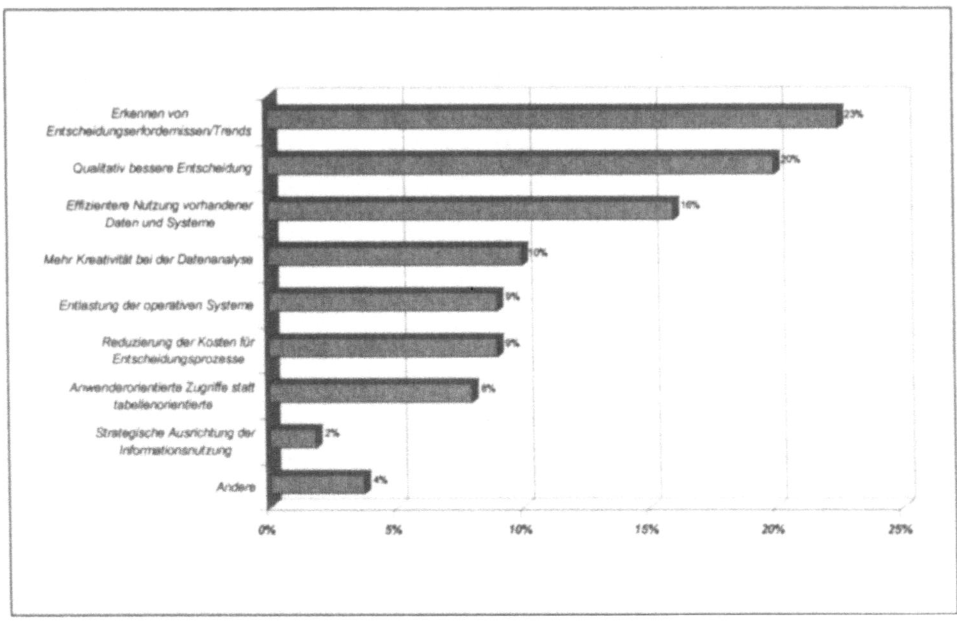

Abb. 1: Hauptgründe für den Data Warehouse-Einsatz bei dt. Versicherungen (1997)

1.3 Die klassische Problematik

Eine schnelle Bereitstellung entscheidungsrelevanter Unternehmensdaten in Verbindung mit einer flexiblen Analyse der Kunden- sowie Marktdaten verschafft Versicherungen einen entscheidenden Wettbewerbsvorteil. Die operativen Systeme sind jedoch nicht für Auswertungszwecke optimiert worden, sondern für eine konsistente und redundanzfreie Transaktionsverarbeitung. Das führt vor allem zu folgenden Erschwernissen:

- Auswertungen auf operativen Systemen sind grundsätzlich problematisch (Laufzeiten, Datenverknüpfungen, Systembelastung, Datenqualität)
- Begrenzte Auswertungsmöglichkeiten
- Hohe Auswertungsaufwände

Ein weiteres Problem stellen die verschiedenen Bestandsführungssysteme für die einzelnen Sparten in einem Versicherungsunternehmen dar. Die Systeme befinden sich in historisch gewachsenen, heterogenen Datenbanksystemen (IMS, ADABAS, DB2) auf verschiedenen Plattformen (MVS, UNIX, WinNT). Zu den Schwierigkeiten der technischen Integration kommt die Problematik der fachlichen Anforderungen, unternehmensweit konsistente Aussagen über alle Sparten treffen zu können. Für Versicherungsunternehmen sind daher komplexe Data Warehouse-Systeme charakteristisch.

Im konkreten Fall sind einige Kennzahlen spartenübergreifend wie *Anzahl Verträge* oder *Beitrag*, andere wiederum sind nicht ohne weiteres vergleichbar wie die Versicherungssumme bei der Lebens-, Haftpflicht oder Hausratversicherung. Hier gibt es die Möglichkeit, die jeweilige Summe aus der entsprechenden Sparte mit einem bestimmten Faktor zu gewichten, um eine spartenübergreifende Aussage zu ermöglichen. Um beispielsweise die Krankenversicherung einzubeziehen, die keine vergleichbare Versicherungssumme kennt, kann ein Punktesystem eingeführt werden, worin die einzelnen Produkte der Sparten bewertet werden.

TRANSFORMATIONSTABELLE VORGAENGE			
Herkunftssystem	Vorgang_Key	Vorgang	Vorgang_ID
Hausrat	KVUS	Kündigung VU im Schadenfall	05
Haftpflicht	K0024	Kündigung VU im Schadenfall	05

Abb. 2: Auszug aus einer Transformationstabelle für Vorgänge

Bei einer Integration kommt erschwerend hinzu, daß viele Dimensionen aufgrund von spartenspezifischen Schlüsseln im Data Warehouse einheitlich umgeschlüsselt werden müssen. Beispielsweise werden für dieselben Vorgänge in verschiedenen Spartensystemen unterschiedliche Schlüssel verwendet. Das führt dazu, daß spartenübergreifende Auswertungen ohne eine neue Zuordnung der Schlüssel nicht möglich sind. Für Vorgänge bieten sich hier die *Änderungs-* und *Abgangsgründe* des *GDV* als gemeinsame Grundlage an, die dann noch um spartenspezifische ergänzt werden müssen (vgl. Abbildung 2).

1.4 Kennzahlenanalyse

Kennzahlen veranschaulichen bestimmte wirtschaftliche Zustände und Vorgänge. Um branchentypische Statistiken erstellen zu können, müssen entsprechend alle relevanten Kennzahlen vorab konsistent definiert (einheitliche Terminologie) und anschließend beispielsweise in Form einer *Kennzahlen- / Dimensions-Matrix* (K / D-Matrix) systematisiert werden. Dieses Ergebnis aus der Kennzahlenanalyse bildet dann die Grundlage für das später zu erstellende Datenmodell.

KENNZAHLEN-/ DIMENSIONS-MATRIX			
Kennzahl	**Definition**	**Herleitung**	**Herkunftssystem**
Leistung	Versicherungs-summe des Teilvertrags oder Leistung des ab-geschlossenen Tarifs	Originalfeld	LV.Vertrag.VsSum KV.Tarife.Leistung ...
...	...	...	...

Dimension/ Hierarchie	Definition	Herleitung	Herkunftssystem
*Vorgangs-klasse **Vorgang	Jede statistisch relevante Ände-rung eines Vertrags	s. Trans-formations-tabelle	LV.Veraend.Typ KV.Aenderung.Vorg ...
...	...	...	...

Abb. 3: Exemplarischer Ausschnitt aus einer K/ D-Matrix

1.5 Ein grundlegendes Datenmodell

Durch Transaktionen im operativen Geschäft entstehen hauptsächlich Bewegungsdaten über Verträge und Schadensfälle. Dabei interessiert eine Versicherung beispielsweise, welche Deckung die profitabelste oder welche die am wenigsten profitable ist. Sie möchte auch sehen, was während der Laufzeit eines Vertrags passiert, speziell, wenn ein Schaden anfällt.

Im folgenden wird ein Datenmodell für Versicherungen vorgestellt, wobei es sich nicht um eine vollständige Abbildung aller Versicherungsfälle mit allen Varianten handelt, sondern eher um eine allgemein modellierte Form mit den Fakt-Tabellen *Vertragsinformationen* und *Schadeninformationen.* Dieses Datenmodell vermittelt einen ersten Eindruck über denkbare Kennzahlen und Dimensionen in einer Versicherung und kann somit als Einstieg bei entsprechenden Projekten hilfreich sein. Laut *Inmon* reduziert die Verwendung eines allgemeinen Datenmodells (*Generic Data Model*) den Entwicklungsaufwand aus folgenden Gründen [Inmo99]:

- Es stellt sofort eine konzeptionelle Grundlage zur Verfügung, auf die weiter aufgebaut werden kann
- Es identifiziert die wichtigsten Datenkategorien.
- Es veranschaulicht die typischen Beziehungen zwischen den Datenkategorien.
- Es veranschaulicht einige von den typischen Attributen, die zur jeweiligen Datenkategorie gehören.
- Es veranschaulicht eindeutige Schlüssel.

Das allgemeine Datenmodell ist somit ein praktikabler Ansatz, um in der Modellierungsphase schnell Ergebnisse zu erzielen. Es muß in jedem Fall an die individuellen Anforderungen des einzelnen Versicherungsunternehmens angepaßt werden. Hier dient es als Grundlage für alle folgenden Auswertungen und bildet in Form eines *Multi-Star-Schemas* die fachlichen Zusammenhänge von Versicherungsunternehmen in einer einfachen multidimensionalen Sicht ab. Dabei soll aus technischer Sicht erreicht werden, daß keine großen Tabellen mit entsprechenden Bewegungsdaten verknüpft werden müssen, sondern nur die umfangreichen *Fakt-Tabellen* mit den kleinen und vergleichsweise statischen *Dimensions-Tabellen.*

Die Fakt-Tabellen sollten eine angemessene Granularität (Detaillierungsgrad) besitzen, wobei alle Einzelbuchungen auf die Ebene des Teilvertrags aggregiert werden. Der Teilvertrag bildet somit ein eigenes Produkt und stellt damit den fachlich relevanten Inhalt dar.

Für die Fakt-Tabellen empfiehlt sich folgender eindeutiger Schlüssel:

- *Mandant* zur Aufnahme von Daten mehrerer Teilgesellschaften
- *Herkunftssystem* für technisch getrennte Quellsysteme
- *Vertrag_ID* und *Teilvertrag_ID* für verschiedene Detaillierungsstufen

Die Fakt-Tabelle *Vertragsinformation* ist außerdem über ein Gültig-Von-Datum historisiert, während die Schadeninformation die zusätzlichen Attribute *Schaden_ID* und *Schadenzahlung_ID* als Schlüssel für weitere Detaillierungsstufen enthält. Eine Historie mit einem Gültig-Von-Datum und einem Gültig-Bis-Datum zu jedem Teilvertrag ermöglicht den Bestand zu jedem beliebigen Zeitpunkt ohne Verwendung von Sub-Selects zu analysieren. Die Fakt-Tabelle erhält dadurch stetige und disjunkte Zeiträume (ohne Lücken und Überschneidungen) je Teilvertrag.

Für übergreifende Vertrags- und Schadenauswertungen müssen separate *Summary-Tables* generiert werden, um eine Verknüpfung der großen Fakt-Tabellen zu vermeiden.

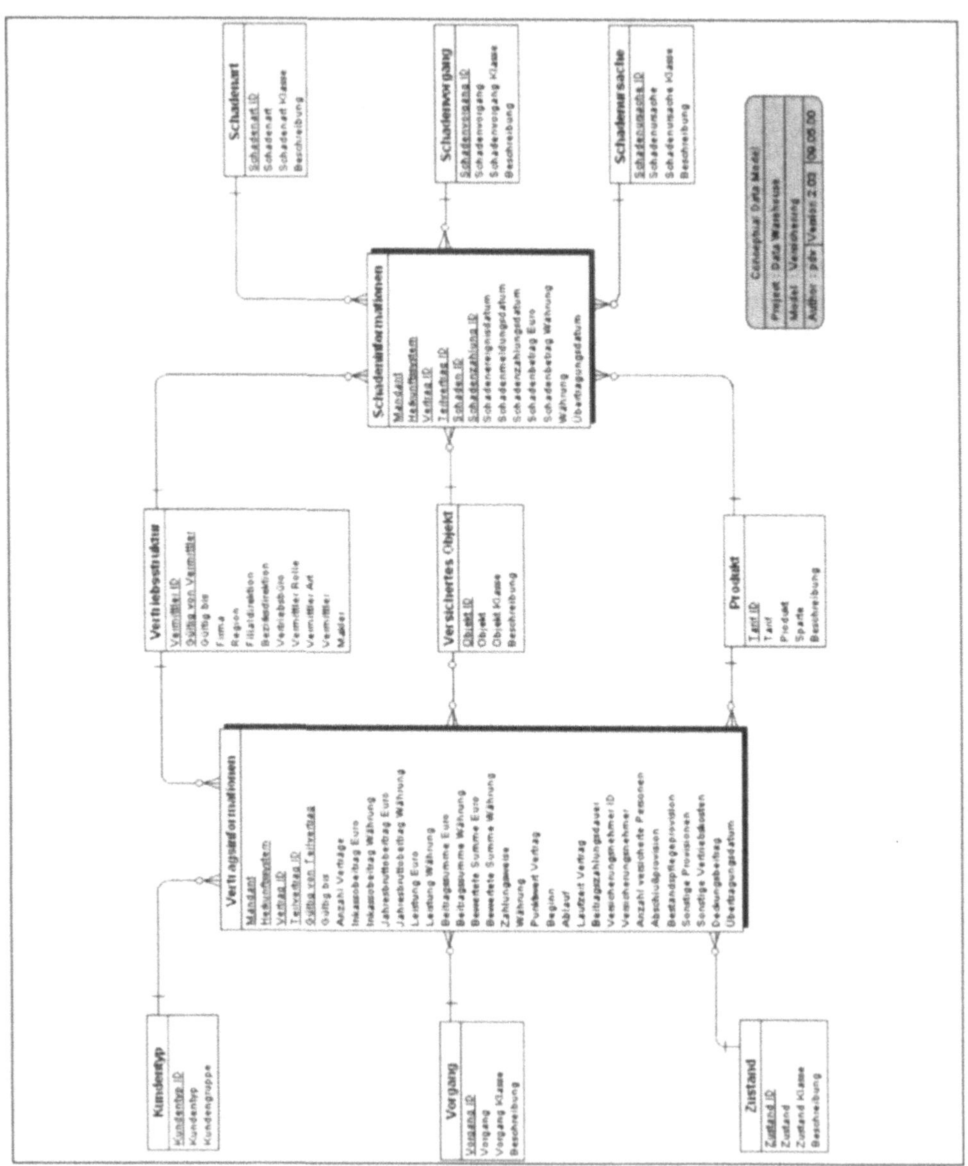

Abb. 4: Exemplarisches Datenmodell für Versicherungen in Form eines Multi-Star-Schemas [BePR99]

2 Kennzahlen und Statistiken für Versicherungsunternehmen

Unzureichende Flexibilität der Auswertungen, aufgrund der Spartenorientierung keine systemübergreifende Verknüpfung der Datenbestände, unterschiedliche Betrachtungsräume, uneinheitliche Kennzahlendefinitionen oder Berichte in Papierform bestimmen in Versicherungsunternehmen immer noch das Alltagsgeschehen. Anwender greifen noch in vielen Fällen auf geschäftsrelevante Daten mit Hilfe spezieller Abfrageprozeduren zu, die von Spezialisten programmiert worden sind. Möchte ein Anwender eine bestimmte Statistik oder eine nicht vorhergesehene Art von Bericht, muß ein Programmierer die entsprechende Prozedur entwickeln. Das kann bei komplexen Aufgabenstellungen wochenlang dauern.

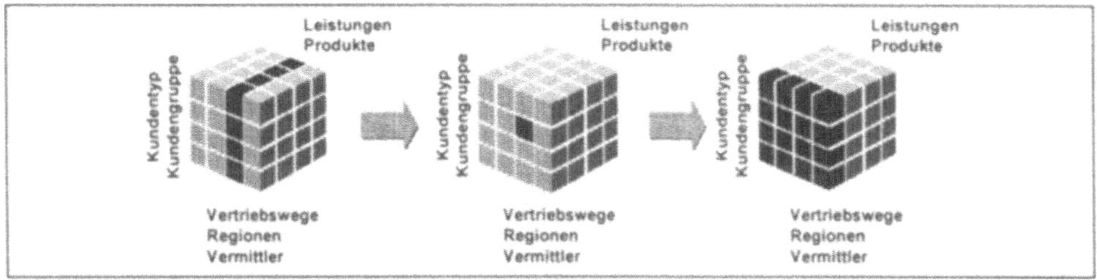

Abb. 5: Grundsätzliche Sichtweisen eines Versicherungsunternehmens

Der Anwender ist somit nicht in der Lage, seine Auswertungen frei und ad hoc zu definieren. Aufgrund der raschen Marktveränderungen muß aber gerade ein Versicherungsunternehmen über eine schnelle Auswertungsmöglichkeit verfügen und kann es sich nicht erlauben, umständlich zu suchen, welche Kunden *„männlich sind, zwischen 30 und 45 Jahren alt und in den letzten fünf Jahren einen Schadensfall ab einer vorgegebenen Summe aufweisen.“* Erschwerend kommt hinzu, daß die Zahl der Anwender, die Entscheidungen treffen, in den letzten Jahren stark gestiegen ist.

Genau hier setzen *Business Intelligence*-Lösungen von unterschiedlichen Anbietern an, wobei bestimmte Rahmenbedingungen vorab geschaffen werden müssen. Voraussetzungen hierfür sind vor allem eine sorgfältige Vorbereitung und Bereinigung der Daten aus den Quellsystemen sowie eine einheitliche Begriffsdefinition. Beide sind bei Versicherungsunternehmen sehr kritische Faktoren und sollten nicht unterschätzt werden. Die Höhe des Aufwandes hängt unter anderem davon ab, wie alt die operativen Systeme sind (hierarchische Datenbanken, Indexdateien), wie viel Altdaten zwecks Historisierung übernommen werden sollen und wie heterogen die Systemlandschaft ist. Aufgrund der hohen individuellen Anforderungen bei Versicherungsunternehmen ist der Aufwand für Customizing und somit die Gefahr einer Kostenexplosion bei Data Warehouse-Lösungen besonders groß.

Bei der Auswahl der vorrangig zu realisierenden Berichte sollten vor allem sogenannte „*Brennpunkte*" in einem Versicherungsunternehmen favorisiert werden, d.h. dort ansetzen, wo es am dringendsten erscheint beziehungsweise ein akutes Informationsdefizit besteht. Weiterhin sollte zu Beginn eine zu umfangreiche oder eine sehr spezialisierte Aufgabenstellung vermieden werden. Die folgenden *Standardberichte* bieten als Einstieg den Entscheidungsträgern einen umfassenden Überblick über relevante Geschäftsvorfälle:

- Kundenstruktur- und Potentialanalyse
- Neugeschäfts- / Produktionsstatistik
- Bestandsstatistik (Bestandsanalyse, Bestandsbewegungen)
- Stornostatistik (Stornoquote)
- Schadenstatistik
- Profitabilitätsanalyse (Schadenquote)
- Deckungsbeitrag

2.1 Kundenstruktur- und Potentialanalyse

Bei der *Kundenstrukturanalyse* wird der Kundenstamm auf verschiedene Merkmale hin, wie beispielsweise *Vertragslaufzeit*, *Schadenanzahl* oder *Schadenhöhe*, untersucht. Betrachtet werden diese kundenspezifischen Kennzahlen üblicherweise nach Region (PLZ) oder nach Altersgruppen. Darüber hinaus ist die Klassifikation der Kunden nach *Anzahl Verträgen* oder nach *Anzahl abgeschlossener Sparten* von Bedeutung. Als Ergebnis erhält das Versicherungsunternehmen Informationen darüber, wie stark es in den verschiedenen Kundensegmenten vertreten ist.

Stark verwandt mit der Kundenstrukturanalyse ist die *Potentialanalyse*. Sie untersucht vor allem die Verteilung der Kunden, die keinen Vertrag einer bestimmten Sparte oder einer bestimmten Spartenkombination haben. Beide Auswertungen können mit den im Datenmodell dargestellten Dimensionen in unterschiedlicher Form kombiniert werden. Sofern die Kundendaten nicht redundant in der Fakt-Tabelle Vertragsinformation enthalten sind, empfehlen sich Summary-Tables mit redundanten Kunden- und Vertragsdaten.

2.2 Neugeschäfts- / Produktionsstatistik

Die *Neugeschäfts-* oder *Produktionsstatistik* stellt dar, wie viele neue Verträge und Prämien im Laufe eines bestimmten Betrachtungszeitraumes (Geschäftsjahr oder Vormonat) zum Bestand hinzugekommen sind.

Als zeitliche Sicht wurden in der Neugeschäftsstatistik die Monate und das Quartal (kumulierte Werte) gewählt. Zudem kann das Neugeschäft von der „*Region*" als höchste Ebene der Vertriebsstruktur durch ein gezieltes *Drill Down* über Filialdirektion, Bezirksdirektion und Vertriebsbüro bis hin auf den einzelnen Vermittler oder Makler analysiert werden.

Durch eine Veränderung der Betrachtungsweise auf die *Rolle* und *Art* des Vermittlers (vgl. Datenmodell) wird die Statistik um folgende zusätzliche Gesichtspunkte ergänzt:

- Angestellter oder freiberuflicher Mitarbeiter des Außendienstes
- Eventuelle Zugehörigkeit zur Organisation eines Mitversicherers
- Führender Abschlußvermittler
- Empfänger von Bestandspflegeprovision
- Größenordnung nach vermitteltem Geschäft (ABC-Vermittler)

Neugeschäft / Produktion nach Vertriebsstruktur in TDM
Auswertungszeitraum: Q1 2000

	Januar 2000			Februar 2000			lfd. Quartal 2000 (kum.)		
	Anzahl Verträge	Inkasso-beitrag	Bewertete Summe	Anzahl Verträge	Inkasso-beitrag	Bewertete Summe	Anzahl Verträge	Inkasso-beitrag	Bewertete Summe
Nord	0	0	0	0	0	0	0	0	0
FD 010	0	0	0	0	0	0	0	0	0
BD Hamburg	0	0	0	0	0	0	0	0	0
FD 020	0	0	0	0	0	0	0	0	0
BD Bremen	0	0	0	0	0	0	0	0	0
FD 030	0	0	0	0	0	0	0	0	0
West	0	0	0	0	0	0	0	0	0
FD 040	0	0	0	0	0	0	0	0	0
BD Düsseldorf	0	0	0	0	0	0	0	0	0
FD 050	0	0	0	0	0	0	0	0	0
BD Frankfurt	0	0	0	0	0	0	0	0	0
FD 060	0	0	0	0	0	0	0	0	0
BD Köln / Bonn	0	0	0	0	0	0	0	0	0

Abb. 6: Neugeschäfts- und Produktionsstatistik

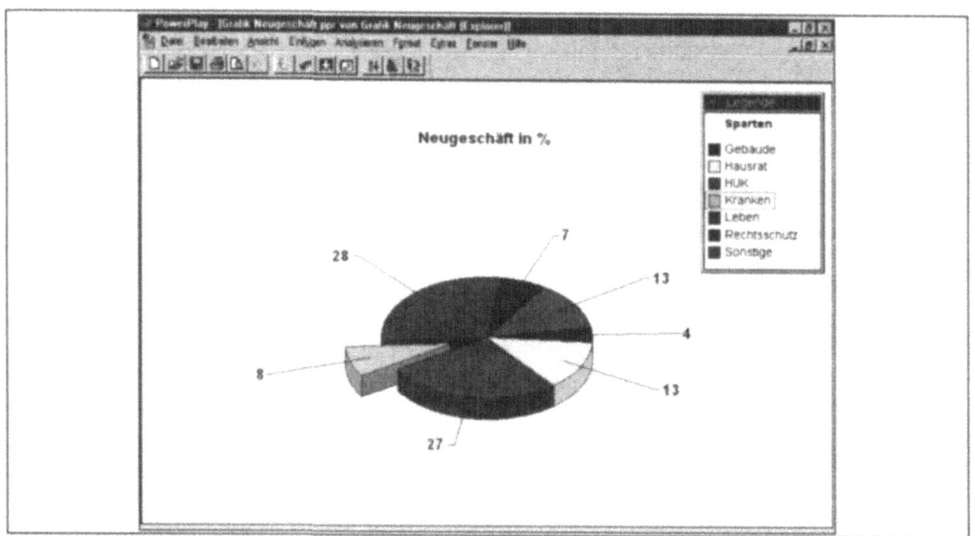

Abb. 7: Neugeschäft nach Sparten in Prozent

Bei diesen Auswertungen beziehen sich *Anzahl Verträge* auf selbständige Teilverträge, dagegen müssen Bündel oder Rahmenverträge separat gezählt werden. Der *Inkassobeitrag* ist der vom Versicherungsnehmer gezahlte Beitrag, der auch unterjährig erfolgen kann. Die *Bewertete Summe* ist die je nach Sparte um einen Faktor gewichtete Versicherungsleistung, mit der eine Vergleichbarkeit der Sparten ermöglicht werden soll. Für ein Versicherungsunternehmen mit internationalem Kundenstamm lassen sich die hier verwendeten monetären Kennzahlen sowohl in Euro als auch in der Originalwährung darstellen. Dadurch können Auswertungen innerhalb der jeweiligen Währung vorgenommen werden; für Gesamtsummen bietet sich dabei der Euro an.

Abbildung 7 zeigt den prozentualen Anteil der Sparten am Neugeschäft, wobei ein Drill Down in der Produkthierarchie bis zum einzelnen *Tarif* oder Produktbaustein möglich ist. Der Aufbau der Dimension *Produkt* sollte sich an den fachlichen Anforderungen der zukünftigen Anwender (Produktentwicklung und -verfolgung) orientieren, und nicht an der Implementation in den operativen Systemen. Hier müssen die häufig sehr komplexen und je nach Sparte teilweise stark voneinander abweichenden operativen Produktmodelle erheblich vereinfacht werden.

2.3 Bestandsstatistik

Die *Bestandsanalyse* ist eine stichtagsbezogene Auswertung, die die Anzahl Verträge und Beiträge zu einem bestimmten Zeitpunkt ausweist. Zur Erreichung einer Vergleichbarkeit der Beiträge über verschiedene Sparten werden jene gewichtet und jeder Vertrag mit einem Punktwert für statistische Zwecke versehen. Neben der Auswertung nach Sparten und Produkten bis hin zur Tarifebene ist eine Darstellung nach Vertriebsstruktur denkbar.

Zu den *Bestandsstatistiken* gehören neben dem folgenden Bericht, der im Grunde den Zustand des Bestands darstellt, auch Auswertungen zu *Bestandsbewegungen*, die darüber hinaus über spezielle Vorgänge Auskunft geben und einen Vergleich unterschiedlicher Stichtage oder Zeiträume ermöglichen. Es können beispielsweise die Veränderungen des Bestands gegenüber dem Vormonat beziehungsweise dem Vorjahresmonat ausgewiesen werden.

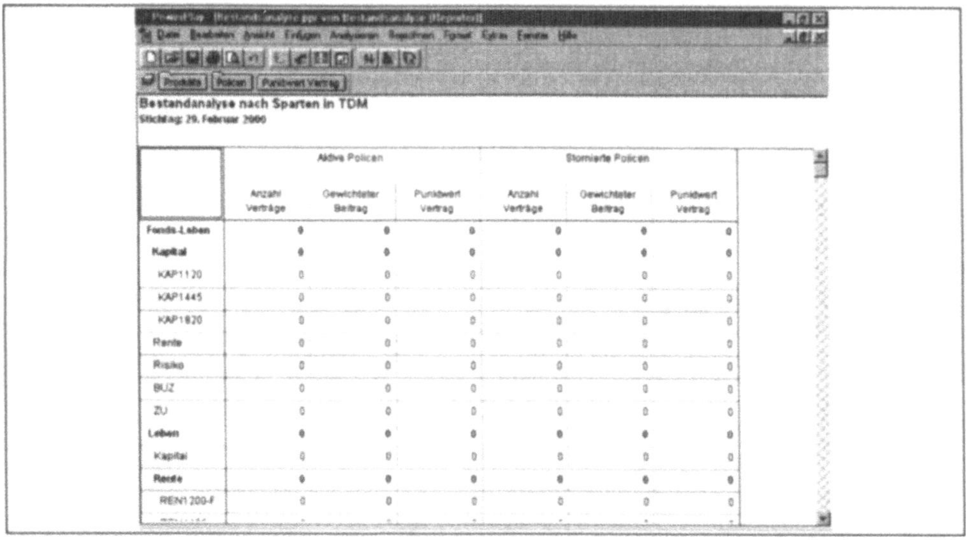

Bestandanalyse nach Sparten in TDM
Stichtag: 29. Februar 2000

	Aktive Policen			Stornierte Policen		
	Anzahl Verträge	Gewichteter Beitrag	Punktwert Vertrag	Anzahl Verträge	Gewichteter Beitrag	Punktwert Vertrag
Fonds-Leben	0	0	0	0	0	0
Kapital	0	0	0	0	0	0
KAP1120	0	0	0	0	0	0
KAP1445	0	0	0	0	0	0
KAP1820	0	0	0	0	0	0
Rente	0	0	0	0	0	0
Risiko	0	0	0	0	0	0
BUZ	0	0	0	0	0	0
ZU	0	0	0	0	0	0
Leben	0	0	0	0	0	0
Kapital	0	0	0	0	0	0
Rente	0	0	0	0	0	0
REN1200-F	0	0	0	0	0	0

Abb. 8: Bestandsanalyse

Es sind auch sehr detaillierte Auswertungen denkbar, um beispielsweise auf der Ebene des einzelnen Vertrags einen Tarifwechsel nachvollziehen zu können. Ein Resultat kann dabei sein, daß signifikant viele Kunden innerhalb eines Jahres von einen bestimmten Tarif auf einen anderen wechseln oder ein weiteres Produkt zusätzlich abschließen. Andere bewegungsrelevante Vorgänge sind beispielsweise:

- Neuzugang Vertrag / Teilvertrag
- Abgang Vertrag / Teilvertrag
- Summenerhöhung und -reduzierung
- Vermittlerwechsel Vertrag

Der hier für die Bestandsbewegungen verwendete *Jahresbruttobeitrag* gibt den jährlich zu zahlenden Beitrag inklusive der Zuschläge, Stückkosten und Versicherungssteuer an. Davon können außerdem je nach Vertrag noch Anteile beteiligter Versicherer oder Rückversicherer abgezogen werden.

Bestandsbewegung nach Sparten

	VJ-Monat Januar 1999		LJ-Monat Januar 2000		Veränderung absolut		Veränderung in %	
	Anzahl Verträge	Punktwert Vertrag	Anzahl Verträge	Punktwert Vertrag	Anzahl Verträge	Punktwert Vertrag	Anzahl Verträge	Punktwert Vertrag
Gebäude	0	0	0	0	0	0	0	0
Haftpflicht	0	0	0	0	0	0	0	0
Hausrat	0	0	0	0	0	0	0	0
KFZ	0	0	0	0	0	0	0	0
Kranken	0	0	0	0	0	0	0	0
Leben	0	0	0	0	0	0	0	0
Rechtsschutz	0	0	0	0	0	0	0	0
Unfall	0	0	0	0	0	0	0	0
Gesamt	**0**	**0**	**0**	**0**	**0**	**0**	**0**	**0**

Abb. 9: Bestandsbewegung nach Sparten

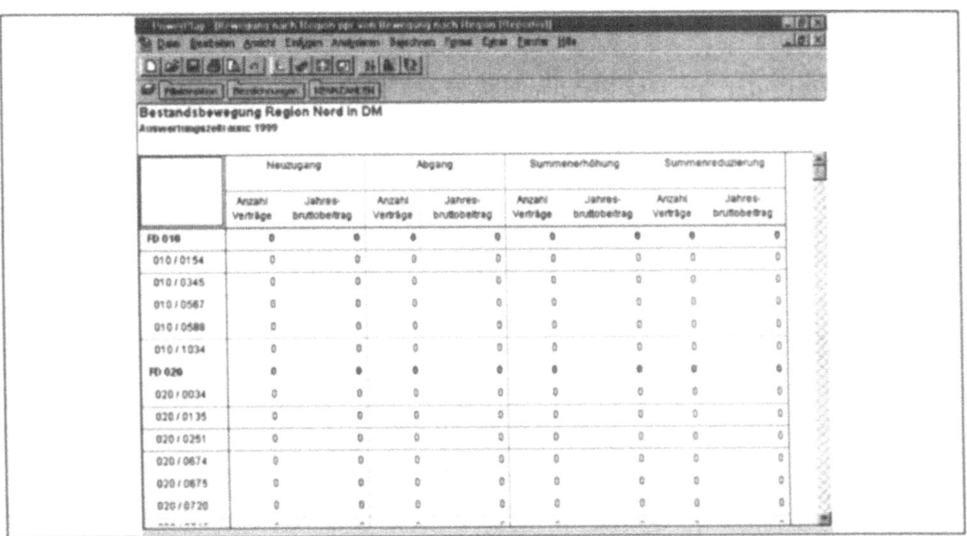

Bestandsbewegung Region Nord in DM

	Neuzugang		Abgang		Summenerhöhung		Summenreduzierung	
	Anzahl Verträge	Jahres-bruttobeitrag	Anzahl Verträge	Jahres-bruttobeitrag	Anzahl Verträge	Jahres-bruttobeitrag	Anzahl Verträge	Jahres-bruttobeitrag
FD 010	**0**	**0**	**0**	**0**	**0**	**0**	**0**	**0**
010 / 0154	0	0	0	0	0	0	0	0
010 / 0345	0	0	0	0	0	0	0	0
010 / 0567	0	0	0	0	0	0	0	0
010 / 0588	0	0	0	0	0	0	0	0
010 / 1034	0	0	0	0	0	0	0	0
FD 020	**0**	**0**	**0**	**0**	**0**	**0**	**0**	**0**
020 / 0034	0	0	0	0	0	0	0	0
020 / 0135	0	0	0	0	0	0	0	0
020 / 0251	0	0	0	0	0	0	0	0
020 / 0674	0	0	0	0	0	0	0	0
020 / 0675	0	0	0	0	0	0	0	0
020 / 0720	0	0	0	0	0	0	0	0

Abb. 10: Bestandsbewegung Region Nord

2.4 Stornostatistik (Stornoquote)

Stornostatistiken geben Auskunft darüber, wie viele Versicherungsverträge und Prämien in einem Zeitraum abgegangen sind. Hier sind insbesondere vorzeitige, anomale und somit nicht dem Vertrag entsprechende Aufhebungen der Versicherungen relevant. Bedeutsam ist der Zeitraum zwischen Policierung und Stornierung (beispielsweise Erstjahresstorno) und eine Analyse der Vorgänge nach den Abgangsgründen (s. GDV) im Detail.

Die *Stornoquote* gibt dabei das Verhältnis von *Abgängen* zum Neugeschäft oder zum Bestand als Stückzahl beziehungsweise als Prämie in einem Zeitraum in Prozent an. Sie kann Aufschluß geben über die Bestandsfestigkeit und die Qualität des Vertriebs eines Versicherungsunternehmens. Typischerweise enthält die Auswertung folgende Kennzahlen:

- Anzahl Neuzugänge
- Anzahl Abgänge
- Stornoquote
- Abweichung zum Vorjahr

Als Dimension können sowohl die Sparten (Stornoquoten nach Sparten) als auch die Vertriebsstruktur und unterschiedliche Zeiträume gewählt werden.

2.5 Schadenstatistik

Ein großer Kostenfaktor in der Sachversicherung sind die Schadenleistungen, so daß detaillierte Analysen sowohl für die Kalkulation der Prämien als auch für die Produktentwicklung notwendig sind. In der *Schadenstatistik* werden deshalb alle Schadenzahlungen in einem Zeitraum ausgewiesen, wobei die Schäden nach Größenordnung, Ursachen und Schadenarten gruppiert werden. Als detailliertere Erweiterung ist auch die Auswertung der einzelnen Schadenvorgänge, wie beispielsweise Teilregulierung, möglich.

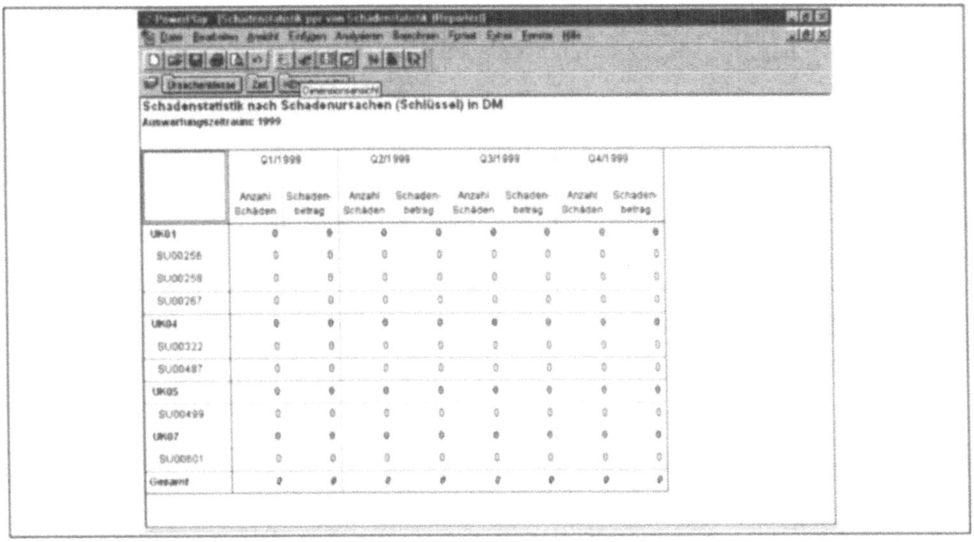

Schadenstatistik nach Schadenursachen (Schlüssel) in DM

Auswertungszeitraum: 1999

	Q1/1999		Q2/1999		Q3/1999		Q4/1999	
	Anzahl Schäden	Schadenbetrag	Anzahl Schäden	Schadenbetrag	Anzahl Schäden	Schadenbetrag	Anzahl Schäden	Schadenbetrag
UK01	0	0	0	0	0	0	0	0
SU00256	0	0	0	0	0	0	0	0
SU00258	0	0	0	0	0	0	0	0
SU00267	0	0	0	0	0	0	0	0
UK04	0	0	0	0	0	0	0	0
SU00322	0	0	0	0	0	0	0	0
SU00487	0	0	0	0	0	0	0	0
UK05	0	0	0	0	0	0	0	0
SU00499	0	0	0	0	0	0	0	0
UK07	0	0	0	0	0	0	0	0
SU00601	0	0	0	0	0	0	0	0
Gesamt	0	0	0	0	0	0	0	0

Abb. 11: Schadenstatistik nach Schadenursachen (Schlüssel)

2.6 Profitabilitätsanalyse (Schadenquote)

Die *Profitabilitätsanalyse* ist eine Gegenüberstellung von *Jahresbruttobeitrag* (Prämie), *Anzahl Schäden*, *Schadenbetrag*, *Schadenquoten* und eventuell *Schadenrückstellungen* (Rückstellungen zur Deckung verursachter, aber noch nicht abgewickelter Schäden). Die dazugehörige Schadenquote gibt den Anteil der Schäden an den Prämien in Prozent an und errechnet sich wie folgt:

$$Schadenquote = (\Sigma\, Schadenzahlungen \,/\, \Sigma\, Prämien) * 100\ [\%]$$

Die Profitabilitätsanalyse kann in Verbindung mit Vermittlern, Versicherungsnehmern, Kundengruppen zu aussagekräftigen Auswertungen verknüpft oder für den einzelnen Vertrag pro Jahr ausgewiesen werden. Sinnvoll ist auch eine Begrenzung der Auswertungen auf beispielsweise Kunden mit zwei oder mehr Schäden pro Jahr oder einer Schadenquote über 100%.

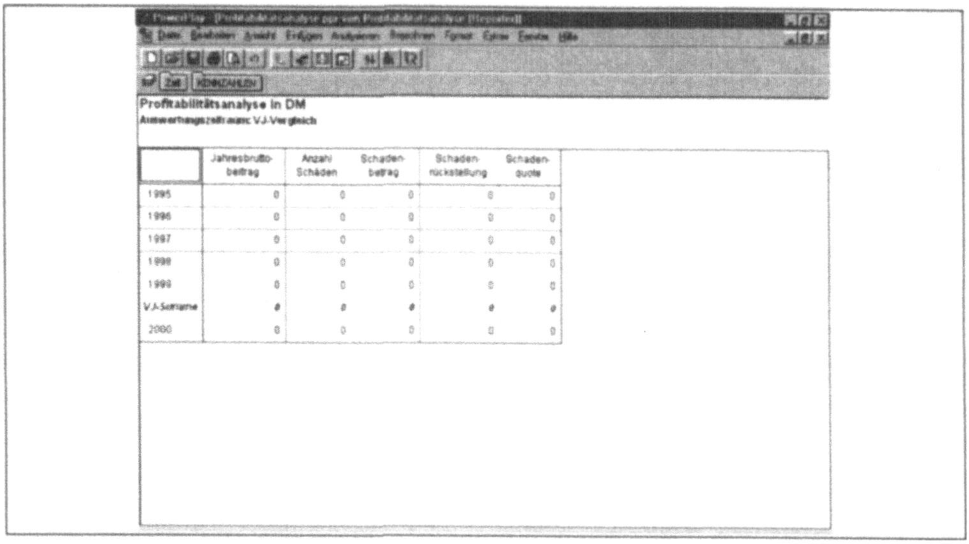

Profitabilitätsanalyse in DM

Auswertungszeitraum: VJ-Vergleich

	Jahresbrutto-beitrag	Anzahl Schäden	Schaden-betrag	Schaden-rückstellung	Schaden-quote
1995	0	0	0	0	0
1996	0	0	0	0	0
1997	0	0	0	0	0
1998	0	0	0	0	0
1999	0	0	0	0	0
VJ-Summe	#	#	#	#	#
2000	0	0	0	0	0

Abb. 12: Profitabilitätsanalyse

2.7 Deckungsbeitrag

In der *Deckungsbeitragsrechnung* (DB) werden von den in einer Zeitperiode erwirtschafteten Beiträgen (Jahresbruttobeitrag oder zum Zeitpunkt anteilig bezahlte Prämien) die in dieser Periode entstandenen direkt zurechenbaren Kosten abgezogen. Dabei kann zwischen verschiedenen Deckungsbeiträgen je nach Ausbaustufe unterschieden werden:

DB I = *Beiträge – Schäden*

DB II = *DB I – Provisionen*

Neben den Schadenzahlungen und unterschiedlichen Provisionen können in weiteren Stufen noch die Stückkosten, Personalkosten oder Sachkosten miteinbezogen werden. Im dargestellten Beispiel wurden die einzelnen Größen des Deckungsbeitrages auf die Einheiten der Vertriebsstruktur aggregiert. Dadurch können Ertrags- und Kostenpotentiale in der Vertriebsorganisation sichtbar gemacht werden.

In einer zusätzlichen *Provisionsstatistik* könnten die gezahlten Provisionen und die auf die Verträge verteilten Kosten nach unterschiedlichen Provisionsarten gruppiert und beispielsweise auf die verschiedenen Ebenen der Vertriebsstruktur oder Kostenstellen verdichtet werden. Für die Provisionsstatistik sind an Kennzahlen u.a. zu nennen: *Abschlußprovision, Bestandspflegeprovision, Sonstige Provisionen* (beispielsweise an beteiligte Mitversicherer) und *Sonstige Vertriebskosten.*

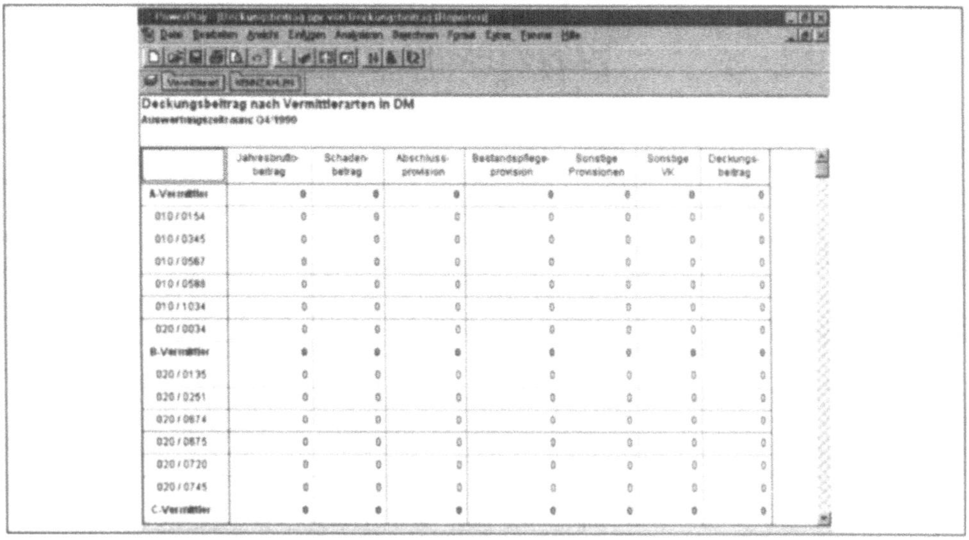

Deckungsbeitrag nach Vermittlerarten in DM

Auswertungszeitraum: 04/1999

	Jahresbrutto-beitrag	Schaden-beitrag	Abschluss-provision	Bestandspflege-provision	Sonstige Provisionen	Sonstige VK	Deckungs-beitrag
A-Vermittler	**0**	**0**	**0**	**0**	**0**	**0**	**0**
010 / 0154	0	0	0	0	0	0	0
010 / 0345	0	0	0	0	0	0	0
010 / 0567	0	0	0	0	0	0	0
010 / 0588	0	0	0	0	0	0	0
010 / 1034	0	0	0	0	0	0	0
020 / 0034	0	0	0	0	0	0	0
B-Vermittler	**0**	**0**	**0**	**0**	**0**	**0**	**0**
020 / 0135	0	0	0	0	0	0	0
020 / 0251	0	0	0	0	0	0	0
020 / 0674	0	0	0	0	0	0	0
020 / 0675	0	0	0	0	0	0	0
020 / 0720	0	0	0	0	0	0	0
020 / 0745	0	0	0	0	0	0	0
C-Vermittler	**0**	**0**	**0**	**0**	**0**	**0**	**0**

Abb. 13: Deckungsbeitrag nach Vermittlerarten

3 Fazit

Durch den gezielten Einsatz einer Business Intelligence-Lösung kann ein Versicherungsunternehmen schnell auf Marktveränderungen reagieren und zielorientiert die Vertriebswege steuern. Durch die Ermittlung von Deckungsbeiträgen und diversen Kennzahlen, wie beispielsweise Schadenquote oder Stornoquote, können Produkte auf ihre Wirtschaftlichkeit hin analysiert werden.

Empfehlenswert für die Realisierung der vorher beschriebenen Auswertungen ist die Wahl einer evolutionären Vorgehensmethode, bei der beispielsweise zuerst die Bestands- und Neugeschäftsstatistiken, im nächsten Schritt Schaden- und Stornoquote und in den folgenden Zyklen aufwendigere Auswertungen wie Bestandsbewegungen und Deckungsbeitrag umgesetzt werden. Die hier vorgestellten Berichte können individuell weiter ausgebaut und vervollständigt werden. Denkbar wären weitere Dimensionen oder die Wahl von anderen Verdichtungsstufen.

Neue Ansätze wie *Portale* ermöglichen dann einen zentralen Zugang zu allen relevanten Statistiken und individuellen Informationen für die Anwender in einem Versicherungsunternehmen.

Literatur

[BePR99] BECKER, D.H.; PROFF, D.U.; RIEDEL, U.: Ein Data Mart-Konzept am Beispiel des Vertriebscontrollings bei einem klassischen Lebensversicherer, in: HANNIG, U. (Hrsg.): Data Warehouse und Managementinformationssysteme. 2., vollständig überarbeitete Auflage. Stuttgart, im Druck.

[IMC98] IM&C INSTITUT FÜR MANAGEMENT & CONSULTING: *Data Warehouse: Anforderungen der Banken, Bausparkassen und Versicherungen.* Marktstudie. Februar 1998.

[Inmo99] INMON, W.H.: A Generic Data Model. www.billinmon.com. 1999.

[Mart98] MARTIN, W. (HRSG.): Data Warehousing: Data Mining - OLAP. Bonn, 1998.

[MeGr99] META GROUP: Data Warehouse Marketing Trends/Opportunities: An In-Depth Analysis of Key Market Trends. Application Delivery Strategies. www.metagroup.de. 1999.

[Prof98] PROFF, D. U.: Strategien und Trends im Data Warehousing. Marktstudie. Juli 1998.

Stichwortverzeichnis

O

P

Q

R

S

T

U

V

W

Z